2018—2019名城名校融合发展战略项目资助

中国红十字运动的“万国”视界

红十字运动研究中心　上海嘉定区红十字会　编

池子华　王国忠　主编

合肥工业大学出版社

图书在版编目(CIP)数据

中国红十字运动的“万国”视界/池子华,王国忠主编. —合肥:合肥工业大学出版社,2019.12

(红十字文化丛书)

ISBN 978-7-5650-4818-0

Ⅰ.①中… Ⅱ.①池…②王… Ⅲ.①红十字会—历史—研究—中国 Ⅳ.①D632.1

中国版本图书馆 CIP 数据核字(2019)第 284479 号

中国红十字运动的“万国”视界

池子华 王国忠 主编

责任编辑	章 建 张 燕
出版发行	合肥工业大学出版社
地　　址	(230009)合肥市屯溪路 193 号
网　　址	www.hfutpress.com.cn
电　　话	总 编 室:0551-62903038
	市场营销部:0551-62903198
开　　本	710 毫米×1010 毫米 1/16
印　　张	18
字　　数	310 千字
版　　次	2019 年 12 月第 1 版
印　　次	2019 年 12 月第 1 次印刷
印　　刷	合肥现代印务有限公司
书　　号	ISBN 978-7-5650-4818-0
定　　价	52.00 元

如果有影响阅读的印装质量问题,请与出版社市场营销部联系调换。

《红十字文化丛书》编辑委员会

总　序

150 年前，高举人道主义旗帜，旨在促进人类持久和平的红十字运动在欧洲兴起并迅速走向世界。100 多年来，红十字会为世界和平与发展做出的巨大贡献有目共睹，因而日益受到世界各国、各地区的欢迎，已发展成为与联合国、奥委会并称的世界三大国际组织之一。究其原因，乃其所奉行的七项基本原则——也是红十字文化的内核——涵盖了世界上各种不同文化的共同点，能为文化和制度不同的国家所接受，故而具有强大的生命力。

100 年前，红十字运动东渐登陆中国。在其中国化的发展过程中，红十字会不断吸取中国传统文化的精髓，茁壮成长，逐步形成了“人道、博爱、奉献”的文化内涵，并成为中华文化的瑰宝之一。

百余年来，红十字运动在波澜壮阔的实践中积累了丰富的经验，也留下了许多教训。经验与教训需要上升为理论，也只有理论才能更好地指导红十字事业持续、健康发展。学界、业界对此都进行了持续的关注。

2005 年 12 月 7 日，苏州大学社会学院与苏州市红十字会携手合作，成立全国首家红十字运动研究中心，旨在通过学界和业界的联合，推动和加强红十字运动的理论研究，探究红十字运动中国化的过程与特色，凝练红十字文化价值，探求红十字运动在构建国家软实力和促进中华民族伟大复兴中的地位与作用。同年 12 月 9 日，中国红十字会总会也提出，“确定一批研究课题，组织专家学者开展对国际红十字运动及中国红十字运动的深入研究”[1]。由此，学界、业界共同开展了对红十字运动

① 中国红十字会总会：《关于加强和改进宣传工作的意见》，红总字〔2005〕19 号。

的学术研究与理论探讨。

多年来，红十字运动研究中心除通过专业网站（http：//www.hszyj.net）发布和交流学界、业界动态外，已出版研究成果数十部；帮助一些地方红十字会建立与高校的合作，搭建平台，共同开展研究；举办了首届红十字运动与慈善文化国际学术研讨会；培养了一批专门研究红十字运动的生力军；积累了大量的学术资料。中心主要研究人员还借助在各地讲学的机会，传播重视红十字运动研究的理念。正是在红十字运动研究中心的引领之下，红十字运动研究在中华大地上呈现出生机勃勃的发展态势，并取得了丰硕的成果，“新红学”[①] 呼之欲出。仅以2011年为例，各地以纪念辛亥革命100周年为契机，纷纷整理、编辑出版了地方红会百年史；有的红会还与高校合作组建相关研究中心，等等[②]。这些方式有力地推动了红十字运动研究向更深更广的方向发展。

当今世界正处于大发展大变革大调整时期，多极化、经济全球化深入发展，科学技术日新月异，各种思想文化交流交融交锋更加频繁，文化在综合国力竞争中的地位和作用更加凸显。2011年10月18日，党的十七届六中全会通过的《中共中央关于深化文化体制改革推动社会主义文化大发展大繁荣若干重大问题的决定》，提出要推动社会主义文化大发展大繁荣。11月7日，教育部发布了《高等学校哲学社会科学繁荣计划（2011—2020年）》，强调要大力提升高等学校人才培养、科学研究、社会服务、文化传承创新的能力和水平。12月7日，全国人大常委会副委员长、中国红十字会会长华建敏在中国红十字会九届三次理事会上提出，“要深化理论研究，充分挖掘红十字文化内涵，推进红十字文化中国化，广泛传播人道理念，在全社会推动形成良好的道德风尚”[③]。红十

① 在2009年4月于苏州大学召开的“红十字运动与慈善文化”国际学术研讨会上，红十字运动研究中心主任、江苏红十字运动研究基地负责人、苏州大学教授池子华指出，经过100多年波澜壮阔的实践发展和学术界呕心沥血的开拓性研究，在人文社科领域构建一门“新红学”——红十字学，条件已经具备，时机已经成熟。见池子华：《创建“红十字学”刍议》，《中国红十字报》2009年4月17日。

② 池子华、郝如一：《2011年红十字理论研究之回顾》，《中国红十字报》2012年1月3日。

③ 《中国红十字会九届三次理事会召开》，《中国红十字报》2011年12月9日。

字“文化工程”已然成为红十字会总体建设目标之一①。进一步加强与拓展红十字运动理论研究，尤其是对红十字文化中国化的研究，已成为历史与现实的呼唤。

有鉴于此，红十字运动研究中心继续发挥高等学校与业界合作的优势，汇聚研究队伍，科学选题，出版一套“红十字文化丛书”，弘扬有利于国家富强、民族振兴、人民幸福、社会和谐的思想和精神，凸显红十字文化在中国文化园地中的地位，使红十字文化在神州大地上更加枝繁叶茂，促进中国红十字事业可持续发展，推动红十字文化的国际交流。

“红十字文化丛书”的出版，得到了中国红十字基金会、江苏省红十字会、苏州大学社会学院、上海市嘉定区红十字会、浙江省嘉兴市红十字会、江苏省盐城市盐都区红十字会等单位的鼎力支持，也得到红十字国际委员会东亚代表处及中国红十字会总会的关心和指导，在此谨致衷心感谢。

池子华

2012年6月于苏州大学

① 池子华：《“文化工程”应成为红十字会总体建设目标之一》，《中国红十字报》2009年12月11日。

前　　言

在中国红十字运动史上，上海万国红十字会、中国红十字会万国董事会、中国红十字会上海国际委员会、华中万国红十字会、广州万国红十字会服务团等冠以“万国”之名的红十字会组织屡见不鲜。“万国”即国际之意，“万国”现象的存在，是红十字运动国际化的一种折射，也是中国红十字运动史上不能忽视的重要课题。本书围绕着近代中国境内红十字组织“国际化”问题进行研究，或有助于中国红十字运动研究的深入。

本书是集体劳动的结晶，其中第一章、第二章、第三章由池子华执笔，第四章由崔龙健撰写，第五章由赵婕撰稿，第六章由侯如晋撰稿，第七章、第八章、第九章由欧贺然撰写。全书由池子华、王国忠审稿、定稿。

当然，近代中国境内红十字组织的“万国化”“国际化”，并不止于本书探讨的内容，抗战时期，杭州、苏州等城市以及苏北等地区也都存在“万国”红十字组织，它们在难民救助方面也都发挥了重要作用。本书的研究，只是呈现了这一现象的几个侧面而已，不妥之处在所难免，敬请读者批评指正。

目　录

第一章　上海万国红十字会与日俄战争救护

1904年3月10日，中、英、法、德、美五国代表在上海公共租界工部局集会，郑重宣布上海万国红十字会成立。上海万国红十字会虽为五国合办，但因“在中国地方创始承办，中国遂永有红十字会主权”。它的成立，同时宣告了中国红十字会的诞生。上海万国红十字会救护日俄战灾历时三载，功勋卓著。1907年救护使命完成之后，上海万国红十字会功成身退，中国红十字会脱颖而出，走上了自主自立的发展道路。

第一节　上海万国红十字会的成立

上海万国红十字会的诞生，源于日俄战争救护的需要。

日俄战争的发生绝非偶然。近代史上，日本、俄国都是掠夺中国、将近代中国一步步推向半殖民地深渊的恶魔。沙皇俄国通过逼签《瑷珲条约》《北京条约》《勘分西北界约记》等不平等条约，将中国北方150余万平方公里的领土划入俄国版图；日本则通过《马关条约》攫得白银两亿两的战争赔款，以及对台湾岛及其附属各岛屿、澎湖列岛等地的殖民统治。但欲壑难填，沙俄有“黄俄罗斯计划”，日本炮制“大陆政策”，双方均想独占中国东北，进而扩张各自殖民统治的“势力范围”，并为此不惜一战。1904年2月8日，日军偷袭驻守旅顺的俄军，对俄国不宣而战；9日，俄国对日宣战；10日，日本正式对俄宣战。日俄战争爆发。

炮声隆隆，狼烟四起。懦弱无能的清政府不仅无力阻止在中国领土上展开的这场帝国主义大战，而且在日、俄和西方列强的蛮横干涉下，竟然宣布“局外中立”，并将辽河以东划为交战区，放任两军蹂躏践踏，这在世界战争史上堪称“奇闻”。

日、俄两军对垒厮杀，无辜同胞惨遭荼毒，诚如日人所办《盛京时报》所言，东北人民“陷于枪烟弹雨之中，死于炮林雷阵之上者数万生灵，血飞肉溅，产破家倾，父子兄弟哭于途，夫妇亲朋呼于路，痛心疾首，惨不忍闻”①。战火燎原，“中国商民猝遭兵燹，强壮流为盗贼，老弱且转沟壑，生灵涂炭，其何以堪?”② 清政府抱守“中立”欲救不能，传统的善会善堂，囿于一邑一地，势单力薄，有心无力。有鉴于此，以沈敦和（字仲礼）、施则敬（字子英）等为首的上海绅商③，奔走联络，“拟援万国红十字会例，力筹赈救北方被难民人之策”④，得到了积极响应。3月3日，《申报》发表《东三省红十字普济善会章程并启》，当天下午，施则敬邀集同仁在英租界六马路仁济善堂开会，“商议开办之法”，宣告“东三省红十字普济善会”成立。“裙屐衣冠于于而至，或任办事，或愿募捐，观察使仲礼沈公复洋洋千余言，申明泰西红十字会缘起，在座咸欢喜赞叹，乐观厥成。”⑤ 沈敦和介绍“泰西红十字会缘始及会中一切章程”之后，“在座诸君以次各抒己见”。根据“题名册”，与会者有：杨杏城、沈仲礼、曾少卿、苏宝森、施子英、李云书、王少灏、王松堂、冯珩生、沈缦云、汪汉溪、焦乐山、朱子文、姚燕庚、任逢辛、周金箴、汪建斋、吴少卿、王益甫、陈润夫、席子佩、黄式权，共22人⑥。

然而，东三省红十字普济善会，如其《章程》所称，仅“系商办善举”，不是统一的红十字组织，尽管其运作方式力图遵行国际红十字运动的中立性基本规则。同时，“善会”二字，也使其蒙上浓重的传统善会善堂的色彩，“红十字”与“善会”搅和在一起，根本无法取得交战双方的认可。上海绅商的建会善举陷入困境，但他们并没有因此止步，而是殚精竭虑，别图良策。

战争在持续，救援急如星火。上海绅商不得不抛开刚刚成立的“东三省红十字普济善会”，亟思改弦更张。为此，沈敦和拜会李提摩太，请求臂助，得到支持。李提摩太回忆称：日俄战争“尽管交战的双方是日本和沙俄，战争发生地满洲的中国人遭受的苦难却最为深重。对自己

① 《盛京时报》1906年10月18日。

② 《希妥筹红十字会事并安插难民由》，（台北）“中央研究院近代史研究所”馆藏红十字档案，档号：02-21-013-01-001。

③ 这里所说的“上海绅商”包括两部分人，即上海本籍绅商和旅居上海的外省籍绅商。

④ 《普济群生》，《申报》1904年3月11日。

⑤ 《中国宜人红十字会说》，《申报》1904年3月5日。

⑥ 《记普济善会初次议事情形》，《申报》1904年3月4日。

的城市他们毫无发言权，只能听凭两国军队的蹂躏。得知同胞处于水深火热之中，一个中国道台，沈敦和（我在太原府筹建山西大学的时候，他曾提供过帮助）前来拜访我，问我是否愿意同他一起筹集救济金，帮助满洲的中国难民。我高兴地表示赞同”①。尴尬的局面出现了转机。沈敦和原希望借助在沪洋人之力，联合组建一个具有国际性特征的红十字会组织，为此他曾游说英、法、德、美等国驻沪领事，但收效甚微，“初各国尚不承允”。幸而李提摩太伸出援手，他的“人脉”使其左右逢源，《大公报》报道说：“嗣经李提摩太从中说项，始得定议。”② 建会之举，迈出关键性一步，而李提摩太无疑是促成这关键性一步的“关键人物”。

1904 年 3 月 10 日，建会之梦终于变成了现实。这天下午 5 时一刻，中、英、法、德、美五国代表在英租界公共工部局集会，郑重宣布联合组建红十字会，暂名上海万国红十字支会（3 月 17 日正式定名为上海万国红十字会）。李提摩太在其《回忆录》中不无自豪地写道：“我们组成了一个国际红十字会组织，中国人、英国人、美国人、法国人、德国人，还有其他民族的人在这个组织里共同合作。沈（敦和）先生任中方秘书，我任外方秘书。”③

那么，为什么取名上海万国红十字会？“万国”，即“国际”之意，是当时的流行语汇。五国合办使诞生于上海的这一红十字组织具有了“万国”性，除此之外，关键还在于中国当时没有统一的红十字组织，成立红十字会也非一蹴而就那么简单，只能临时抱佛脚，便宜行事，正如史书所载：“中国向无红十字会，仓猝不能成立，故用万国红十字会之名义。”④ 取名上海万国红十字会，可谓实逼无奈，情非得已。

上海万国红十字会在组织架构上采取董事会制，3 月 10 日的会议上酝酿产生了由 45 名中外人士组成的董事会，除西董 35 人外，华董 10 人，为沈敦和、施则敬、严小舫、朱葆三、周金箴、徐润、苏实（宝）森、陈润夫、曾少卿、朱礼琦。同时，从45 名董事中推举9 名董事，作

① ［英］李提摩太：《亲历晚清四十五年——李提摩太在华回忆录》（李宪堂等译），天津人民出版社 2005 年版，第 307 页。

② 《红十字会定议后闻》，《大公报》1904 年 5 月 24 日。

③ ［英］李提摩太：《亲历晚清四十五年——李提摩太在华回忆录》（李宪堂等译），天津人民出版社 2005 年版，第 307 页。

④ 中国红十字会总会编：《中国红十字会历史资料选编，1904—1949》，南京大学出版社 1993 年版，第 48 页。

为“办事董事”，将来“各项办法归办事董事酌定，并劝令捐输”，即具体负责上海万国红十字会各项事务的执行。9名办事董事中，西董7人，为英刑司威金生、公共租界工部局总董、法租界工部局总董、李提摩太、律师麦尼而、医生巴伦、傅密生；华董2人，为沈敦和、施则敬①。3月17日，增补任锡汾为办事董事，又推举李提摩太、沈敦和为“书记官”，办理文案②。上海万国红十字会组织架构至此定型。

上海万国红十字会虽为五国合办，但因“在中国地方创始承办，中国遂永有红十字会主权”③。正因为如此，它的成立同时宣告了中国红十字会的诞生。

第二节　援救难民“出险”

上海万国红十字会成立后，筹款募捐，积极进行人道资源的动员，同时在东北设立分会，并以分会为依托，有条不紊地展开救援行动。

按照《上海万国红十字会暂行简明章程》之规定，救援行动纲领为“医治战地因战被伤之战国及局外兵民，救护战地之无关战事因战被难人民”④。但是，“战地有战场内外之分，战场内惟战国本会得实行其权利，中立国会权利只在战场外”。为此，上海万国红十字会及清廷外务部与日、俄几经交涉，未能获准进入战地，这就决定了救援行动的“宗旨只于战场外附近设医院收治伤病军民、救护无关战事人民出险”⑤。

营口分会是上海万国红十字会设立的第一个分会，救护行动首先就从营口推开。这里切近战地，日俄两军争战激烈。营口分会立即投入战

① 《施君肇基笔译上海创设万国红十字支会会议大旨》，《申报》1904年3月14日。

② 《二月初一日上海万国红十字会初次集议问答》，《申报》1904年3月21日。

③ 中国红十字会总会编：《中国红十字会历史资料选编，1904—1949》，南京大学出版社1993年版，第9页。

④ 《上海万国红十字会暂行简明章程》，中国红十字会总会编：《中国红十字会历史资料选编，1904—1949》，南京大学出版社1993年版，第27页

⑤ 《续志万国红十字会》，《大公报》1904年4月27日。《上海万国红十字会暂行简明章程》第四条对开办医院办法做了如下规定：“此会应有医院、医车、医船，恐侵战国权利，是以只设医院，暂就泰西教会，已设拟设或因战停罢之医院房屋，或另觅房，由本会筹给经费、药物，仿中国海关延用洋人办事之法，商由西董指请教会，向办医院之人，主持办事，作为本会特设之医院。该医院于租赁房屋，应备药品器具之外，其余尚无开支经费，因极节省。而西医生、侍疾人一切具备，足以医治因战被伤兵民，其非因战被伤兵民，由该分会随时斟酌处理。”（中国红十字会总会编：《中国红十字会历史资料选编，1904—1949》，南京大学出版社1993年版，第27页）

事救护，负责实施救护的英国传教士魏伯诗德，假爱尔兰会华医院为营口分会总医院，以该院经理白兰德主其事，达立司、西底戈丁、艾德根、阿乃尔、李阿茂、穆伊尔、傅古敦诸西医分担救护之责。医院“药物器械，尽行备妥，一旦开战，可容伤重者五十人，伤轻者一百人。又有医士数人，以备缓急。电音一到，立即可来”。同时，“租有客寓一所，约可容四百余人，以为难民居处，均为之备饮食，供需求”①。

营口分会的“出险”行动，成绩卓著，到8月初旬，4个月中救护出险并资遣回籍的难民已达4250余人，“另有左近之妇孺二百五十人，被兵毁家，流离出境，本会（营口分会）悯其苦况，留居二十余日，至兵退境安，始遣人护送回乡”②。在整个行动中，营口分会共救治伤者26000人，救护出险并资遣回籍者20000人③。

日俄战争仍在激烈进行之中。5月1日，日军强渡鸭绿江；4日，日军第二军在貔子窝登陆；19日，日军第三军在大孤山登陆；26日，日军在金州、南山击败俄军后，长驱直入，进逼辽阳，8月24日拉开辽阳之战的序幕。红十字会的“出险”行动范围因之扩大。

辽阳一线，风声鹤唳。日、俄军事冲突不断加剧，交火中，有3个村子遭殃，屋宇被毁多至400余间，13人死于非命，“其余群至官衙求救”。知州鲜俊英以“战事逼近，恐难民逃入城中者必多”④，救护为难，求助于魏伯诗德。但营口分会鞭长莫及，力不从心。恰在此时，英国医生魏华司德（又译为吴瓦德、魏华诗德、魏司华德）致函魏伯诗德，自请“代办会事”。信中说：“此间善事，凡余力所能逮，无不竭力为之，如蒙尊处委余在辽阳代办万国红十字会及救护难民之事，余亦甚愿受教，以使款不虚糜，民沾实惠云。”魏伯诗德即举荐其为会董，设辽阳分会，“会同知州办理彼处城乡内外救灾之事”⑤。魏华司德在辽阳建有医院，但规模较小，只能容纳50名伤病员，救护出险的难民无法

① 《大清时期中国红十字会活动成绩》，中国红十字会总会编：《中国红十字会历史资料选编，1904—1949》，南京大学出版社1993年版，第34、36页。

② 《大清时期中国红十字会活动成绩》，中国红十字会总会编：《中国红十字会历史资料选编，1904—1949》，南京大学出版社1993年版，第34页。

③ 《大清时期中国红十字会活动成绩》，中国红十字会总会编：《中国红十字会历史资料选编，1904—1949》，南京大学出版社1993年版，第41页。

④ 《朱君礼琦译牛庄万国红十字分会西董魏伯诗德致李提摩太函》，《申报》1904年9月8日。

⑤ 《朱君礼琦译牛庄万国红十字分会西董魏伯诗德致李提摩太函》，《申报》1904年9月8日。

安插。在地方官绅的支持下，魏华司德以“红十字会”的名义“租得大屋一所，设立医院（实为栖流所，所谓‘医院本收留贫病之人，正可藉此招集流亡’），名曰英华同善会（意即中英合办）”，议定“（医）院内红十字会用款归吴医士（即魏华司德）给发，招集流亡之款由振款筹给”①。英华同善会可收容难民300人②，“以设立英国医院为名，实办红十字会事，医治伤病，招集流亡”③。分会添设不久，大战来临，“各处难民闻辽城有红十字会医院兼可保护安全，纷纷迁往，络绎于途”④。截止到9月12日，医院治愈伤者300人，英华同善会栖留难民多至千人，而接踵者尚复源源不绝。

辽阳之役，日军伤亡近2.4万人，俄军伤亡1.7万人，争战之酷烈，可想而知。而“辽阳之役，华民死者不亚于俄日两军之数”⑤，至难民之众，不难想见。魏华司德会同地方官绅，竭力施救，“一一布置，有条不紊，遂使全辽人民奔走相告，得庆再生”⑥。

辽阳之战，俄军败北，溃退至奉天一带，奉天民众，惨遭蹂躏。“败兵退至奉天，遍地皆为戍守，田禾践踏之余，又收作军食。民居门窗椽槛一切木料，均被拆为炊具。贫民既受马足踏伤，又受饥饿，种种惨苦，殊堪怜悯”，逃到奉天的“难民不少，终不得安插之所，妇孺蹲踞，几满街巷”⑦，凄苦之状，令人不忍目睹。为救济难民，上海万国红十字会添设奉天分会，救护行动的重点也就转移到了奉天。

奉天分会设有医院、栖流所。由于日、俄两军在这一带展开拉锯战，“奉天难民，均避入城，四乡数百村落，均为瓦砾之场，未毁者被兵丁将人逐去，木料木器，付之一炬，间有携物来城者，然赤手者实居大半。栖流所中，辄达七百余人，妇孺来投者，犹有加无已”⑧。红十字

---

① 《万国红十字会来函》，《申报》1904年9月9日。

② 《大清时期中国红十字会活动成绩》，中国红十字会总会编：《中国红十字会历史资料选编，1904—1949》，南京大学出版社1993年版，第35页。一说“足容五百人”，见《申报》1904年9月7日。

③ 《附奏红十字会被阻并仿照医院抄折咨呈由》，（台北）“中央研究院近代史研究所”馆藏红十字档案，档号：02-21-013-04-004。

④ 《述万国红十字会在东三省办理情形》，《申报》1904年9月7日。

⑤ 《中外日报》1904年11月30日。

⑥ 《牛庄西董密勒、魏伯诗德致直督袁宫保信朱礼琦译稿》，《申报》1904年10月2日。

⑦ 《大清时期中国红十字会活动成绩》，中国红十字会总会编：《中国红十字会历史资料选编，1904—1949》，南京大学出版社1993年版，第35—36页。

⑧ 《大清时期中国红十字会活动成绩》，中国红十字会总会编：《中国红十字会历史资料选编，1904—1949》，南京大学出版社1993年版，第37页。

工作者夜以继日，废寝忘食，对这些无辜被难之人加以“保护并供给饮食，以待战事完结各村平安如旧再行遣去”①。

其他分会的救护工作同样出色，如“新民屯、沟帮子两处分会，现归刘兰阶大令、徐性谟都尉、任启人刺史、朱殿卿都戎办理。两处难民每日或十余人、数十人不等，均由会酌给宿食，并火车免票之外，仍分别从优给以回籍之资。两处未设医院，间有受伤难民，送交就近教堂所设医院代医，其费由会中支给。会员梁献臣太守、李伯陶参军由沈阳至营口会商密勒、魏伯诗德转商日监督，并至烟台商诸日本领事，请给金、复、岫、盖等处护照。旋由日监督发给鸭绿江护照，其金、复、岫、盖亦可前往办理赈抚难民等事”②。在整个救援行动中，沟帮子分会给予火车免票救护出险者 1128 人，给资投亲友者 2563 人；新民屯分会救护出险者 37683 人，给资投亲友者 23560 人③，大批在东北从事开矿、筑路、伐木的关内人，由新民屯分会转送至山海关分会资遣回籍。在开原，“穆伊尔函称，战地之东西约一百五十里，南北约三十里，房屋尽成灰烬，片瓦无存。曾见二百户之一村，只遗屋九间而已，门窗全无。更有三十户之一村，不留半堵。且未裂之炮弹，埋藏之地雷，到处皆是，一经触发，殒命伤人，因此而死者，已有四五十人，受伤求医者，为数尤多等语。幸开原设有分会，得以从事救济也”④。旅顺、青泥洼等处难民，“因轮船不能出险，由烟台分会李载之直刺谕令民船设法驶往，优给船资，难民藉以出险者，日有数起，以山东人为多，均由会优给川资，分别送回原籍”⑤。据统计，从 6 月 24 日至 7 月 4 日，短短 10 天之中，由烟台分会资遣回籍的难民即有 1412 名⑥，由此可见一斑。

红十字会救护“出险”行动，历时一年有余，131177 名身陷险境的落难同胞得以转危为安⑦，堪称功勋卓著。

① 《八月十六日收牛庄红十字会长信一件，缕陈已办事件由》，《大清万国红十字会档案》第 1 册，全国图书馆文献缩微复制中心 2009 年版，第 338 页。

② 《述万国红十字会在东三省办理情形》，《申报》1904 年 9 月 7 日。

③ 《大清时期中国红十字会活动成绩》，中国红十字会总会编：《中国红十字会历史资料选编，1904—1949》，南京大学出版社 1993 年版，第 42 页。

④ 《大清时期中国红十字会活动成绩》，中国红十字会总会编：《中国红十字会历史资料选编，1904—1949》，南京大学出版社 1993 年版，第 39 页。

⑤ 《述万国红十字会在东三省办理情形》，《申报》1904 年 9 月 7 日。

⑥ 《万国红十字会来启》，《申报》1904 年 6 月 22 日。

⑦ 《红十字会理事总长沈敦和报告》，中国红十字会总会编：《中国红十字会历史资料选编，1904—1949》，南京大学出版社 1993 年版，第 285 页。

第三节 “大兵之后”的赈济

“大兵之后，必有凶年。”日俄战争是一场巨大的灾难，东北战地惨遭蹂躏，人民的生命财产损失惨重，“吾中立国之民生息于其地者，掷生命数十万，死亡之数，过于（日俄）两军”[①]。不仅如此，在战争的摧残下，战区“农民失业，商贾裹足，日用昂贵，耕畜、余粮概被搜刮。俄兵每退，于可携带之物外，必焚毁无遗，转瞬饥荒”[②]。战火所及，类皆“荒凉不堪入目”[③]，如在奉天，据史书记载：“嗣据东边道及印委各员先后报称，东边各属去岁仅称中稔，日俄宣战以前军队往来，骤添人马数万，粮草一切无不搜括。迨至开仗以后，附近战地田禾既有损伤，商民亦多迁避，房屋被毁，盖藏一空。除岫岩一州道路不通未得确报外，综核东边被灾各属以凤凰厅为最重……此查明东边各属被难之大概情形也。其省南金州一厅文报久已断绝，屡据探称，该处人民被灾实甚，迭经等电商袁世凯及上海红十字会，均以道阻未能派员前往。复州及盖平、海城两县现已战过，据报沿铁路一带田苗已均毁伤，食粮异常缺乏。辽阳一带目前虽为未经战事之地，然（军）队屯扎已逾半载，又为铁路总会之所，俄既分路设守，日以分路谋攻，遍野灾黎，疮痍满目。两军未战之前，已有杀人烧房荡析离居情事，战过之后，其困苦自不待言。此南路各属被难之现在情形也。”[④]“自九月上旬，奉天东南乡建设大营后，乡民悉数入城，田禾践踏，一无余粒，屋内木料木器均作炊薪，妇女不敢居营之左近，均向奉天逃避，一身以外无长物，群谋安顿之法。……接英格利来信云，现今奉天难民三万余人，均属嗷嗷待哺”[⑤]；“日俄构衅，奉省适当其冲，数月来东自安东，南自金州起，历凤凰、安东、复州、盖平、海城、辽阳，皆为大战已过之地，现在附近省城四邻兵队云屯，荡析离居，有秋未获，其颠连困苦已难尽言，即岫岩、宽甸、怀仁、辑安、通化、兴京等处，虽未经大战，而兵队往来屯

---

① 《东三省权宜策》，《东方杂志》1904 年第 9 期，第 194 页。

② 天津图书馆、天津社会科学院历史研究所编：《袁世凯奏议》上册，天津古籍出版社 1987 年版，第 219 页。

③ 中国第一历史档案馆馆藏《赵尔巽》档，第 132 卷。

④ 《增祺等为筹办日俄战事经过地方赈抚情形请饬部拨款奏折》（光绪三十年七月十一日），辽宁省档案馆：《日俄战争档案史料》，辽宁古籍出版社 1995 年版，第 474 页。

⑤ 《大清时期中国红十字会活动成绩》，中国红十字会总会编：《中国红十字会历史资料选编，1904—1949》，南京大学出版社 1993 年版，第 34 页。

扎，居民亦难瓦全，哀鸿遍野，冻馁堪虞”①。

类似记载，连篇累牍。因此，在救护难民“出险”的同时，赈济灾民的行动也在推进中。为此，上海万国红十字会在沈阳开办了“东三省协赈总局”，以陈艺驻局督办，张琪昌、史纪常为会计，罗相为书记，时敏、陈德球任英、日文翻译，另派叶景葵前往会同商办，“所有赈款、赈粮、棉衣、药物一切要需，统由沪会筹备，运送新民屯，转运至沈（阳）”②，再调拨各处。各分会设置粥厂（场），煮粥赈饥。

“北地早寒，八月初即有号寒之苦，恳即设法购运棉衣前往应用。入冬亟须设法放赈，起沟壑而登衽席，仰副深宫视民如伤之隐，寰海一视同仁之德。”③ 上海万国红十字会在接到营口分会电讯后4日内赶办棉衣5000袭（内计女衣2000袭、童衣3000袭），而后定做棉衣3万套，陆续运往东北散放，同时在《申报》等报刊发布《劝募东三省战地冬赈款项并棉衣启》《急募东三省棉衣启》《红十字会棉衣捐款》等，加以劝募称：“经费浩繁，而本会来源渐竭，殊有难以为继之势。乃各分会迭次函电，缕述难民鸠形鹄面，地方可怜可惨一切情形。……又以北洋封河以后，出险入关难民之籍隶东南者亦日多，拟于津沽、烟台等处开设大粥厂，秦皇岛租赁大屋，一面商借轮船以备难民一到，入厂果腹，有屋栖身，分起由火车送至轮船递解回籍，约计经费至少亦须数十万金方能济事。本会前发各省、各国捐册现计收回者甫经过半，其未收之册必有已捐之款，即日设法分头恳切催收，以资接济。窃念中国各行省之大与全球之广，恻隐之心，慈祥之念，人人同之，处处有之，诚恐捐册不能遍及，用特沥情布告，伏望各大府巨绅巨商、志士仁人，体念难民困苦之情，赈需急切之故，慨然乐助，有加无已，或助赈需，或助棉衣，不便送者可寄款由本会代办，均交本会汇收，谨当一体掣发收条，拨寄各分会核实应用，俾数百万待命之灾黎藉全生命，临颖曷胜祷祀盼切之至。”④ 上海万国红十字会急切的劝募之请，引起广泛回应，如12月10日《申报》报道：“本会昨承督办铁路大臣盛宫保倡捐棉衣五百套，顾敬斋捐助棉衣洋五十元，王一亭捐助棉衣五十套，宝泰洋布号捐助羽毛棉衣三十套，庄刘氏捐助棉衣二十套，阳湖女士庄珣、皖江女士

① 《大清万国红十字会档案》第2册，全国图书馆文献缩微复制中心2009年版，第668页。

② 《大清时期中国红十字会活动成绩》，中国红十字会总会编：《中国红十字会历史资料选编，1904—1949》，南京大学出版社1993年版，第40—41页。

③ 《劝募东三省战地冬赈款项并棉衣启》，《申报》1904年10月13日。

④ 《劝募东三省战地冬赈款项并棉衣启》，《申报》1904年10月13日。

章兰各助棉衣十五套，黄礼步求父母冥福助洋十元、旧棉衣二十七件"[1]；"本会昨承江西广饶九南道瑞观察募助浔市二四漕平银六百九十七两六钱九分，合规元七百四十九两三钱二分；胶州电报局张松岩司马募助鹰洋四百六十元五角；黄春甫封翁交来左芝荪规元二百两；陈润夫封翁交来视思堂张助洋一百元。又黄瑞卿洋二十元，无力心愿氏助洋一百元，东商隋立德堂元四十两，四品衔分部员外郎陈遹音祈病速痊洋八元，无名氏七元，许存心堂、聚源隆各洋五元，宝养记棉衣三百件，李云书观察棉衣一百套，又代募沈缦云棉衣二十套，钟志姜、钟志刚旧棉衣各二十件，王小春、王月希、陈应孙、朱友樵、金吉石暨各友公助旧棉衣三十九件，无名氏棉衣一件。当此灾氛正炽，严寒逼人，东省生灵更形困苦，蒙诸大君子悯念疮痍，一再募助巨款并棉衣等件，挟纩同欢，曷胜感佩!"[2] 更有天津妇女仁义会、牛庄妇女针线会，组织妇女穿针引线，为难胞送去温暖[3]。

冬去春来，虽然日俄之战仍在持续，但战地北移，一些地区炮声作哑，硝烟散去。浩劫之后，"禾稼尽被践踏，粮种亦复无存，耕具牲畜，付之一空，欲耕不能"。而一旦耕作失时，"冻馁更所难料"，况难民拥挤于栖流所，"易酿时疫"，一旦疫疠突发，后果不堪设想，"尤宜早为遣散"。可是，难民"既无庐舍，复无粮种耕具"，要将难民"遣归田里，及时耕作"，"非给发银两令购器具及粮种不可"。且难民"自播种以至收获，其间青黄不接之时，又非无资可活"。所有这些，红会"不能不预为筹画"。为此，红会筹拨银4万两，对栖流所留养的难民助以筑室、备耕、生活之费。奉天难民众多，人数超过4万，经与奉天将军增祺协商，由官府资助建房、置办农具，红会赈以粮食，共同安置[4]。

流入城镇的难民需要救济，散布于关东广大农村地区的灾民也不容忽视。据报道："由营口迤北至沈阳，中间纵约一千余里，横约六百余里，今年未下籽种，秋成颗粒无收。此外各地方类此者多。语云：大兵之后，必有凶年。今且不待兵后已有凶年矣。"[5] 受灾面积之广，灾民之众，不言而喻。但受灾有轻有重，待赈有缓有急，要高效实施赈济，进

① 《万国红十字会来启》，《申报》1904年12月10日。

② 《红十字会棉衣捐款》，《申报》1904年12月2日。

③ 《大清时期中国红十字会活动成绩》，中国红十字会总会编：《中国红十字会历史资料选编，1904—1949》，南京大学出版社1993年版，第39页。

④ 《大清时期中国红十字会活动成绩》，中国红十字会总会编：《中国红十字会历史资料选编，1904—1949》，南京大学出版社1993年版，第39页。

⑤ 《万国红十字会来启》，《申报》1904年10月13日。

行灾情勘查是必要的。魏伯诗德担此重任。10月底，他在取得日本领事签发的护照后，不辞辛劳，赴岫岩、海城、盖州勘灾，周历60余村[①]。为赈济灾民，魏伯诗德提出两条应急措施：一、“请军宪于被难地方设立官米局数处以资平粜”；二、“本会当承办赈济极贫之户，即在官米局散给米票以便凭票领米也”[②]。

鉴于“经日俄之战，所在残破，粒米无收。被难人民，不死于刀兵，仍将填于沟壑，政府恻然忧之”。1905年1月，清政府“电饬南洋大臣转饬本会总董，速拨巨款，多延绅员，迅速驰往，广施赈济”[③]。上海万国红十字会即增派史善诒、谢文虎、邓笠航等人前往东北，会同魏伯诗德等办理放赈事宜，直到1906年9月始告结束。近两年中，红十字会办事人员不辞劳苦，深入灾区各地，会同地方官绅，散放赈粮，恪尽扶危济困之神圣职责。具体赈济情况，如下表[④]所示：

表1-1　上海万国红十字会赈济灾民实录表

地　名	灾情概况	赈济情形
承德县	战争中，两军更相驻守，被难尤酷	战后，经史善诒派陈艺、史汝基、张琪昌、谢文虎、任其钧、严良增、张思永、支昭福、尤辰翼分头前往，查明承德县46屯，大口5563名，小口3519名，会同承德知县孟秉彝分别给赈无遗
兴仁县	战争中，两军更相驻守，被难尤酷	战后，经史善诒派陈艺、史汝基、张琪昌、谢文虎、任其钧、严良增、张思永、支昭福、尤辰翼分头前往，查明兴仁县5旗196屯3731户，大口12038名，小口8375名，会同兴仁知县崇廉分别给赈无遗

① 《大清时期中国红十字会活动成绩》，中国红十字会总会编：《中国红十字会历史资料选编，1904—1949》，南京大学出版社1993年版，第38页。

② 《译西历一千九百零四年十一月十七日〈字林西报〉所登牛庄魏伯诗德致上海红十字总会函》，《申报》1904年12月19日。

③ 《大清时期中国红十字会活动成绩》，中国红十字会总会编：《中国红十字会历史资料选编，1904—1949》，南京大学出版社1993年版，第40页。

④ 中国红十字会总会编：《中国红十字会历史资料选编，1904—1949》，南京大学出版社1993年版，第40—46页。

（续表）

地　名	灾情概况	赈济情形
辽阳州	南界海城、岫岩，东界兴京、凤凰厅，北接承德县，俄军以此为根据地。两军相持既久，多有伤亡，“民间粮食牲畜，悉遭焚弃。战后所埋地雷，为祸尤烈”	西董魏伯诗德“商明俄军司令官，由西董魏华诗德（魏华司德）、华董孟精一等，借教堂设立分会，除疗治伤病兵民及救护无关难民出险外，并由魏伯诗德商同华员刘芬、朱庆章等，携带司事，商请日司令官，附坐东清火车，冒险前往”，查明219屯6268户，大口18821名，小口12347名，会同辽阳知州沈金鉴，分别给赈无遗
新民府	地跨辽河，壤接辽沈、辽西，“名为中立之地，实则仍为两军间道所从出，就车站设立分会，由任锡琪、徐诚檀等经理。其辽东界内财产牲畜，概遭焚弃”	史善诒派鲁宝清、沈寿庄、林守忠、严良增分头前往，查明17屯477户，大口1079名，小口644名，会同署新民府知府陈衍庶，给赈无遗
彰武县	为蒙古牧民聚居的地方，“本多盗寇，益以兵戈，蒙民困苦，屡求赈抚”	史善诒派谢文虎、任其钧、邹增顺、邓济川等“分投前往，招集流亡。军队马贼，初颇误会，开枪轰击，再四说明，始免于祸”，查明97屯1902户，大口4743名，小口4213名，会同彰武知县周士藻，给赈无遗
海城县	跨辽河为治，接壤辽阳、盖平、岫岩，西为津榆铁路必经之地，东为东清铁路扼要之区，“日俄两军，据以相持，胡匪乘间肆扰，人民困苦殊甚”	西董魏伯诗德、华员朱庆章分头前往，查明130屯3023户，大口7765名，小口5150名，会同海城知县王礼堂，给赈无遗
盖平县	东濒大海，西南北三面，接壤海城、复州、岫岩，居民向以种植蜡树、收养野蚕为生计，“自遭兵燹，流亡失业，备极困苦”	西董魏伯诗德、华员朱庆章等，分头前往，查明184屯4252户，大口12138名，小口8817名，会同盖平知县祥德，给赈无遗
开原县	为日军前敌驻地，土客杂居，流亡四集，鹄面鸠形，嗷嗷待哺	史善诒派谢文虎等前往，查明1727户，大口4841名，小口3806名，会同开原县陶应润，给赈无遗

（续表）

地　名	灾情概况	赈济情形
铁岭县	系南北孔道，为两军屯粮扼守之区，迭遭蹂躏，困苦万状	经史善诒与日本奉天军政司商定，派谢文虎等前往，查明 41 屯 688 户，大口 1676 名，小口 1169 名，会同铁岭县赵臣翼，分别给赈
昌图府	为奉北要塞，日兵驻城南，俄兵驻城北，相持半载，村屯为墟，居民四散逃亡	史善诒派谢文虎等前往，查明 61 屯 981 户，大口 2281 名，小口 1970 名，会同昌图府徐景涛，广施赈济
怀德县	为奉吉铁路所经之地，虽非战区，但军队往还，动遭蹂躏	史善诒派邹增顺等前往，查明铁路沿线被灾 9 社共 700 户，大口 1836 名，小口 1974 名，会同怀德县荣禧，分别给赈
奉化县	与吉省毗连，“蒙旗杂处”，自遭兵燹，流亡转徙，哀鸿遍野	经史善诒派任其钧等前往，查明 10 社 1185 户，大口 3708 名，小口 3535 名，会同该县地方官陶鹤章，给赈无遗
康平县	在昌图、奉化之西，两军游击，时相往还，加之马贼出没其间，民不聊生	史善诒派谢文虎等前往，查明 174 屯 1580 户，大口 3067 名，小口 1883 名，会同康平县刘晋藻，给赈无遗
兴京厅	全境皆山，为两军犄角之地，居民饱尝战火之苦	经史善诒派邹增顺等前往，查明 65 屯 1475 户，大口 3685 名，小口 2823 名，会同兴京厅孙长青，给赈无遗
通化县	与海龙接壤，为俄军、马贼往来孔道。“该处乡民耕种外，向以淘金为业，自客兵开衅，人皆歇业，益以兵燹，灾民困苦，莫可名言”	经史善诒派邓济川等前往，查明 10 堡 1938 户，大口 4780 名，小口 3252 名，会同通化县秋相孚，给赈无遗
怀仁县	南界岫岩，西接兴京，东界临江，“夙为马贼渊薮，加以洋队过往，（人）参池田亩，概皆荒废”	史善诒派邹增顺等前往，查明 11 堡 628 户，大口 1450 名，小口 1015 名，会同怀仁县刘昭钧，给赈无遗
东平县	“本系围荒旧地，新设县治，客民初集，生聚未久，即遭兵燹，人益涣散”	经史善诒派尤辰翼、张思永分往，查明 20 社 420 户，大口 1330 名，小口 775 名，会同东平县张兆骏，分别给赈

（续表）

地　名	灾情概况	赈济情形
西安县	与吉林伊通州接壤，俄军由海龙引退，即屯驻该地，加以马贼窜扰，居民困苦异常	史善诒派史汝基等，由西丰等处分往，查明全境10社1911户，大口3709名，小口3667名，会同西安县王作宾，赈济无遗
西丰县	与吉林伊通州接壤，“本系围荒旧地，俄队自辽沈北去，以该县及昌图为前敌根据地，重兵扼守。时届严冬，灾民露宿，僵毙相望”	史善诒派史汝基等，冒险前往，查明全城及37团2581户，大口8449名，小口7449名，会同西丰县德凯，给赈无遗
柳河县	壤接东平，自遭兵燹，粮亩房产，一切荡然	史善诒派邓济川等，由通化等处分头前往，查明20社1984户，大口5337名，小口3371名，会同柳河县施承烈，分别给赈
海龙府	全境皆山，本围场旧地，俄军以山险可据，由通化退驻，“马贼又相窜扰，居民困苦，莫可名言”	史善诒派邹增顺等分往，查明16社1592户，大口4107名，小口2787名，会同海龙府依陵阿，分别赈济
伊通州	系奉省叶赫边门，赴吉林要道，介于怀德、奉化、开原、西安、西丰、柳河6县之间，全境皆山，兵戈扰攘，备受惨祸	史善诒派任其钧等分往，查明344屯5868户，大口18656名，小口15205名，会同伊通州刘赞棠，分别赈济
磐石县	壤接伊通州赫尔苏，为兵马必经之地，兵祸相加，居民不堪其苦	史善诒派史汝基等分往，查明5社11甲61屯852户，大口2978名，小口2447名，会同磐石县姚景星，分别给赈
海参崴	在东海之滨，为不冻港，西伯利亚铁路干路止此，“商货由此委输，俄兵据为军港，华商群聚萃处，有商务委员以董率之。前清光绪三十二年十月，俄军猝变，崴埠华商房屋，焚毁殆尽，受伤人口八百余名”	上海万国红十字会闻讯，当即购买芦席、饼干、棉衣裤，派余树勋等，商请招商局派海定轮船，“前往设立红十字会，与崴埠筹赈会合办。援照本会救护协赈章程，由沪陆续接济，会同商务委员李家鳌分别救护给赈”

除此而外，红会还在沈阳、牛庄、沟帮子等地，在救助难民出险的同时，广施赈济。总计施赈范围共 27 处，受赈人数多达 225138 人①。

上海万国红十字会及其分会，救助日俄战灾，历时三载，救护出险、收治伤病、留养资遣、赈济安置总人数达 46.7 万人，因伤重不治而亡者仅 331 人。“此次救护工作，得到教会和医院以及中国官方最高的合作，所以成绩特佳”②。尤为难能可贵的是，“在事中西官绅士商、中西总董固皆不支薪水。……各分会中西董事暨由沪前往之张、周、刘、任、徐、左诸绅亦不支薪水”③。他们以崇高的奉献精神，救死扶伤，扶危济困，默默实践着红十字赋予的人道圣职。他们的业绩，在白山黑水的辉映下，熠熠生辉，光彩照人④。

第四节　上海万国红会终结与中国红会“自立”

上海万国红十字会存在的时间虽短，但“成绩昭著，中外同称”⑤。五国合办之局画上句号，作为承办国的中国，理所当然地走上了自主自立的红十字之路，这是人心所向，大势所趋。事实上，无论官方，抑或民间，都在为创建自主的红十字会而殚精竭虑，努力玉成。

先从官方方面说。

在上海万国红十字会创办的前后，朝廷重臣屡有创设红十字会之请。梁诚、夏敦复就是如此。

1904 年 3 月 26 日，著名外交家、时任出使美国大臣的梁诚上奏朝廷，提出“联约各国仿设红十字会”之请，谓：“近今各国行阵救疾扶伤，不分畛域，其法良意美，尤推红十字会为最。该会命意略如内地善堂，以拯灾恤难为义务，而于国政宗教不相关涉，与会之人出入行间，各国皆公认为局外。……中国尚未联约入会，似非圣朝恩周庶类、整饬戎行之本意。……拟请饬下外务部照会瑞士国政府，声明愿入红十字会

① 《大清时期中国红十字会活动成绩》，中国红十字会总会编：《中国红十字会历史资料选编，1904—1949》，南京大学出版社 1993 年版，第 40—46 页。

② 胡兰生：《中华民国红十字会历史与工作概述》，中国红十字会总会编：《中国红十字会历史资料选编，1904—1949》，南京大学出版社 1993 年版，第 499 页。

③ 《上海万国红十字会暂行简明章程并节略》，（台北）“中央研究院近代史研究所”馆藏红十字档案，档号：02-35-015-03。

④ 池子华：《红十字与近代中国》，安徽人民出版社 2004 年版，第 51 页。

⑤ 中国红十字会总会编：《中国红十字会历史资料选编，1904—1949》，南京大学出版社 1993 年版，第 40 页。

联约缘由，俟复文到日，专派大员签约。一面查取东西洋各国红十字会章程，按照现在情形参订会章，颁发总会，克期举办。庶几上张国体，广含宏怙冒之恩；下恤军民，作有勇知方之气。"① 梁诚的奏折，因路途遥远，直到5月15日才上达朝廷②，是时上海万国红十字会的救援行动已然如火如荼。尽管梁诚之请"迟到"了，但对清政府的"联约"之举，裨益良多。

梁诚向清廷呈递奏稿的第三天，即3月28日，御史夏敦复有《奏请成立中国红十字会片》上达。该"片"称："自俄日两国开战，战地居民最为可悯……其困苦情形，诚有不堪言状者。臣风闻沪上义绅施则敬等，创率同志，举办东三省红十字普济善会，仿照庚子救济会之例，筹集款项，雇募轮船，前赴东省一带救济被兵难民，甚盛举也。惟开办伊始，颇有为难。约章未明，冒险前进，交绥之际，锋镝堪虞，其难一也；战区太广，集款无多，接济偶疏，势将中辍，其难二也。若不曲纾其艰阻，深虞事败夫垂成，兵燹余生，更将何赖。伏念东省本昭代发祥之地，灾黎尽圣主怀保之民，固宜特伸保护之权，尤应备尽解悬之策。拟请饬下外务部王大臣，商明俄日两国公使，查照泰西红十字会公例，请其各电致统兵大员，传谕所部将弁，凡遇中国红十字善会所到之处，一律保护，不加侵犯，俾无险阻之虞，得尽拯援之力。并请饬下南北洋大臣躬为提倡，力予维持。"③ 当日，朝廷阅片，发交外务部办理④。

创建中国独立自主的红十字会，已达成朝野共识。然而，要取得创建红十字会的资格，必须首先加入"日内瓦公约"。为此，1904年4月25日，外务部综合各方面的意见和建议，上奏朝廷，请颁驻英大臣张德彝补签日内瓦红十字会原约全权敕谕。奏折说："查保和会所载推广日来弗原议行之于水战一条，泰西名为红十字会，创自同治三年。各国在瑞士日来弗都城公立陆战条约后，又推之于水战，救病扶伤，实为环球善举。现值日俄事亟，战地居民流离可悯。本年二月十二日，御史夏敦复奏请，查照西例，设红十字会等语。钦此。迭经臣部会同商部，电致

① 《出使美国大臣梁奏拟联约各国仿设红十字会折》，《东方杂志》1904年第11期，第417—418页。

② 《梁诚奏请仿设红十字会奉朱批外务部知道钦此》，（台北）"中央研究院近代史研究所"馆藏红十字档案，档号：02-21-013-02-001。

③ 《御史夏敦复奏请成立中国红十字会片》，《历史档案》1984年第2期，第41页。

④ 《夏敦复奏请设红十字会奉旨外务部知道钦此由》，（台北）"中央研究院近代史研究所"馆藏红十字档案，档号：02-21-013-01-016。

上海绅董筹办。旋据电复，已议成中、英、法、德、美五国合办上海万国红十字会，各举总董，分筹款项，惟须转商日俄两国政府，并须知照瑞士总会方能承认等语。臣当即电知驻日本使臣杨枢、驻俄使臣胡惟德，切商两国外部，尚未定议。适接瑞士总会来函，以中国应补画陆战条约为请。臣等以瑞士为未经订约之国，拟由驻英使臣张德彝照会瑞士驻英公使，作为入会之据。兹据张德彝电称，瑞士政府以该大臣办理此事务，须奉有补画该约之全权敕谕，方能照办等语。臣查中国与各国订约颁给使臣全权字样，历经遵办在案。此次补画瑞士红十字会原约，自应奏请颁给，以昭慎重。谨拟敕谕一道，缮具清单，恭呈御览，伏候命下，臣等即行恭缮，请用御宝，发交驻英使臣张德彝遵照办理。”① 朝廷准奏，颁给驻英使臣张德彝补签原约“敕谕”：“兹特命尔为全权大臣，办理入会事宜，会商大瑞士国驻英使臣，知照总会补行画押。尔其敬谨将事，毋负委任。特谕。”② 张德彝奉到“敕谕”后，即启程前往瑞士，6月29日，在日内瓦补签“原约”即《1864年8月22日改善战地陆军伤者境遇之日内瓦公约》③。中国由此成为国际红会会员国。

在此之前，即上海万国红十字会成立不久，瑞士红十字会总部闻讯，6月3日，“日内瓦万国红十字会总理为中国入会事”致函外务部，云：“顷阅报章，知贵国现在创立红十字会，亮（谅）属不虚，本会深为欣幸……贵国如立有红十字会，而欲与他国各会联络者，必须由本会为之介绍，盖凡新会附入老会，惟本会为能引进也。欲将中国红十字会注册列名，必须先将设立该会宗旨及经理人员知照本会，然后本会可以将会中应办事宜详为奉告，俾中国红十字会得以按照各国红十字会章程办理。再，此次各会均非官办，亦不能径自附入一千八百六十四年八月廿二日日来弗（日内瓦——引者）约款，此事惟政府能办之。”④ 一方面，其对上海万国红十字会的成立表示“深为欣幸”，并希望与国际红十字会“联络一气”；另一方面，又认为合办上海万国红十字会的各方“均非官办”，不能补签日内瓦“原约”，只能由政府出面。中国政府既

① 《外务部具奏补画红十字会原约折稿》，《大公报》1904年5月10日。

② 《附：颁给驻英使臣张德彝补签红十字原约敕谕稿》，《历史档案》1984年第2期，第42页。

③ 《画押事竣由》，（台北）“中央研究院近代史研究所”馆藏红十字档案，档号：02-21-013-03-012。

④ 《日内瓦万国红十字会总理为中国入会事致外务部函》，《历史档案》1984年第2期，第42页。

然命张德彝补签了“原约”，但还不够，因此，8 月 12 日，日内瓦国际红会会长穆业、副会长欧第业就中国加入国际红会一事复函中国外务部，告知“贵国附入日内瓦万国红十字会一节，事已成就”，“瑞士联邦已按照万国公例，于七月八号备文将贵国入会一事，布告在约各国矣”。复函同时称：“深望贵国设立红十字会，按照一千八百六十四年八月二十二号所立之公约办理，凡新立之会，应由本会介绍，与各会联为一气。贵国如按政府许入公约之意，创此义举，本会深愿极力襄助。”[①] 那就是说，中国虽然补办了入会手续，瑞士政府虽然将中国入会一事布告在约各国，但中国只是被接纳为会员国，只是取得了开办红会的资格。中国要加入国际红会、得到国际红会的正式承认，必须拥有自己的红十字会组织。上海万国红十字会毕竟是五国合办，非中国独自拥有，不符合承认条件。在救济日俄战灾的紧要关头，“五国合办”之局不便打破，只能等待上海万国红十字会使命完成后再筹开办之策。不管怎么说，官方已竭尽全力，红会历史对此当然不能漠然视之[②]。换句话说，创建自主自立的中国红十字会，是官方所期待的。

再从民间方面说。

上海万国红十字会“经五中立国权宜联合，在中国地方创始承办，中国遂永有红十字会主权”[③]。正因为如此，人们才有理由把 1904 年 3 月 10 日上海万国红十字会组建日视为中国红十字会的诞生日。但联合毕竟是联合，不是中国独自拥有，换句话说，它还不能算是完全意义上的全国统一的红十字会组织。“联合”的势能强大，的确发挥了不容抹杀的业绩。但以中国之大，竟不能独任其事，不能不令人感到遗憾，王熙普在《申报》发表《创设红十字会之理由》一文，一针见血地指出：“托英人（指李提摩太——引者）代办不能自救其生命，已耻不可言，不能自救反使救济权为外人所操，嘤嘤乞救于外人，耻莫甚焉。”[④] 他认为，五国“合办”上海万国红十字会简直就是中国的奇耻大辱。牢骚虽然发得过火，却值得反思。

五国“合办”的形式不能令人满意，上海万国红十字会的地位也因此受到了挑战。如视“合办”为国耻的王熙普就公开“叫板”，他在

① 《日内瓦红十字会会长为中国入会事复函》，《历史档案》1984 年第 2 期，第 43 页。

② 池子华：《红十字与近代中国》，安徽人民出版社 2004 年版，第 60 页。

③ 中国红十字会总会编：《中国红十字会历史资料选编，1904—1949》，南京大学出版社 1993 年版，第 9 页。

④ 王熙普：《创设红十字会之理由》，《申报》1907 年 7 月 3 日。

《创设红十字会之理由》一文中强调："不立红十字会以拯救于平时，不成红十字军以救济于战时，不但为国民之耻，即亦国家之耻也，不但为国民之危，即亦国家之危也。是红十字会者，诚吾国今日之要图，吾同胞当尽之义务而不可一日缓者。"况且"红十字会者，不但防未来之患，种种危道将一并而扫除之"。他表示，将以"蚊背负山"的气概，独出万金，作为开办红十字会经费。至于"入手方略及办事秩序"，王熙普也有规划：暂设红十字会事务所；组织会员；求请行政官之允许及其保护提倡；禁绝害人毒物；设立戒烟会、红十字医院、红十字军医学堂、收生学堂及看护妇学堂、寄生院、娼妓检查所、卫生演说会及劝戒洋烟会等。他准备借汪惕予医院，"设红十字会事务所"，筹备"大开会员组织会"，独树一帜①。

王熙普，即王钟声（1881—1911），原名槐清，字熙普，艺名钟声，浙江上虞人，中国话剧的先行者、同盟会会员。1898 年，留学德国攻读医学和法律。1906 年归国后，曾任浙江法政学堂监督和洋务局总办。1907 年初来到上海，在复旦大学首任校长马相伯以及王熙普的连襟、著名京剧表演艺术家汪笑侬的支持下，创建了中国第一个新戏剧团"春阳社"，专演新戏（即话剧）。在沪期间，王熙普与沈敦和相识。原来，当年 6 月 22 日，上海举行戒烟大会，《申报》连载的《创设红十字会之理由》一文，就是他的演讲稿。巧合的是，沈敦和也应邀出席戒烟大会。王熙普带有"火药味"的演讲，使沈敦和深感责任重大。他没有计较王熙普过火的指摘，相反对王熙普的才干表示赞赏，并资助他创办了中国第一所话剧学校——通鉴学校②。

王熙普的理想没有成为现实，但由廖太夫人发起的"中国妇人红十字会"，对上海万国红十字会来说，更具有"挑战性"。

廖太夫人，即邱彬忻，字冰欣，四川广汉人，度支部部郎廖邵闲之母，人称廖太夫人，医术精湛，热心公益事业和妇女解放运动。1903 年，她在京师创办女学卫生医院，此为北京第一家由华人妇女创办的医院。这一年，女革命家秋瑾造访该医院后盛赞：

女中今又见卢和，救世心真一片婆。
广为后生开觉路，常闻脱手起沉疴。

---

① 王熙普：《创设红十字会之理由》，《申报》1907 年 7 月 3 日、4 日、5 日。

② 马强、池子华主编：《红十字在上海（1904—1949）》，东方出版中心 2014 年版，第 46 页。

杏林春好颜常驻，兰室尘无梦屡过。

灵药刀圭应赠我，炉杯擎出治人多①。

1905年，廖太夫人赴日本游历，考察日本“各病院及各女学校”，受到“彼邦女界欢迎”②。日本妇女组织之发达和妇女运动之波澜壮阔，使她深受鼓舞，1906年4月由扶桑归来后，她便于5月在北京发起成立“中国妇人红十字会”（又称“中国妇人会”）。这是中国第一个具有红十字会性质的妇女团体。

关于中国妇人红十字会的缘起及其宗旨等情，《大公报》做了如下报道：“京师女学卫生医院院长廖太夫人自此次出洋归国后，以吾国女界向不发达，必欲于一般之妇女社会中增求幸福。盖因在东（京）时，留学界中力劝太夫人归国竭力举办红十字会（中国独无此会，上海所办系万国红十字会——原注），为全国同胞爱国爱种之代表。太夫人担此责任，不惜牺牲一己，必欲达其目的。然创办伊始，头绪繁难，复以吾国风气初开，必举一二成效易著之事，发其先端，则后此办理各事皆易得力。今不料适有旧金山地震之事，受灾之剧为今古环球所罕见，各国羁旅同遭是厄，而吾数万华侨房屋财产数百万金赀亦完全被毁。太夫人窃计此等奇灾，世界创见，此即为吾中国妇人红十字会成立之机关。于是立发大愿，于京师创立中国妇人会，隐寓红十字会之意。”③ 无论从妇女解放的时代呼唤看，还是救助旧金山地震中的同胞，成立具有红十字会性质的妇人会，都是必要的。

1907年3月，《中国妇人会小杂志》第2期发表《中国妇人会章程》。《章程》共10章，分别为会名、会所、宗旨、义务、会员、规则、职任、经费、会期、分会。其宗旨为“我二百兆妇女同胞，实占国民全数之半，对于社会，对于国家，均有应担之责任，应尽之义务。凡属公益之举，急难之事，本会当力谋所以扶助救济之道，隐然以赤十字之苦心，为进化合群，爱护同胞之表见”；其“义务”的第一项即“救灾恤难：凡我同胞，无论外国、内地，设有水旱、刀兵、疾病等灾难，皆有救济之责”④。这些方面与红十字会的职能，别无二致。

对廖太夫人之举，媒体大加赞赏，如1907年4月出版的《中国新

---

① 秋瑾：《赠京师卫生女学医院廖太夫人》，郭长海辑注：《秋瑾全集笺注》，吉林文史出版社2003年版，第228页。

② 《调查医学回国》，《大公报》1906年4月22日。

③ 《中国妇人会之发起》，《大公报》1906年5月10日。

④ 《中国妇人会章程》，《时报》1907年5月3日。

女界杂志》转载了《中国妇人会章程》，并就中国妇人会成立的缘起、组织架构、未来发展等发表评论说："此会对于同胞所尽之义务，真非他团体所能及，前途发达，定未可量。"[①]《大公报》在发表《中国妇人会之发起》一文时，特加按语，给予高度赞扬："此件顷由沪江见寄，发函伸纸，灿烂夺目，读未终篇，蹲蹲起舞，不意以数千年幽闭昏黯不见天日之女界，一旦大放光明，如朝日之东升，如海潮之怒涌，光彩壮丽，气象万千，则虽盲者之有见，跛者之克走，哑者之能言，痿者之立起，不足以方兹畅快喻此欢欣。"[②] 中国妇人红十字会的成立，引起社会关注，是可以想见的。

尤其值得注意的是，廖太夫人发起成立中国妇人红十字会，有一个显而易见的目的，即洗刷中国不能独立创办红十字会之耻，"国际红十字会创立后，各国纷纷加入。中国 1904 年成立的上海万国红十字会，系中、英、法、德、美五国合办，并非华人独立创办，国人引以为耻。时值美国旧金山发生大地震，国人纷纷捐款救济在美华侨，廖太夫人遂发动女界，借此机会成立一个由妇女组成的红十字会，独立募捐以救济华侨，一尽同胞之谊，二洗中国无独立的红十字会之前辱。故中国妇人会一名中国妇人红十字会"[③]。中国妇人红十字会的成立，无疑是对上海万国红十字会的"挑战"。

上述"挑战"，无可厚非，而其间迸发的爱国热情，更是难能可贵。五国"合办"上海万国红十字会乃是权宜之计，"曲终人散"势所必然，中国方面何去何从，不能不有所抉择。而王熙普、廖太夫人的"叫板"，也"倒逼"上海绅商做出决断。

挑战和机遇并存。面对挑战，沈敦和、施则敬、任锡汾等上海万国红十字会的华董，深感任重道远。不过，他们充满自信。这是因为：

上海万国红十字会救济日俄战灾的使命已经完成，并赢得"中外同称"的美誉，这是一笔财富。这可观的无形资本，当"永有红十字会主权"的中国一方在终结万国红会而选择"自立"——独立自主经办中国红十字会时，较之中国妇人红十字会、红十字会爱群社[④]，以及王熙普"纸上谈"之"红十字会事务所"，更容易被社会各界所认同。这是

① 《中国妇人会章程附记略》，《中国新女界杂志》1907 年第 3 期，第 113—114 页。

② 《中国妇人会之发起》，《大公报》1906 年 5 月 10 日。

③ 闵杰：《近代中国社会文化变迁录》第 2 卷，浙江人民出版社 1998 年版，第 482—483 页。

④ 《红十字会爱群社传单》，《申报》1908 年 7 月 8 日。

"自立"的优势之一。

优势之二，官方的支持。上海万国红十字会从成立之日起，就得到清政府的鼎力扶助，特别是吕海寰、盛宣怀、吴重熹三大臣，秉承朝廷旨意，为万国红会的救援行动大开方便之门，给予人力、物力、财力上的支持。而且，当局一直把争取国际红会的承认作为一项重要的外交活动，勉力从事。可以断言，一旦中国红会从上海万国红会中"脱胎"而出，步入"自立"之途，官方的支持将是一如既往的。

优势之三，有"自立"的经济基础。据统计，在上海万国红十字会存在的3年多时间里，"所有收款项下，敬谨领到恩帑银十万两，又核收中西筹拨募捐合银五十四万一千九百两零；所有支款项下，自臣等暨各该中西总董、会员均无薪水、夫马公费，以资撙节，综计各项支款，共银五十七万七千四百两零。其间银洋、金镑、佛郎、马克、卢布、军用手票等类兑解赢耗头绪纷繁，尚须逐细核算。又支旧金山华侨震灾抚款合银二万两。收支两抵，共余银四万四千五百两零"①。44500两余款作为"自立"的开办经费，该是较为充裕的，况且，尚有募捐之法。

"自立"的条件已经成熟。1907年7月21日，也就是光绪三十三年六月十二日，吕海寰、盛宣怀乃代表上海万国红十字会中方组织者，联衔上奏清廷，沥陈上海万国红十字会办理情形及善后持久事宜。这份奏折中，除缕述上海万国红十字会缘起、救济日俄战灾实况、经费收支情形之外，最重要的还是"善后持久事宜"的种种构想和举措。"善后"，一言以蔽之，就是终结五国合办上海万国红十字会；而"持久"，则关系到红十字事业在中国的未来发展，这是至关重要的。吕海寰、盛宣怀在奏折中特别强调：

各国红十字会各有佩章，重以国家之命，由会制备。今中国红十字会成立，西董亦愿得中国红十字会佩章以永纪念等语。臣等因饬总董仿照各国红十字会佩章式样，酌拟中国红十字会佩章。派员测绘各地设会办事情形，拟具图说，俟石印成册，咨送外务部核议呈进，并分送京外中西捐助之官绅士商，表明此次办法，即为中国红十字会商订专章之据。一面参考日本初创赤十字社情由，与西董订明，先就中国自筹之款酌拨以为基础，兼仿瑞士总会真奈瓦（即日内瓦——引者）地方之意，在上海购地，采取各国医院学堂医船医车之式样，筹措经费，次第仿办。另选聪颖华童，一面在沪附设医学堂，一面出洋学习会医，考求会

① 盛宣怀：《愚斋存稿》第13卷，《奏疏》。

医与军医之如何区别，本国看护人之如何储备招致，务期悉臻详备，以结万国红十字会之全局，即以巩中国红十字会之初基①。

这段文字，向我们传递了一个极为重要的信息，即“今中国红十字会成立”。很显然，一“今”字意味着折上之时，中国红十字会已正式“成立”，至于“成立”的具体时间，没有搜寻到有关资料以资确认，极有可能没有举行相关仪式，否则，《申报》《大公报》等媒体会有消息发布。因此，说中国红十字会“成立”，倒不如说中国红十字会从上海万国红十字会中“脱胎”或“流变”而出，更为恰当，因为如下文所述，“中国红十字会”的底牌，在上海万国红十字会组建时即已亮出，只不过格于“合办”的形式，较为隐晦。

创建独立自主的中国红十字会，一直是中国有识之士的夙愿，因日俄战争事起突然，“仓猝不能成立”中国自己的红十字会，如前所述，他们只能临时抱佛脚，“故用万国红十字会之名义”，但并没有放弃这一追求。1904 年 6 月 13 日，吕海寰、盛宣怀、吴重熹在致袁世凯的电文中称：“昨据沪道备文，批解恩帑京平足银十万两，饬据沈、任、施道等公议，该总董等拟以五万两为现在办经费，以五万两为开办中国红十字会经费。海等所见相同，核与前奏亦合。是否请速酌电示，以便沈、任、施道等分别具领。”② 明确提出将帑银 10 万两，拨出 5 万两，作为开办中国红十字会经费；同时，嘱沈敦和、任锡汾、施则敬等起草《中国红十字会章程》。6 月 26 日，吕海寰、盛宣怀、吴重熹致电外务部，以“沈、任、施道等称，遵拟中国红十字会章程，惟备始美”，请外务部“电饬英、俄、德、法、比、意、奥大臣，各向该会觅抄各国自定之章，洋文、译文一并迅速，咨如能多备一份，径寄上海，尤所祷盼”，以便借鉴，并称“该道等深思远虑，实力虚心，拟章务求美备，所请极关紧要，敬祈钧察，即赐电饬为祷”③。7 月 12 日制定的《上海万国红十字会暂行简明章程》中称：“至中国红十字会章程，应由华董另拟，呈候咨部核奏，请旨饬行，合并声明。”④ 这个“合并声明”，毫无疑

① 《本会开创时之奏折》，《中国红十字会二十周年纪念册》，中国红十字会总办事处 1924 年编印，第 2—3 页。

② 《吕海寰、盛宣怀、吴重熹致袁世凯电》（1904 年 6 月 13 日），中国红十字会总会编：《探本溯源——来自博爱论坛的声音》，北京大学出版社 2010 年版，第 74 页。

③ 《吕海寰、盛宣怀、吴重熹致外务部电》（1904 年 6 月 26 日），中国红十字会总会编：《探本溯源——来自博爱论坛的声音》，北京大学出版社 2010 年版，第 78 页。

④ 《上海万国红十字会暂行简明章程》，《申报》1904 年 7 月 31 日。

问，意在说明五国合办上海万国红十字会的同时创设中国红十字会的事实，不然，“另拟”《中国红十字会章程》，岂不是多此一举？在红会的历史资料中，我们也可以看到这样的记载：“本会成绩昭著，中外同称，政府特发帑银十万两，以为补助，并特派驻英公使张德彝到瑞士，加盟于日来弗条约，本会至此改名为中国红十字会。”[①] 驻英公使张德彝受命赴瑞士“补签”《日内瓦公约》是1904年6月29日之事，虽然没有足够证据表明“上海万国红十字会”改名“中国红十字会”，但在与日、俄交涉中，使用“中国红十字会”名号普遍而寻常，如：“俄使称中国红十字会在辽西所设医局，切勿用外国人”；日人小田切“来信言日前承面商上海中国红十字会，欲在满洲救护难民之事。前接本国外部来电，以为满洲地方现在俄国驻兵之地多于日本，俄国既未答应，我国何能遽允”；“复小田切信言，接奉来函，贵国于中国红十字会未能慨然允许，甚为怅然”[②]，如此等等。作为经办人的盛宣怀1911年10月25日在追溯红十字会源流时也说：“伏查光绪二十九年日俄交战，其时臣正在沪选举董事，设立中国红十字会，邀集中西绅商，募捐筹款，并钦奉懿旨，颁发帑项十万两，饬令遴派员绅，赴东三省，将战地被难人民救援出险，分别资遣留养。”[③] 这里，盛宣怀所用名称为“中国红十字会”，而非上海万国红十字会。换言之，上海万国红十字会在某种程度上等同于中国红十字会，至少这两种称谓可以并行不悖。

如今万国红十字会全局终结，中国一方自然而然、旗帜鲜明地打出“中国红十字会”招牌。这是顺理成章之事。由此我们可以说，上海万国红十字会终结之时，也是中国红十字会“自立”之始。而在没有发现相关资料之前，我们完全有理由把1907年7月21日吕海寰、盛宣怀上奏之日视为中国红十字会“自立”地走上自我发展之路的起点[④]。不管怎么说，中国红十字会在上海成功转型，实现了“华丽转身”。接着，兴办医院、开办学堂、培养救护人才，为中国红十字事业的发展奠定了基础。

---

① 中国红十字会总会编：《中国红十字会历史资料选编，1904—1949》，南京大学出版社1993年版，第40页。

② 参见《大清万国红十字会档案》第1册，全国图书馆文献缩微复制中心2009年版，第201页、第241页、第242页。

③ 盛宣怀：《遵旨设立慈善会派员赴鄂救济被难人民折》（1911年10月25日），载中国红十字会总会编：《探本溯源——来自博爱论坛的声音》，北京大学出版社2010年版，第131页。

④ 池子华：《红十字与近代中国》，安徽人民出版社2004年版，第66页。

第二章　辛亥风云中的中国红十字会万国董事会

1911 年，改变中国命运的辛亥革命爆发。在那个战火纷飞的年代里，中国红十字会以上海为枢纽，整合社会资源，成立万国董事会，组织救护队开赴战地，救死扶伤。人道救援成效卓著，由此开创了红十字事业发展的新局面。

第一节　兴医院办学堂为辛亥救护奠定基础

上海万国红十字会解散，中国红十字会自立，平稳过渡。“善后”的同时，如何“自立”，攸关中国红十字事业的长远发展，不能不有所规划。红十字会起源于战争，战地救护是其天职。而要遂行救死扶伤的使命，势必要开办医院，造就救护人才，这是事业发展的根基所在，正所谓“本会恤兵救灾，首需救护人才及医院”是也[①]。正因为如此，在《沥陈创办红十字会情形并请立案奖叙折》中，把建医院等基础设施——“在上海购地，采取各国医院学堂医船医车之式样，筹措经费，次第仿办”，以及建学堂培养人才——“一面在沪附设医学堂，一面出洋学习会医”[②]，作为“自立”的重大举措，提上了日程。

既然医院、学堂落地上海，作为创始人的沈敦和等绅商，责无旁贷。好在用于救护日俄战争的捐款尚有剩余，计 44500 余两[③]，用来建医院、学堂，还算充裕。

---

① 中国红十字会总会编：《中国红十字会历史资料选编，1904—1949》，南京大学出版社 1993 年版，第 47 页。

② 《本会开创时之奏折》，《中国红十字会二十周年纪念册》，中国红十字会总办事处 1924 年编印，第 3 页。

③ 《本会开创时之奏折》，《中国红十字会二十周年纪念册》，中国红十字会总办事处 1924 年编印，第 2 页。

1909年，由沈敦和经手，在上海徐家汇路购地10余亩[①]，设计“建造高大洋房一所”，作为中国红十字会总医院（现华山医院，为复旦大学附属医院）。医院当年开工，1910年春落成，原址在徐家汇路7号。“其间冷热水管、解剖房（病理室——引者，下同）、割症房（手术室）、蒸洗器械房（消毒室）、爱克司电光房、配药房（制剂室）、储药房、发药房、化学房（化验室）、汽锅房（锅炉房）、浴室、病房、议事厅（会议室）、殡殓所（太平间），无一不备”[②]，设备之“精美，为沪之冠”[③]。医院延聘著名西医柯师（英国籍）为内科医生，解剖专家峨利生（丹麦籍）为外科医生，血液学专家亨司德（挪威籍）为血液检验医生，克立天生女士（丹麦籍）为看护妇（护士），王培元为驻院医生，主持医院事务。

中国红十字会总医院远离市区，“宜于养病而不便于施诊”。于是，1910年12月26日，中国红十字会特于天津路80号开设分医院，“利便租界居民治病”[④]。分医院与沈敦和经理的公立医院分医院合办，“费省惠溥，一举两得，就诊者日三百余人，遇重病则送总医院留养，或须解剖者，亦送总医院施治，取其房屋构造合宜，器械精养（良）适用也”[⑤]。因其时“中国红十字会”易名“大清红十字会”，分医院遂定名为“大清红十字会中国公立医院分院”。后继设南市医院于沪南十六铺，“大清红十字会中国公立医院分院”易名为北市医院。各处红十字医院“诊病给药，只收号金（挂号费——引者）。病较重者留院疗治，酌量收费，贫者则免，只收膳费，极贫者膳费亦免”[⑥]。总而言之，尽其所能为患者提供周到的服务。

鉴于上海人烟稠密，五方杂处，夏秋之交，极易发生疫情，1908

---

① 关于购地亩数，吕海寰、吴重熹会奏《酌拟中国红十字会试办章程请旨立案折》谓“在上海徐家汇路购地一区，计十一亩零。”（见盛宣怀：《愚斋存稿》第15卷，《奏疏》）而《中国红十字会二十年大事纲目》则称：“在沪西徐家汇路今名海格路，置地十四亩有奇，建筑洋房二所，为总医院及医学堂。”（见中国红十字会总会编：《中国红十字会历史资料选编，1904—1949》，南京大学出版社1993年版，第453页）未知孰是，录此待考。

② 中国红十字会总会编：《中国红十字会历史资料选编，1904—1949》，南京大学出版社1993年版，第47页。

③ 转引自养科：《中国红十字会早期在上海设立的医院》，《中国红十字报》1987年8月5日。

④ 《大清红十字会中国公立医院分院开幕广告》，《申报》1911年6月11日。

⑤ 中国红十字会总会编：《中国红十字会历史资料选编，1904—1949》，南京大学出版社1993年版，第47页。

⑥ 《中国红十字会二十年大事纲目》，中国红十字会总办事处1924年编印，第3页。

年，中国红十字会乃于天津路316号设临时救疫医院，对患者进行诊治，“嗣后岁以为常，全活无算，成绩最著”①。

医护人才的培养是红十字事业发展的根本，而医学堂则是人才培养的摇篮，故“欲兴此会，必先创设医学堂”②。中国红十字会在兴工建造总医院时，当然不能忽略兴办医学堂这头等大事。但医学堂营建需时，不能因此而耽误根本大计，而采用“借鸡下蛋”的灵活方式，不失为一种选择。当时，德国医生宝隆在上海设有同济医院德文医学堂，“意在昌明医学，跻于极高等而止”。德国医学素称发达，沈敦和因有“遴选聪颖华童之粗通德文者，分班送至该学堂附习”之想③，于是“婉切商订”于宝隆，请准中国红十字会“委托代培”。宝隆曾是上海万国红十字会的积极参与者和中国红十字会一等金质勋章的获得者，对中国红十字会之请，极表赞成。同济德文医学堂，于是成为中国红十字会医护人才的培养基地。1908年8月31日、9月4日、9月7日，中国红十字会连续在《申报》刊登广告，面向社会招考医学生。广告称：“本会系各省官商捐助并蒙朝廷拨帑兴办，现先以培植医员为入手基础，因医院、校舍尚未造竣，暂附科学完备、程度最高之同济德文医学堂授课。宗旨：招选聪颖子弟教授医科，卒业后任凭充红十字会医员；学所：附在同济德文医学堂；学额：先收十名；学龄：以十五岁至十八岁身家清白，素无疾病，英文及算学业已粗通，华文能作短简论说者为合格，如已通德文者，得特别卒业年限；学级：八年卒业，给予文凭，不及格者补习；卒业后任事：听凭红十字会委任，遇战役，除安家费外，薪水从优。”学费、食宿等费用，由红会支给，考试合格后，“除具保证书外，应由父兄出具愿书，如有半途退学，除追偿修缮等费外，另行议罚”④。第一期额定招生人数为10名，实际招收曹民、邵树华、邵骥、朱恪臣、马廉、包拯衽、钱泰堃、华寿眉、蔡雍周、邱仁高、陈鲁珍、朱寿田等共计12人⑤。对于他们，红会寄予厚望，“如是，则本会医才或免缺乏之虞欤！”⑥

---

① 《中国红十字会二十年大事纲目》，中国红十字会总办事处1924年编印，第2—3页。

② 《中国宜人红十字会说》，《申报》1904年3月5日。

③ 盛宣怀：《愚斋存稿》第15卷，《奏疏》。

④ 《中国红十字会招考医学生广告》，《申报》1908年9月4日。

⑤ 《中国红十字会考取医学生》，《申报》1908年9月30日。

⑥ 中国红十字会总会编：《中国红十字会历史资料选编，1904—1949》，南京大学出版社1993年版，第47页。

“借鸡下蛋”固然是一条行之有效的途径，但不是长久之计，造就人才的“百年大计”，还是要靠自己。对此，沈敦和等人有清醒的认识，因此在“委培”的同时，红会自己的人才培养基地正在加紧建设中。

1910年夏初，在沈敦和等苦心经营下，中国红十字会医学堂在总医院旁拔地而起，多年的夙愿终于变成现实。医学堂当年招生，定为5年卒业，首批招收18岁以上、具有英文基础的学生20人，计有葛吉生、黄光正、曹晨涛、叶芸芝、曹洁卿、许文彬、张雁飞、郑咏春、吴连生、张约瑟等人入学，“专授医学”。学堂特聘著名西医柯师、峨利生、亨司德及王培元为教员①，“用最新学术教授专门医科”，“务使学生学识精深，确有实习，成为医学名家，此本会之厚望也”②。加上总医院近在咫尺，便于实习，学习条件可称上乘。

医学人才的培养固然重要，而“看护人（护士）亦为救护所必需”，未可偏废。为此，中国红十字会“特觅他医院谙悉英语，富有经验，天资灵敏之侍者廿人，分派于（沈）敦和所办之各医院，学习看护”③，通过这种途径，造就护理人才。

总医院的建成、医学堂的开办，特别是医护人才的培养，为中国红十字会的自立和发展，奠定了“初基”，创造了条件，这其中耗费了红会先驱者们几多心血，是不难想象的。正如盛宣怀致函沈敦和、施则敬、任锡汾时所赞，“诸公苦心缔造，渐臻美备”④。红十字事业由此局面渐开，走上了自我发展的道路，也为辛亥革命救护奠定了基础。

第二节　辛亥革命与中国红十字会万国董事会的组建

随着事业的进步，对红十字事业的规范发展提出了要求。1910年2月27日，吕海寰、盛宣怀、吴重熹联衔会奏《酌拟中国红十字会试办章程请旨立案折》，“伏候圣裁”⑤。其《中国红十字会试办章程》共6

① 中国红十字会总会编：《中国红十字会历史资料选编，1904—1949》，南京大学出版社1993年版，第47页。

② 《中国红十字会医学堂添招新生》，《申报》1910年5月12日。

③ 中国红十字会总会编：《中国红十字会历史资料选编，1904—1949》，南京大学出版社1993年版，第47页。

④ 中国红十字会总会编：《探本溯源——来自博爱论坛的声音》，北京大学出版社2010年版，第111页。

⑤ 盛宣怀：《愚斋存稿》第15卷，《奏疏》。

款，虽然内容较为简略，但还是值得肯定的。在奏折中，三大臣还特别强调："惟会务头绪繁多，关系中外交涉，可否简派大臣作为会长，以昭郑重，如蒙俞允，即由会长督率该董等妥为筹办，并将办事情形随时报部查核以期核实"，就此提出了"官派"会长的正式请求①。朝廷准奏，1910 年 2 月 27 日降旨："著派盛宣怀充红十字会会长。"② 盛宣怀于是成为政府任命的首任会长，而他正是一年后引发辛亥革命的"引线"。

盛宣怀虽然出任中国红十字会会长，但对"中国红十字会"这一传统称呼，却有意加以改变。1910 年 2 月 26 日，也就是他被"派充"会长的前一天，还致函吕海寰，表达了他对这一称呼的不同意见，谓："红十字会稿，书奏寄上，关防'中国'字样请酌，因近来对于各国皆书'大清'。此事欲劝捐，恐难办。"③ 意向很明确，就是希望把中国红十字会改名为"大清红十字会"，由民办改归"官办"。3 月 13 日咨行礼部，他以中国红十字会系遵旨开办，应行奏请添铸"大清红十字会"关防，以昭郑重。4 月 30 日，外务部咨复，告知"大清红十字会"关防已缮模具奏，俟铸妥后再行知照请领。据《大公报》披露："进呈印模系照参赞大臣关防，纯用铜质，长三寸二分，阔二寸，其文清汉合璧小篆文曰：大清帝国红十字会之关防。"④ 5 月 5 日，盛宣怀札委山东补用直隶知州袁鉴赍文专程赴京候领。16 日，礼部将新添铸的该关防粘贴印花发交袁鉴领取送往上海。6 月 5 日，"大清红十字会"关防正式启用⑤。

易名之举，使红十字会成为具有浓重政治色彩的"官办"机构，与一直以来的"官督民办""官督民营"的运作模式大相径庭，这是沈敦和等所不能容忍的。1911 年 10 月 23 日，沈敦和在给吕海寰的一通电文中牢骚满腹，说："查沪红十字会系民捐民办，甲辰四月、十二月两次奉旨嘉许，实称善举。上年夏钦派盛宫保（盛宣怀——引者）为会长，并拟改名大清红十字会，当经敦和力陈利害，按大清红会应归陆军部筹办，如遇战事，仅止随本国军队后救伤，与和等所办瑞士缔盟万国承认之中立红十字会宗旨不同，且沪会系募中外捐款而成，殊难归并。"⑥ 沈

① 盛宣怀：《愚斋存稿》第 15 卷，《奏疏》。

② 《宣统政纪》第 30 卷。

③ 盛宣怀：《愚斋存稿》第 100 卷，《总补遗》。

④ 《奏请遵铸红十字会关防》，《大公报》1910 年 4 月 14 日。

⑤ 周秋光：《晚清时期的中国红十字会述论》，《近代史研究》2000 年第 3 期，第 145 页。

⑥ 《吕海寰往来电函录稿》，见沈云龙主编：《近代中国史料丛刊》第 3 编第 58 辑，（台北）文海出版社有限公司 1978 年版，第 605—606 页。

敦和虽然“力陈利害”，但扭转变局，有心无力，只能表示“殊难归并”，并采取不合作的消极态度加以抵制，由此产生了“京会”（大清红十字会）、“沪会”（中国红十字会）的矛盾。“统一”的局面被打破，“京会”“沪会”，南辕北辙，中国红十字事业发展出现了暂时的困难。

红十字会本该是中立性的民间社会团体，盛宣怀强化官办色彩的易名之举，在红会内部引发振荡，势所必然。这对红十字事业的发展，弊多利少，实在是得不偿失。

大清红十字会从1910年6月5日启用关防到1911年10月26日随盛宣怀的被革职而成过眼云烟。在这一年多时间里，大清红十字会本身并无多少建树，而盛宣怀身陷“铁路风潮”的泥潭更是难以自拔，对红会事务是心有余而力不足。与此同时，“沪会”在沈敦和的领率下“我行我素”，挂了一个“大清红十字会中国公立医院分医院”的牌子①，以及发布一下医学堂招生广告②，算是给了盛宣怀一个面子。仅此而已。

大清红十字会开办不久，改变中国命运的辛亥革命爆发了。

1911年5月20日，清政府不顾川、鄂、湘、粤等省各界人士的反对，竟出卖铁路主权，由邮传部大臣盛宣怀在京与英、法、德、美签订了《粤汉川汉铁路借款合同》，将粤汉、川汉铁路的修筑权出卖给四国银行团，从而激起民愤，引发“铁路风潮”（即保路运动）的风起云涌，吹响了辛亥革命的前奏曲。10月10日，革命党人发动武昌起义，辛亥革命正式爆发。湘、陕、赣、晋、滇、黔、苏、浙、皖、桂、闽、川等省纷纷响应，革命浪潮，汹涌澎湃，清政府处于风雨飘摇之中。

两军开战，兵民颇有伤亡，求救之声不绝于耳，并把希望寄托于红十字会。10月24日，记名御史学部郎中陈曾寿、高等审判庭推事王基磐、农工商部参议上行走赵椿年、内阁统计局副局长张国淦以及京外26名官员联名上书朝廷，以“武汉糜烂，变起仓猝，居民遭此惨祸，困苦万状，日来战事一开，当更有不堪设想者”为由，吁请救助，且因“中国红十字会前于日俄战事，特倡救济会，拯救难民，全活无算”，“请按照该会定章，派员速往筹办，以拯难民，而宏慈善”③。

作为大清红十字会会长的盛宣怀，虽因“铁路风潮”被推上风口浪尖，但面对救援的期待不能不有所行动。10月24日，另有给事中涂国

① 《大清红十字会中国公立医院分医院开幕广告》，《申报》1911年3月17日。

② 《上海大清红十字会医学堂招生》，《新闻报》1911年9月1日。

③ 中国红十字会总会编：《探本溯源——来自博爱论坛的声音》，北京大学出版社2010年版，第132页。

盛奏请“饬督办大臣盛宣怀斟拨巨款，电商善堂义绅，援案设救济会，速救余生”一折，内阁遵旨将原奏发交盛宣怀。次日，盛宣怀即上呈《遵旨设立慈善会派员赴鄂救济被难人民折》（附《拟派沈敦和、福开森赴鄂办理救济事宜片》《在京设立会所片》），表示“迅速设法救援，以活民命”，并谓：

惟查各国红十字会章程，系两国构兵，由他国会员，深入战线之内，不分彼此，一律救援，与现在鄂省匪乱情形不同。且查红十字会，各国创设已三十余年，遍查各国历史，亦无与此相等之战事。是此次赴鄂救济人民，医治受伤军士，只可用红十字之办法，不便用红十字会之名义。臣斟酌再四，拟请设立慈善救济会，仍按照红十字会宗旨，以救难及医伤两事为切实办法。商之军谘（府），亦意见相同。已派定总董存记道沈敦和，并加派美国洋员福开森，带领医生执事人等，克日驰往汉阳、武昌一带。凡在战线以外被难人民，立即救援出险，并将受伤军士，妥为设院医治。其战线以内，力所不逮者，倘可保全，亦应一体妥筹救治，以其仰副朝廷视民如子至意。至该员等躬诣危境，已咨由军谘府发给护照，并分咨各路统兵大臣保护进行，以昭慎重。其应用一切经费，查赈捐收款，除拨解江皖湘豫等省外，尚欠各银行垫款五六十万，催还急切，实属无从酌拨。臣既身任会长，无论如何为难，当与本会各董事尽力先筹，勉支应用。惟此事中外观听所系，需款浩大，拟请援照光绪二十九年东三省成案，仰恳天恩，特颁帑项，以为全国绅商之倡。一面由臣督率各董事，赶紧劝捐，广筹巨款，源源接济，庶数百万生灵不致尽归浩劫，感蒙帱负，薄海同钦矣①。

盛宣怀之意：（一）红十字会的战争救护只适用于国与国之间的战争，内战救护不在其列；（二）只能参照红十字会宗旨，设立慈善救济会，对难民及伤员实行救助；（三）派沈敦和及美国传教士、“华洋义赈会”会长福开森（1866—1945），前往武汉办理相关事宜；（四）请朝廷援照上海万国红十字会救助日俄战争先例，拨出帑银，给予支持。

盛宣怀的建议为朝廷所接受，特拨内帑银 3 万两作为助赈专款，至于成立慈善救济会、派沈敦和等赴鄂办理救济事宜以及在京设立会所等事，责成吕海寰办理。盛宣怀因“铁路风潮”于上奏的第二天即 10 月 26

① 盛宣怀：《遵旨设立慈善会派员赴鄂救济被难人民折》（1911 年 10 月 25 日），中国红十字会总会编：《探本溯源——来自博爱论坛的声音》，北京大学出版社 2010 年版，第 132—133 页。

日，被革去了包括大清红十字会会长在内的一切职务，“永不叙用”[①]。

诚如盛宣怀所言，红十字会内战救护罕见其例，而定名大清红十字会，其隶属关系显而易见，即便参与内战救护，也只能服务于“大清”一方，如沈敦和所云，与“瑞士缔盟万国承认之中立红十字会宗旨不同”[②]，这正是沈敦和所极力反对的。至于设立慈善救济会按红十字会宗旨行事，不啻为传统善会善堂的翻版，是一种历史倒退，这是以沈敦和为首的上海绅商，无论如何难以接受的。事实上，沈敦和在盛宣怀上呈《遵旨设立慈善会派员赴鄂救济被难人民折》的前一天，即10月24日，已正式抛开大清红十字会，在上海另行组织中国红十字会万国董事会了。

沈敦和之所以抛弃现成的“大清红十字会”而另行组建中国红十字会万国董事会，一则是他对盛宣怀的“易名”之举深表不满，二则是“大清红十字会”具有浓重的官办色彩和鲜明的政治倾向，与红十字会宗旨背道而驰，无法遂行救护使命。而其以上海为大本营，原因不外乎：（一）上海为沈敦和社交舞台；（二）红会基础较为雄厚；（三）如王熙普所云：“沪上交通之地，耳目易周，苟办理之得法，即足以模范全国，办理而稍有成效，即可以推广内地，故不办红十字会则已，苟欲办之，必自上海始。且热心公益之士大半皆荟萃于斯，不提倡则已，一提倡之，踊跃输捐热心从事当不乏人也。”[③] 这是上海的优势之所在。

辛亥革命爆发的消息迅速传遍全国。随着战争的持续与扩散，伤亡与日俱增。“鄂事紧急，民命涂炭，革命军官兵交战在即。日前大战伤亡兵士弃尸如山，伤者无人救治，困苦万状。即武汉居民为流弹所伤者，不知凡几，天下最惨酷而不忍闻睹者。”[④] 炮火与血腥呼唤红十字的人道关怀。10月23日，沈敦和接到由汉阳某国兵轮上发来的无线电报，“以两军死伤过多，请即亲率红十字会中西医队迅速前来战地，普救同胞”[⑤]。事不宜迟，沈敦和当机立断，决定抛弃官味十足的“大清红十字会”，借重“外力”以弥补救护力量之不足，并求得救助行动的迅即遂行，这是沈敦和另行组织中国红十字会万国董事会的缘由，如他后来所追述的那样：“武汉事起仓猝，响应甚速，不数日间，战祸已蔓延各省。彼时若仅恃本会救护人员，断断不敷调遣。欲求部署神速，机关完备，

① 《宣统政纪》第62卷。

② 《吕海寰往来电函录稿》，见沈云龙主编：《近代中国史料丛刊》第3编第58辑，（台北）文海出版社有限公司1978年版，第606页。

③ 王熙普：《创设红十字会之理由》，《申报》1907年7月4日。

④ 《红十字会发现》，《新闻报》1911年10月23日。

⑤ 《红十字会医队定期启行》，《申报》1911年10月24日。

而经费又可节省者，惟有借重各国教会西医，及各该处原有之教会医院，以为本会临时救护机关，庶几朝发一电，夕已成立，可收事半功倍之效。然欲联合教会，又非借重西董不为功，此本会万国董事会所由设也。”①

救伤如救火，刻不容缓。10 月 24 日，也就是收到呼救电报的第二天，沈敦和假座工部局议事厅，召开特别大会，中外来宾多达 700 余人。会上宣布成立“中国红十字会万国董事会”，推举古柏、麦尼尔、包克斯、吴板桥、马医生、爱德华医生、福医生、亨司德医生、施则敬、任锡汾、丁榕、江趋丹、汪汉溪、王西星为董事，沈敦和与英国按察使苏玛利为总董。特别大会决定事项如下：

——以三马路新闻报楼上为红十字会事务所，举江趋丹君为干事部长，金兰荪、吴敬仲、朱仲宾君为华、洋文书记，正金银行大班儿玉君、慎裕朱葆三君为会计，处专司收支银钱。各部办事人、医生、学生等既不支给薪水，又举杨仲言为医队经济干事。

——筹备上海总会，进行劝募捐款，采办药料、食物。

——汉口宜设养病院。

——战地附近临时宜设野战病院。

——战线附近宜设绷带所。

——宜组织卫生队及救护队。

——宜速行募集实行经验之救护员。

——药料、器械、担架应筹备完全。

——筹备经费宜充足②。

特别大会开得热烈而隆重。“旋由柯医生演说：本会系万国签允，非任意可以设立，红十字旗号不能随意借用。今战务方兴，不有经验之医生、看护亲临战地施救，实属无用，并历举各国红十字会成绩，经王培元医士逐句译成华文。众鼓掌”③。与会者对沈敦和发起成立中国红十字会万国董事会的胆识，更是赞不绝口，李提摩太发表演说：“沈仲礼乃救苦救难之大元帅、救命军之大教主，组织此会，必能完全无缺，深望中西善士，随愿乐助，庶可扩大范围。”《纽约报》驻华代表唐乃而发表演说，谓：“沈公成立之红十字会，不特为中国人士所欢迎，即泰东西各国亦莫不馨祝，鄙人当立电本报报告成立并募捐款。”接着，沈敦

① 《日本赤十字社社长来电》，中国红十字会总会编：《中国红十字会历史资料选编，1904—1949》，南京大学出版社 1993 年版，第 58 页。

② 《红十字会大会志盛》，《新闻报》1911 年 10 月 25 日。

③ 《红十字会大会志盛》，《申报》1911 年 10 月 25 日。

和宣布“红十字会救人宗旨：不分革军（革命军）、官军。凡革军受伤，医治后送还革军，官军亦然”，“众鼓掌如雷”。最后，沈敦和“布告此次赴战地之医生六人、看护生三十一人，分作甲乙丙三队，分驰战地，有进无退，概无半途中止之虑。众鼓掌赞成，各医生、学生起立”①。在阵阵雷鸣般的掌声中，来宾捐款迭起高潮，当场捐款合计洋 8339 元，银 4082 两，药品、衣物不计其数②。

中国红十字会万国董事会，无疑是对上海万国红十字会的继承和超越。首先，中国红十字会万国董事会继承了上海万国红十字会的组织形式，经验证明，这种组织形式不仅灵活而且灵验，曾经取得日俄战灾救护的巨大成功。其次，虽然都有“万国”的金字招牌，但中国红十字会万国董事会已与上海万国红十字会有了天壤之别，上海万国红十字会为五国合办，中国红十字会万国董事会，不言而喻，为中国独自拥有，只不过董事会由中外慈善家组成。显然，这是一种超越。

中国红十字会万国董事会成立 20 天后、盛宣怀被罢免 18 天后，即 11 月 13 日，战事救护已经如火如荼，直到此时，清政府才任命新会长：“命前外务部尚书吕海寰充中国红十字会会长，仍兼办慈善救济会事宜。”③ 耐人寻味的是，清政府没有沿用“大清红十字会”名号，而是回归到从前的“中国红十字会”。显然，清政府希望通过“正名”，将上海的“中国红十字会万国董事会”置于官方管控之下。表面上看，有利于京会、沪会的“统一”，但实际上并非轻而易举之事，尽管此次是由朝廷大员、红十字事业发展的“顶梁柱”吕海寰继任会长。

但“正名”的背后，潜藏着“兼并”的居心，不能不引起沪会的警觉与排斥。吕海寰继任会长后，拨银 3000 两给沪会应急，并派冯煦（1842—1927，字梦华，号蒿庵，江苏金坛人，工词赋，有江南才子之称，曾任安徽巡抚）进驻上海，名为驻沪办理相关事宜，实则“喧宾夺主”④，意欲掌控中国红十字会万国董事会，由此激起沈敦和的强烈不满，他在给吕海寰的函电中表明立场：“以梦帅（即冯梦华——引者）近时舆论，沪会断（难）与之合办，设勉强行之，恐将东南各省分会暨

---

① 《红十字会大会志盛》，《新闻报》1911 年 10 月 25 日。

② 《红十字会大会志盛》，《申报》1911 年 10 月 25 日。

③ 池子华、郝如一主编：《中国红十字会历史编年，1904—2004》，安徽人民出版社 2005 年版，第 16 页。

④ 《上海福开森来电》，《吕海寰往来电函录稿》，见沈云龙主编：《近代中国史料丛刊》第 3 编第 58 辑，（台北）文海出版社有限公司 1978 年版，第 647 页。

中外会员，定将瓦解，功败垂成，敦和不能任责。”[1] 总之，沪会不可能被“合办”，中国红十字会万国董事会依然会按照自己的计划，自行开展救护行动。

第三节　万国董事会以上海为枢纽的救援行动

在辛亥救护中，虽然京会采取了救援行动，虽然有中国红十字会的旁系中国赤十字会的人道之举，还有其他如中国赤十字会第二团、赤十字社以及京会、沪会之外的红十字组织参与救援，但沪会始终主导着救援行动的进程，上海也始终扮演着“枢纽”的角色。

中国红十字会万国董事会在沪组建后，围绕辛亥战事救护，采取了一系列行动开展人道救援，其中主要举措有如下诸方面：

其一，组织救护队、掩埋队，陆续派往前线。

在武汉战场，沈敦和把总会总医院、医学堂及其本人经营的医院的医生、看护进行整合，组织起 30 多名救护人员，分编甲乙丙 3 支救护队，以英国医生柯师为领队，10 月 25 日乘“襄阳丸”轮，从上海出发，30 日抵达汉口后分赴武汉三镇开展人道救援行动。在此后的一个多月时间里，共治愈病兵 1907 名、伤兵 1097 名、病民 49 名、伤民 222 名，医治无效而死者 59 名[2]。

鉴于武汉战场“陈尸累累，白骨嶙嶙，忠魂义骨，为狗雀争食”的惨状[3]，沈敦和以红十字会理事总长名义发布启事，招募掩埋队干事[4]，组成以朱庆章为队长，沈石农、姜彰容、周际唐为副队长的掩埋队，11 月 20 日乘“大元丸”轮从上海起航，25 日抵汉口。据统计，武汉掩埋队掩埋尸骸，共计 2200 余具，“除树立木牌外，并勒石书上海红十字会掩埋队葬字样，以垂永久”[5]。

---

① 《上海沈观察来电》，《吕海寰往来电函录稿》，见沈云龙主编：《近代中国史料丛刊》第 3 编第 58 辑，（台北）文海出版社有限公司 1978 年版，第 643 页。

② 中国红十字会总会编：《中国红十字会历史资料选编，1904—1949》，南京大学出版社 1993 年版，第 289 页。

③ 《大慈大悲之掩埋队》，《申报》1911 年 11 月 21 日。

④ 《聘请掩埋队干事董》，《申报》1911 年 11 月 19 日。

⑤ 中国红十字会总会编：《中国红十字会历史资料选编，1904—1949》，南京大学出版社 1993 年版，第 291 页。

在南京战场，11 月 24 日，苏浙沪联军向南京发起进攻。当日，中国红十字会万国董事会即派出侯逸如等医士组成的救护队由沪赴宁进行救护，并与美国红十字会江安分会、旱（汉）西门金陵医院、螺丝湾贵格医院、鼓楼基督医院联手，救治伤病员；设立尧化门战地医院，另雇工百人编为担架队，“专供抬送伤兵之用”①。其间，救护医车首次投入使用，收效甚佳，据红会史料记载：“大战之时，每日医车约收容伤兵百余，镇江医院尚不敷住，则运至上海，分送沪宁铁路医院及本会总、分医院。由医车救治之伤兵共约五百余人。”②

南京血战，尸骸枕藉。沈敦和除电商南京都督府、民政部及联军司令雇人掩埋外，并在《申报》刊登《急聘南京掩埋队》告示，拟“聘请年富力强、热心慈善之干事员十余人”③，组织掩埋队。12 月 8 日，中国红十字会南京掩埋队在于少彰、宋培之的带领下由上海起程。据载，该掩埋队“在宁共约葬七百具，均立本会石碑，永留纪念”④。

11 月 26 日，以王曾宪为团长的由留日中国医学生为主体组成的红十字团抵达上海，改编为“中国红十字会留日医药界红十字团”以为后援，所有应用事项“均由沈（敦和）先生规画，商同本团合意办理”⑤。南京开战后，大阪、长崎的留日医学生由沪开赴镇江前线，投入战事救护之中。另有 120 人分编为甲乙两队，每队各 60 人，留沪待命。12 月 11 日，甲队以陈任梁为领队、乙队以孙家树为领队，从上海出发，分赴湖南、江北前线，救死扶伤⑥，直到次年初春完成救护使命后才返回日本继续学业。

各救护队、掩埋队，不断在上海组建，并应战事救护之需，及时遣往各地，广泛开展人道救援。上海的“输血”功能，由此得到彰显。

其二，建立分会，发挥“造血”功能。

辛亥战事波及范围广，仅仅依靠上海的“输血”，实有缓不济急之

---

① 《辛亥革命时中国红十字会暨各分会活动成绩》，中国红十字会总会编：《中国红十字会历史资料选编，1904—1949》，南京大学出版社 1993 年版，第 290 页。

② 中国红十字会总会编：《中国红十字会历史资料选编，1904—1949》，南京大学出版社 1993 年版，第 290 页。

③ 《急聘南京掩埋队》，《申报》1911 年 12 月 4 日。

④ 《辛亥革命时中国红十字会暨各分会活动成绩》，中国红十字会总会编：《中国红十字会历史资料选编，1904—1949》，南京大学出版社 1993 年版，第 291 页。

⑤ 《留日医药学界红十字团广告》，《申报》1911 年 12 月 4 日。

⑥ 《辛亥年中国红十字会大事记》，中国红十字会总会编：《中国红十字会历史资料选编，1904—1949》，南京大学出版社 1993 年版，第 288 页。

叹。借鉴日俄战争救护的成功经验，上海中国红十字会万国董事会，联络各界人士，在战火燎原之地遍设分会，不仅弥补了救护力量之不足，且通过分会培植根基，发挥“造血”功能。

根据1911年11月26日《民立报》、11月27日《申报》刊登的《红十字会第一届分会职员一览表》显示，截至11月16日，经沪会正式承认的第一批分会及职员名录，计有：

武汉分会医院：武圣庙普爱医院英国普富医士、英国魏女医士；同仁医院美国马医士、美国梅医士；普济医院美国雷盛休医士、美国雷盛休夫人；仁济医院英国吉立生医士、孟医士；天主教医院英国汤医士、英国艾医士，看护英国富女士，帮看护英国克迪女士。

南京联合会医院：金陵医院（汉西门）、贵格医院（螺丝湾）、基督医院（鼓楼）；医士：美国施尔德、美国包医士、刘仲篪、相有新、汤润生、章雨农、高映轩、茅拔、杜耀峰、沈镜吾、许竹君、孙龙翔、陈召恩、张维新。

常熟分会（医院在陶家巷）：周惠莲女医士、周晋麒女医士，看护孙志英。

厦门分会：医士史惠敦。

无锡分会：普仁医院李克乐医士。

苏州分会：天赐庄齐门外福音医院魏医生等员，协智医院英国柏乐文医士等三员，看护（人名续刊），通商场广仁医院意国白医士等二员。

长沙分会：英医李福而、英医许谋、英国刑医士。

宜昌分会：医院地址、医士衔名续刊。

安庆分会：美国鸥德华医士、美国铁楼医士。

杭州分会：广济医局美国梅腾根医士。

芜湖分会：美国赫怀仁医士。

九江分会：经理员饶敬伯法政博士。

吴淞分会：经理员张玉墀，医院广义善会堂旧址，医士曹文贵、医士陈森如。

沪宁铁路协赞会：南京车站红十字专车、上海铁路医院。

南昌分会：经理员饶敬伯法政博士。

上海城内分会：（医士）顾宝秋等二十员。

福州分会：耶稣联合会会长戴勒医士、梅教士，书记何教士，西医四员。

扬州分会：红十字医院左卫街，经理员袁体仁。

清江分会：经理员龚少渤[①]。

上述分会，计江苏（包括上海）9个、湖北2个、安徽2个、江西2个、福建2个、湖南和浙江各1个，涉及7个省，共19处。实际数字尚不止于此，据考证，整个辛亥革命期间，分会分布于17个省，共计57处，其中1904年设立、1911年重建的分会有6处，新设分会51处。有待确认者26处[②]。分会的添设，使上海的救护能量得以扩散，形成以上海总部为中心、各分会协同的庞大救护网络，为辛亥救护的圆满成功奠定了基础。

其三，征集会员，积聚能量。

征集会员，一方面是事业发展的需要；另一方面，也是为了筹集救护经费，所谓“征集会员以裕捐款”是也[③]。为此，沈敦和以理事总长的名义，在11月1日的《申报》上正式发布《红十字会征集会员广告》，以广招徕：

武汉战事，风云日紧，本会业派甲乙丙医队驰赴战地救援，并续成丁队，专赴四川。援照红十字会万国条例，得征集名誉会员、特别会员、正会员三项，赞助会务。日来热心同志咸愿入会，兹经草定章程，即日发刊。拟即先行征集特别会员、正会员，共谋进行。除将会员徽章速电欧洲加工制造外，凡纳会费二百元以上作为特别会员，二十五元以上作为正会员。先赠暂用徽章（以理事部及医队所用之金钱徽章暂代），佩带此章得以出入战地，认为红会人员，加以保护。凡愿入会诸君，向三马路新闻报馆楼上办事处索取介绍单式，妥觅当地公正绅商一人介绍，会费一次交足。除掣给会员费收条外，随时照赠暂用徽章、凭照，以昭郑重。一俟正式徽章由欧寄沪，再行掉（调）换。特此布闻[④]。

“广告”对征集会员的依据、会员的种类、会费标准、入会程序、会员待遇等做了说明。征集会员的目的，如沈敦和所说，正在于“群策

---

① 《红十字会第一届分会职员一览表》，《民立报》1911年11月26日。另外，“驻沪医队、医院、总医院（徐家汇路七号）、分医院（天津路十八号）、事务所（三马路十八号）医士：哪喊亨司德（挪威亨斯德）、江苏侯光迪、安徽黄子静、宁波徐生棠、广东王吉民、广东关日襄、浙江陈家恩、广东邓祥光、湖北周光松、英国士美女医士。看护：江苏邵莹珍女士等十人”。

② 池子华：《辛亥革命期间中国红十字会新建分会数量考》，《苏州科技学院学报》2011年第3期。

③ 中国红十字会总会编：《中国红十字会历史资料选编，1904—1949》，南京大学出版社1993年版，第455页。

④ 《红十字会征集会员广告》，《申报》1911年11月1日。

群力，以期一致进行”[1]，以最大限度地满足辛亥战事救护的人道需求。

上海本埠入会较为便捷，但外埠则“会员费兑汇不便，上海亦苦无熟人介绍”，为此需“变通定章”，凡“外埠入会诸君，经商会、学堂主任介绍，盖有商会、学堂印章为凭，会费由邮政局保输信汇寄”，即可认定会员资格[2]。

会员享有“优待”，红十字会承诺：“函电民军、官军、各地方民政长一体保护，并将各会员姓氏、籍贯陆续通告各府州县一律优待。”[3] 但会员必须恪守“博爱、恤兵”宗旨，维护“红十字”标志的纯洁性，如有违背“宗旨及干预战事、侦探军情，犯两敌国军律者，即失去会员之待遇”[4]。

征集会员“广告”发布后，上海各界踊跃响应，“旬日之间，会员多至千余人”[5]。效果之显著，令人鼓舞。

其四，筹款募捐，为救护行动提供后援保障。

辛亥救护，任重事繁，需款甚巨，可以想见。要保障救护行动的顺利进行，必须多措并举，募集捐款。除征集会员外，理事总长沈敦和多次在《申报》刊登《敬募红十字会捐款》的劝捐广告，号召上海及外埠爱心人士慷慨解囊。广告呼吁：

武汉风云日迫，战事剧烈，两军兵士出入于枪林弹雨之中，死亡载道。其被伤者，类皆血飞肉薄，肢缺骸残，展（辗）转呼号，性命呼吸，惨酷之状，实为目不忍睹，耳不忍闻。他若战地附近一带人民，更不免池鱼殃及，群罹无妄之灾，其颠连困苦，较之水深火热殆有甚焉。本会为万国缔盟正式红十字会，建医院，设学堂，以培养人才，历有年所。兹特组织医队驰赴战地，恪遵日来弗新旧条约，严守中立，普救两军受伤兵士及战地男女同胞，已伤者为之医治留养，未伤者援之脱离危险，并在汉口设立养病院、绷带所，一力进行，务达慈善救护之目的。惟烽火烛天，干戈满地，兵连祸结，来日方长，而兹事体大，需款浩繁，非赖众擎，何能持久？务祈海内外大慈善家热血一喷，解囊相助，集腋可以成裘，聚沙可以为塔，多固益善，少亦不拘，惟冀源源接济，

① 《红十字会理事总长沈敦和报告》，《申报》1911 年 11 月 19 日。

② 《外埠入会诸君鉴》，《民立报》1911 年 11 月 26 日。

③ 《红十字会特告》，《申报》1911 年 11 月 26 日。

④ 《红十字会复协济总会姚君函》，《申报》1912 年 1 月 27 日。

⑤ 中国红十字会总会编：《中国红十字会历史资料选编，1904—1949》，南京大学出版社 1993 年版，第 455 页。

同襄善举，功德无量[1]。

劝捐呼吁得到海内外各界人士的热烈响应，纷纷解囊相助，从《申报》所载《大阪商务总会捐日金九百七十四元》《三藩市中国少年同盟会捐洋二千元》《于啸仙铁笔捐助红十字会》《中国红十字会谨谢施子英董事经募无名氏捐款三百元》《中国红十字会谨谢李伯安君助洋一百元》《中国红十字会谨谢仁德号捐助棉衣寒裤》《中国红十字会谨谢老九章绸庄经募五十元》《中国红十字会谨谢泗水中华商会》《中国红十字会谨谢孙伯雄君特捐洋一千元》《谨谢刘公鲁君特捐洋一百元》《谨谢金陵隐名氏捐洋三百元》《谨谢仁川中华会馆捐日金七百五十九元》《中国红十字会谨谢神户中国慈善会捐日金三千四百元》《中国红十字会谨谢小吕宋中华商会银五千两》《中国红十字会谨谢上海烟叶商会经募洋三百元》等鸣谢广告来看，足见捐款之踊跃。善款“源源而来”[2]，为救护行动的顺利进行提供了强有力的后援支持。

其五，“借才邻国”，增强救护力量。

为增强救护力量，弥补自身救护力量的不足，沈敦和向日本赤十字社求助。据《民立报》的报道，“武汉剧战，扬子江流域在在可虞，上海红十字会总会理事总长沈仲礼君面恳驻沪日本总领事，电请日本赤十字社派医员看护等二十余人”[3]，给予协助，得到日本方面的大力支持。11 月 10 日，东京来电：“决议派员三十四人，内有医生三员、制药师一员、看护妇等二十一人赴汉口。日本租界定期二十二日（公历 11 月 12 日）启程。同仁会亦派医生二员、制药师一员及助手三人于十七日由神户赴汉以助汉口同仁医院。”[4] 18 日晨，救护团抵达上海，沈敦和举行欢迎大会。对此，《新闻报》做了如下报道：

武汉战祸，伤兵过众，中国红十字会理事总长沈仲礼君除发医队并联合英法各教会医院为分会外，并商驻沪日本总领事介绍日本赤十字社救护团来华协助。业于昨晨乘筑后丸抵沪，沈仲礼君特柬请日本官绅商界及该会医事理事假座汇中旅馆开欢迎大会。该社团医长上野信四郎偕医员二、调剂师一、翻译一、书记一、看护长二、看护廿一人排队入座，精神充裕，身体雄健。沈君致欢迎词，大旨为中日两国睦谊素敦，

① 《敬募红十字会捐款》，《申报》1911 年 10 月 29 日。

② 中国红十字会总会编：《中国红十字会历史资料选编，1904—1949》，南京大学出版社 1993 年版，第 257 页。

③ 《红十字会借才邻国》，《民立报》1911 年 11 月 11 日。

④ 《东京红十字会派员赴汉》，《申报》1911 年 11 月 11 日。

今日蒙诸慈善家航海遥临，拯我炮锋余生、呻吟困苦之同胞，辅助本会之不逮，已蒙英美法各国教会出力拯救外，贵队复结队赴援，热心毅力，感佩曷极！当由鄙人分电南北两军一体保护并祝日本国及赤十字诸医团万岁。上野君答词，谓鄙团初次到沪，尚未见诸实际，尊承沈公敦和偕全会理事医员开会欢迎，愈增惶恐，当遵照贵会章程步武诸君之后等语。复全体摄影而散，闻该团业于昨晚乘大利丸赴汉①。

另据《日本红十字运动史》的记载："清国扰乱之际，依在汉口松村总领事之请求，为居留民救护之故。十一月十二日，由医师一名、医员二名、调剂员一名、书记一名、看护人长二名、看护人二十一名、通译一名、厨夫三名、使丁二名所成之救护团一个，派遣于汉口者也。幸我居留民之伤病者无有，乃救护清国各军，及地方民之伤病者焉。"② 日本赤十字救护团的到来，使中国红十字会武汉战地救护如虎添翼。

通过上述5大举措，中国红十字会万国董事会实现了人力、物力、财力的动员、集中、扩散，而上海一直是辛亥人道救援的枢纽，是调度、协调、指挥中心。通过上海方面的资源动员，红十字会实现了辛亥救护行动的快捷、高效，取得了继日俄战争救护之后又一次巨大成功，中国红十字事业出现了良好的发展势头，诚如史书所说，中国红十字会"发轫于俄日之战，而大彰于武汉之师（辛亥革命）"③。

第四节　万国董事会解散与中国红十字会转型

1912年1月1日，孙中山在南京就任临时大总统，庄严宣告中华民国诞生。统治中国2000多年的封建帝制时代一去不复返，中国历史开始了新纪元。

1912年对中国红十字会来说，更是新征程的起点。1月12日，中国红十字会得到红十字国际委员会的正式承认。这是对中国红十字会自1904年成立以来不断完善自我并在人道救助领域取得辉煌业绩的嘉勉。

大清帝国灭亡，中华民国诞生，中国红十字会面临新的转折。吕海寰的会长职务为清政府所任命，如今等于自动作废，在没有选出正式会

① 《红十字欢迎日本赤十字》，《新闻报》1911年11月19日。另见《红十字欢迎赤十字》，《民立报》1911年11月19日。

② 参见［日］川俣馨一：《日本红十字运动史（1877—1916）》（池子华、郭进萍校订），合肥工业大学出版社2015年版，第235页。

③ 沈敦和：《中国红十字会杂志》弁言，载《中国红十字会杂志》创刊号（1913年5月）。

长之前，诞生于辛亥革命中的中国红十字会万国董事会之董事部长（即总董）沈敦和、苏玛利就是理所当然的会长（实际上是代行会长之职）。2月3日的《申报》刊登《中国红十字会谨谢美国波士顿中国学生会会长贺懋庆君洋五百九十五元》的广告，落款仍为“部长沈敦和苏玛利同启”，但2月7日后的广告落款，就变成了“会长沈敦和苏玛利同启”了（2月6日南京临时参议院正式通过清帝退位的《优待条例》，清帝退位已不在话下）①。沈敦和为会长及沈敦和、苏玛利两位会长并列，都不值得大惊小怪，这是过渡时期的“过渡现象”。

民国建立，举国同庆，中国红十字会也向政府表达了美好愿望，2月15日《红十字会致北京临时政府袁及孙大总统、黎副总统》电云：“统一已见明文，南北战祸永息，本会乐赞和平，曷胜额庆！”对于中国红十字会的良好祝愿，即将接替孙中山的袁世凯以及黎元洪表示赞赏。17日，袁世凯复电云：“中国红十字会沈敦和会长暨全体中外会员同鉴：勘电悉。共和成立，战祸永息，贵会乐赞和平，今已幸告成功，谨代南北军界同胞叩谢。”18日，黎元洪电复沈敦和称：“诸公持人道主义，抱和平宗旨，不独中华民国所倚赖，亦天下万国所共仰。现南北战祸永息，为诸公庆，为贵会庆，更为民国庆。”②

旧王朝已不复存在，作为国际性的人道救助团体，中国红十字会理当争取新政当局的立案，以维持她的合法存在。为此，沈敦和会长向黎元洪提出立案请求，并于2月17日致电袁世凯，吁请“维持保护”：“本会军兴以来，联合教会中西医士，设立分会医院六十五处，治愈伤兵万余，收葬鄂、宁遗骸各数千。中外会员三千余人，战地奔驰，业逾百日，险阻备尝，事迹已蒙万国红十字联合会采取宣布，公允联盟。先是甲辰冬业与瑞士日来弗缔约，基础已定。民国成立伊始，红会进行未敢稍懈，自应力任其艰，以期永久，庶侪于万国红会之林。敬乞垂念缔造艰难，加以维持保护，无任叩祷。”③

对中国红十字会“立案”之请，民国政要做出了积极回应。副总统黎元洪目睹了红会武汉救护的情形，感受颇深，他曾偕夫人前去慰问救伤队员，并给予物质和精神上的鼓励。民国初建，黎元洪对红会工作极表关心，2月21日，他致电孙中山，恳请予以立案。电文称：“鄂省自

① 《中国红十字会谨谢三级鞋庄开市随润田君乐助洋一百元》，《申报》1912年2月7日。
② 《红十字会圆满功德》，《申报》1912年2月21日。
③ 《公电——红十字会电》，《申报》1912年2月22日。

起义以来，血战数十日，尸骸枕藉，无算伤残，幸赖中国红十字会设立临时医院，救治被伤兵士，并施掩埋。兹查该会已由日本赤十字社社长松方侯爵特派法学博士有贺长雄来沪，商榷改修会章。复承日本介绍，得邀万国红十字联合会公认该会为中华民国正式红十字会。此次民军起义，东西南各省，均设立分会，（共）五十余处，所费不赀，其功甚巨。如此热心慈善事业，似不可不特别表彰，伏恳准予立案，揭诸报章，以资提倡而重观感，是为至要。”①

其实，学医出身的孙中山对红十字事业较之其他政要当有更深的体验。他是中国红十字启蒙运动的有力推动者之一，所译《红十字会救伤第一法》，影响非同一般。红会立案，孙中山当然支持，2 月 23 日，特电黎元洪，“准予立案”，并对红十字会在辛亥革命中救伤葬亡功德，高度赞扬，电文说：“查民国军兴以来，各战地将士赴义捐躯，伤亡不鲜，均赖红十字会救护、掩埋，善功所及，非特鄂省一役而已，文实德之。兹接电示，以该会前在武汉设立临时病院，救伤掩亡，厥功尤伟。复经日本有贺氏修改会章，已得万国红十字会公认，嘱予立案等因。该会热心毅力，诚不可无表彰之处，应即令由内务部准予立案，以昭奖劝。”②电文揭诸《临时政府公报》和 2 月 27 日《申报》，这对广大红会会员来说是一个巨大的鼓舞。

袁世凯是辛亥革命的最大受惠者，他在一步步攘夺革命成果的同时，也对中国红十字会的吁请表示出热切关注，并寄予厚望。2 月 19 日，他在给沈敦和的电函中称：“此次战事，承贵会联合中西会员，医伤收骸，仁声卓著，感佩同深。现在宣布共和，尤应扩充义举，维持保护，责无旁贷，总期与万国红十字会联盟共济，尚祈同志诸君协力进行，无任企祷。”③

政坛风云，变幻莫测，但政界要人对红十字事业的首肯和支持是始终如一的。2 月 28 日，内政部为中国红十字会办理了“立案”事宜。中国红十字会在大时代的新旧交替之中，实现了平稳过渡。

但中国红十字运动如何推进，成为一个无法回避的现实问题。而且，京会、沪会之间的矛盾如果得不到妥善的解决，亦足以陷红会于四分五裂

① 《武昌黎副总统致南京孙大总统电》，中国红十字会总会编：《中国红十字会历史资料选编，1904—1949》，南京大学出版社 1993 年版，第 57 页。

② 《复黎元洪电》，《孙中山全集》第 2 卷，中华书局 1982 年版，第 125 页。

③ 《红十字会致袁项城及孙大总统黎副总统电》，《新闻报》1912 年 2 月 22 日；《公电——北京袁内阁电》，《申报》1912 年 2 月 22 日。

之境地。“虚脱”状态亟须结束，体制问题更需理顺，纷繁复杂的局面，需要通过会员大会来公商解决。召开会员大会，可以说乃势所必然。

不过，在会员大会召开之前，还有一个遗留问题需要处理，那就是解散万国董事会。在第9届红十字国际大会上，曾通过一项决议：“传闻有人私设一会，名为万国红十字会，另定入会章程。今由本会决定，无论何国内所有联合会及团体，均不得称为万国红十字会。凡本会所承认者，均系各该国政府按照日来弗条约已经承认之会。”① 这个决议是否针对中国红十字会，不得而知，但中国红十字会万国董事会，作为应急而设的临时机构，在完成自己的历史使命之后，理当解散。为此，发起人沈敦和、苏玛利忙碌了几个月。

1912年7月16日，中国红十字会万国董事会董事、名誉董事数十人在英租界按察使署举行“报告大会”。首先，由大会主席苏玛利报告“自民军起义万国董事会辅助红会进行概略及办事成绩”以及收支账目等，并宣布：“中国战事已息，董事会全体辞退，银钱存款经众议决仍由会计董事正金银行儿玉君、朱葆三君执管。”接着，沈敦和报告辛亥战时救护成绩，特别强调“此次战务红会得以有美满效果，西董之力是赖”，“分会至六十余处，办事手续虽有不同，而得教会西董之力居多”②，言语之中，表达了中国红十字会对西董人道主义援助的颂扬和款款谢意。“报告大会”商定，万国董事会解散后，从原董事中挽留沈敦和、李佳白、朱礼琦、亨司德、朱葆三、儿玉、施则敬7人办理会务，以便交接。

万国董事会解散后，沈敦和等“留守”人员立即投入会员大会的筹备工作中。中国红十字会自成立以来，还没有召开过会员大会，头绪繁，任务重，不言而喻。8月7日、14日，“筹备组”即红十字会事务所在《申报》刊登广告，郑重宣告：中国红十字会首届会员大会即将召开，深望全体会员与会，共襄盛举。广告称：

本会创始于日俄之战，已加入日来弗条约。去秋民军起义，添设分会及临时救护机关共六十余处，救伤葬亡，力任艰巨。蒙孙前总统、袁大总统及黎副总统奖许立案，并承日本赤十字社社长松方侯爵推荐加入万国红十字联合同盟，当经万国公认本会为中国正式红十字会。兹已拟

① 《万国红十字会在美京华盛顿开第九次联合大会中国红十字会特派驻美公使张荫棠参赞容揆留美学生监督暨本会顾问福开森诸君为代表赴会事毕报告》，中国红十字会总会编：《中国红十字会历史资料选编，1904—1949》，南京大学出版社1993年版，第391页。

② 《红十字报告大会详志》，《申报》1912年7月18日。

订正式会章，择于阳历九月十五号（即旧历八月初五）准下午四点钟在上海英大马路小菜场议事厅开全体会员大会，报告会务、帐（账）目并正式选举常议员，再由常议员中选举会长、理事等职员，协力进行，以宏博爱恤兵宗旨。凡属会员均有选举被选举权。又曾纳捐或经募捐款者，本会亦概认为会员。务请分别携带佩章、凭照、收据等咸来与会，无任欢迎。俟常议员会成立，凡纳捐募捐诸君，照章应特赠特别或名誉会员者，再当会议推举，以重荣誉。红会为世界的慈善事业，万国均极推崇，具有选举被选举资格者，幸勿放弃，实深企祷[①]。

首届会员大会，关系到中国红十字事业的前途和命运，意义重大，理所当然受到社会各界特别是会员的关注。会期迫近，但“因各种印刷品赶办不及”，推迟两周即 9 月 29 日举行[②]。为方便外埠会员莅会，中国红十字会与沪宁铁路公司相商，允半票乘车[③]。外埠会员“不拘客车、通车、特别快车，均可乘坐”[④]。

9 月 29 日，“天朗气清，风不扬波”。在这秋风送爽、桂花飘香的迷人季节，中国红十字会首届会员大会隆重开幕。下午 3 时，来自各地的 1352 名会员，欢聚英租界大马路议事厅。大会主席沈敦和报告开会宗旨，言辛亥革命一年来，中国红十字会声誉日隆，已有会员近 2000 人，纳捐善士数千人，捐款 155270 余元，分会 60 余处，进步迅速，诚非意料所及。对此，沈敦和指出：

然以创办九年未经展发之红十字会，一旦得见其旗帜飘扬于全国且与万国红十字会旗相映而增辉，固可博世界之荣誉增本会之光宠，而诸公博爱之仁声亦可永垂不朽矣。今日开会，正欲申谢诸君之仁德，筹商进行方法，并推举议员，组织议会，以立永久之基础。盖凡文明各国，无不有极展发之红十字会以代表其国家之程度。今中国共和成立，首重人道。兵戈虽息，疮痍未复，顺、直、温、处等，又复水灾仍频，乞振之电纷至沓来。揆以红十字会之广义，本会悉应救济，故望诸公以一劝十，以十劝百，务使捐纳入会者得臻发达之极境，此实今日所期于诸公者也。考日本赤十字社，有社员数十万人，基本款项二千万元。中国幅

① 《中国红十字会第一次会员大会广告》，《申报》1912 年 8 月 7 日、14 日。

② 《上海中国红十字会大会改期广告》，《申报》1912 年 9 月 12 日。

③ 《中国红十字会商允沪宁铁路公司发给半价车票》，《申报》1912 年 9 月 12 日。

④ 《中国红十字会阳历九月二十九日旧历八月十九日开会广告》，《申报》1912 年 9 月 21 日、25 日；《中国慈善事业之发展》，《申报》1912 年 9 月 26 日。

员之广，人口之多，何止十倍于日本？例此一年内本会展发之速度，则后之视今犹今之视昔，虽远驾日本而上之，亦何难之有哉！诸公与本会皆属休戚相关。本会能发达，固同胞之福，亦诸公之荣。务望群策群力，公同维持，无任感盼①。

沈敦和演说毕，王培元用白话演说武汉战地救护情形，“庄谐杂出，娓娓动听，合座为之击掌”②。施则敬报告收支账目，会员没有异词。会议通过了《中国红十字会章程》并推举英国按察使苏玛利、日本总领事有吉明、日本赤十字社外务顾问有贺长雄、尚贤堂监院李佳白和福开森“五君为顾问”③。

推举常议员，选出新一届红会领导，为此次会员大会的中心议题。经讨论，会议推举施则敬、洪毓麟、朱佩珍、席裕福、唐元湛、汪龙标、陈作霖、狄葆贤、张蕴和、周晋镳、童熙、李厚祐、金世和、蒋辉、何怀德、哈麟、何亮标、谢纶辉、丁榕、施肇曾、郁怀智、叶韶奎、桂运熙、徐镜澜、袁嘉熙、叶德鑫、邵廷松、贝致祥、王勋、林志道、朱礼琦、余之芹、洪肇基、江绍墀，计 34 人为常议员。

10 月 6 日，常议会成立，常议员集会，参照东西各国定章，公举大总统、副总统为名誉总裁；选举吕海寰为正会长，沈敦和为副会长兼常议会议长，江绍墀为理事长。9 日公电政府，请以明令宣布正副会长，“昭示中外，策励将来”④。19 日“大总统令”：“派吕海寰充中国红十字会正会长、沈敦和充中国红十字会副会长。”⑤

首届会员大会的召开，在中国红十字运动史上具有重要意义：它结束了万国董事会解散后出现的无正副会长、无理事的“虚脱”状态；通过了《中国红十字会章程》，使中国红十字事业的发展步入正轨；完成了董事会制向常议会制的会内运作体制的转变；特别是通过《京沪合并章程》⑥，化解了京会、沪会之间的隔膜，实现了“合并”，这有利于红会事业的协调发展。中国红十字会再次成功转型。

---

① 《红十字会开会纪》，《申报》1912 年 9 月 30 日。

② 《中国红十字会第一次会员大会记》，中国红十字会总会编：《中国红十字会历史资料选编，1904—1949》，南京大学出版社 1993 年版，第 257 页。

③ 《红十字会移北京》，《民立报》1912 年 10 月 15 日。

④ 《红十字会之公电》，《申报》1912 年 10 月 18 日。

⑤ 《政府公报》1912 年第 171 号。

⑥ 《红十字会之公电》，《申报》1912 年 10 月 18 日。《京沪合并章程》大致内容为：总会仍设北京，上海设总办事处；会长驻京，副会长驻沪，主持总办事处工作；红会具体事务，由总办事处负责实施等。

第三章 上海国际红十字会与伤兵难民救助

1937年的七七事变拉开了中华民族全面抗战的序幕。不久，淞沪抗战在中国最大的都市上海展开，难民如潮，引起严重恐慌，社会各界纷纷行动起来，给予救助。在各慈善团体中，上海国际红十字会成为难民救助的主导力量，尤其是在上海沦陷后的“孤岛”时期，上海国际红十字会的人道关怀，谱写了一曲国际主义的赞歌。

第一节 上海国际红十字会的组建

自七七事变后，沪地风云日紧，处于临战状态。中国红十字会积极准备，除扩大救护训练外，于7月20日联络上海市商会、地方协会、医师公会、中华医学会、药业公会、医事教育机关及其他与救护有关的团体，在上海市救护事业协进会的基础上，重组“中国红十字会上海市救护委员会”，举颜福庆为主任委员，许冠群、徐乃礼为副主任委员，俞松筠等为委员，内设总务、医务两组，下设事务、医院、材料、救护、文书、纪录、会计、庶务、运输、情报、交际、稽查、慰劳、掩埋等14课，以王揆生、杨怀僧、郭琦元、朱仰高、朱恒璧、徐世纶、吴利国、叶植生、张子道、汪民视等为各主任干事，“设办公处于总会内，在红十字会旗帜下集中力量，统一组织，依照日内瓦条例编练救护人员”[①]。这种救护资源的大整合，为淞沪抗战救护准备了条件。7月27日，总会又在新闻路会所召开全体理监事联席会议，决定正式加入上海市各界抗敌后援会、上海慈善团体联合救灾会等社团[②]，与各团体精诚合作。这

① 《中华民国红十字会总会三年来总报告》，中国第二历史档案馆馆藏档案，全宗号476，卷号3198；《救护事业会扩大组织》，《申报》1937年7月21日。

② 《各界积极准备救护训练工作——红十字会》，《申报》1937年7月28日。

样红会的救护工作，很大一部分融于“慈联会”等社团的救助行动中，以收规模效应。

由于战前准备充分，所以大战来临，中国红十字会可以从容应对。8月13日，中国红十字会上海市救护委员会在中德医院集合救护训练班毕业人员进行编队，“编队方法，为第一批就各人住址相近，编入某地防护队，共需六队，每队十人，举队长一人；第二批编入红十字会救护队，约编十队，每队十人；第三批预备队，所有未编入前两批者，悉数编入”①。编队已定，立即行动，遂行救护任务。

淞沪抗战从8月13日开始，至11月13日结束，历时三个月，其间几乎无日不战，虹口、杨树浦、狮子林、川沙口、罗店、北新泾……都是著名战地，搏杀激烈，伤亡惨重。中国红十字会全力以赴，竭力施救。在整个淞沪抗战中，“由本会联合上海市救护委员会，组织救护队十队，急救队十二队，救护医院二十四所，征集救护汽车九十八辆，另特约公私医院十六所及国际委员会所设之医院，分布淞沪前线及上海租界，协同一致，执行救护、输送、医疗等作业，并于接近前线之交通孔道，设置伤兵分发站，为受伤军民办理登记、交换绷带，然后分批指送医院收容”②。

在救护伤兵的过程中，难民问题凸显，组建上海国际红十字会以救助难民的方案于是提上了日程。

淞沪抗战持续时间长，战事惨烈，加之日机的狂轰滥炸，硝烟滚滚，血肉横飞，繁花似锦的上海，转瞬成为一座人间地狱！“呜呼！战时民众苦，飞机掷炸弹，人民遭涂炭，只炸得，妻孥散，父母不周全，衣物与财产，俱都被摧残，尸骨已载道，目睹好心酸，战区难民扶老携幼逃难真可惨。”③ 他们涌入租界，如猬之集。有报道称：“在炮火下避至租界者，总数在二十万人以上。”④ 不仅如此，上海周边的难民也纷纷流入上海，流向租界或在租界边缘徘徊，最多时可达“七十万人左

① 《救护组织已有头绪》，《申报》1937年8月13日。

② 中华民国红十字会编宣股编：《中华民国红十字会战时工作概况》（1942年内部印行），第3页。

③ 《难民歌》，《中国红十字会月刊》总第33期（1938年3月），第54页。

④ 上海社会科学院历史研究所编：《“八·一三”抗战史料选编》，上海人民出版社1986年版，第395页。

右”[1]。一时间，“上海几乎成为难民世界”[2]。被炮火撵出家园的难民，生活悲惨，挣扎在死亡线上。

难民遭浩劫，家破又人亡。
剩兹伶仃身，无归路彷徨。
间关走沪渎，到处受惊惶。
街头行踟蹰，饥寒苦难当。

一曲《救济难民歌》[3]，唱出了难民悲惨的生活境遇。他们渴望得到社会各界的救助，渴望得到红十字的人道关怀。

事实上，难民潮涌起后，社会各界立即行动起来，组织难民救助，如上海市救济委员会、上海慈善团体联合救灾会、上海国际救济会、各地的旅沪同乡会等，都在难民救助中发挥了重要作用。尤其是上海市救济委员会，从8月13日至9月30日的一个半月中，就设立难民收容所104处，收容难民达8.4万余人[4]，堪称成绩卓著。

不过，淞沪难民救助毕竟是一项庞大的系统工程，如何整合各方力量，开展卓有成效的人道救助，本身就是一大难题。在此背景下，上海国际红十字会应运而生。

9月18日，在中国红十字会前会长颜惠庆的奔走联络下，中外名流在国际饭店举行会议，达成“亟望有一国际红十字委员会之组成”的共识[5]。筹组上海国际红十字会急不可缓，颜惠庆显然是这一动议的主心骨。

颜惠庆（1877—1950），字骏人，上海人，著名政治家、外交家。早年毕业于上海同文馆，1895年赴美留学；1900年，毕业于弗吉尼亚大学，回国后出任圣约翰大学英文教授，兼职商务印书馆编辑；1908年，随伍廷芳出使美国，任驻美使馆参赞，次年回国后任职于外交部；1910年，兼清华大学总办；1912年，任外交部次长；1913年，任驻德国、丹麦、瑞典三国公使；1919年，任中国出席巴黎和会代表团顾问。

① 马强、池子华主编：《红十字在上海（1904—1949）》，东方出版中心2014年版，第285页。

② 瞿寡东：《救济难民的刍议》，《中国红十字会月刊》总第32期（1938年2月），第92页。

③ 航僧：《救济难民歌》，《救灾会刊》第14卷第12期（1938年2月），第128页。

④ 马强、池子华主编：《红十字在上海（1904—1949）》，东方出版中心2014年版，第286页。

⑤《上海国际红十字会报告（民国二十六年十月至二十八年三月卅一日）》，上海图书馆馆藏，旧档信字第109号。

1920年回国后，颜惠庆先后出任外交总长、内务总长、国务总理等职；1926年，以国务总理摄行总统职务，旋被奉系军阀张作霖逼下台，移居天津，任天津大陆银行董事长、自来水公司董事长等职。南京国民政府成立后，先后任驻英大使、驻苏大使，出席国际联盟大会首席代表。抗日战争爆发后，在上海从事慈善及教育事业。1924—1934年，颜惠庆曾担任中国红十字会会长；1931—1935年，又出任中国华洋义赈救灾总会会长。总之，他在政治、外交、红十字、慈善等诸多领域的号召力、影响力，使他成为上海国际红十字会的当然发起人。

9月18日国际饭店举行的会议，事实上是一个筹备会，会议商定成立一个执行委员会加以推进，并推举颜惠庆、白赛德（Major A. Bassett）、邓纳（J. Donne）、马晓尔、蔡增基、冯炳南、安献金（G. Findlay Andrew）、普兰特（W. H. Plant）、礼德（B. E. Read）、饶家驹（R. P. Jacquinot）、李劳生（Rev. R. Rees）、颜福庆、施思明、劳白生（R. C. Robertson）、钟思、田伯烈（H. J. Timperley）等16人为执行委员会委员①。9月24日，执行委员会在冯炳南府邸举行会议，"对于中国红十字会所提供于该会之章程作原则上之通过"，同时成立5个分委员会：会章起草由颜惠庆主持，难民救济问题由饶家驹神父主持，防疫事宜由劳白生医师主持，救济伤兵事务由颜福庆院长主持，医务用品由施思明博士主持②。

10月2日，执行委员会在国际饭店召开会议，讨论会章及人事安排，公推颜惠庆为主席，饶家驹、钟思、普兰特为副主席，施思明为秘书，贝诺德（C. R. Bennett）为司库，贝铁德（C. W. Petitt）、朱友渔为执行干事。会议的召开，标志着该组织的成立，只是正式名称尚未确定。鉴于"亟待举行各项工作之繁重，该委员会向中国华洋义赈救灾总会要求该会同仁之义务合作。当由华洋义赈总会予以接受"。华洋义赈总会总干事贝克（J. E. Baker）不久出任中国红十字会上海国际委员会总干事。6日，执行委员会决定向中国红十字会总会申请许可证，并请求拨款万元作为办公经费。8日，中国红十字会总会同意该委员会许可证申请。12日，执行委员会会议正式通过组织章程，并推任施肇基为宣传与征募委员会主席，旋成立财务委员会，推贝诺德为主席；16日，接受中国红十字会授权，并正式定名为"中国红十字会上海国际委员会"

① 《上海国际红十字会报告（民国二十六年十月至二十八年三月卅一日）》，上海图书馆馆藏，旧档信字第109号。

② 《上海国际红十字会报告（民国二十六年十月至二十八年三月卅一日）》，上海图书馆馆藏，旧档信字第109号。

(Shanghai International Committee of the Red Cross Society of China)，简称上海国际红十字会（Shanghai International Red Cross，缩写为S. I. R. C.），设会址于国际饭店内①。

1937年11月23日，在会章基础上，正式出台《中国红十字会上海国际委员会组织大纲》。《大纲》共13条，明确“本会定名为中国红十字会上海国际委员会”，“本会以办理善举为宗旨，尤注重于筹募款项，用以救济伤兵难民，并协助与本会主旨相同之各种慈善事业，但各项事工以与市政当局及其他慈善团体已经实施者不相妨碍为限，并力谋与之合作”，“本会执行委员会定额十九人，由中国红十字会特聘之，主持各项会务”②。换句话说，上海国际红十字会是中国红十字会指导下的由中外人士共同发起、从事伤兵难民救济的国际性慈善组织。它的成立，为淞沪抗战中的伤兵，尤其是无家可归的难民，带来了生的希望。

1938年3月，上海国际红十字会又成立了支配赈款顾问委员会。这样经过不断组合与完善，架构起完整的组织系统，如下图所示：

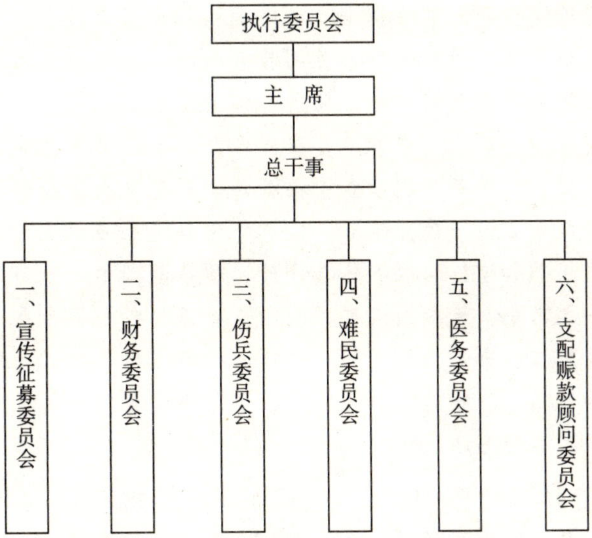

图3－1　上海国际红十字会组织系统图

① 《上海国际红十字会报告（民国二十六年十月至二十八年三月卅一日）》，上海图书馆馆藏，旧档信字第109号。

② 《中国红十字会上海国际委员会组织大纲》，《中国红十字会月刊》总第30期（1937年12月），第51页。

第二节　多渠道筹款募捐

伤兵丛集，难民蜂拥，数十万之众，需款甚巨，不难想象。因此，筹款募捐成为摆在上海国际红十字会面前的巨大难题。

救助伤兵难民，政府当然不能袖手旁观。据《新闻报》报道："中国红十字会国际委员会为各国领事及中外慈善界人士所组织，以筹募捐款、救护伤兵难民为务，经呈请孔财长由政府拨款倡导，当允拨给救国公债八十万元，现币二十万元，共计一百万元。"① 政府的表率值得肯定，但无法从根本上解决问题。因此，上海国际红十字会成立后，先后在1937年11月的《中国红十字会月刊》、12月13日的《新闻报》、12月16日的《时报（号外)》等报刊上发布募捐启事②，为伤兵难民请命：

敬启者：淞沪战祸爆发以来，战区数百万居民，均已流离失所，纷纷扶老携幼，向租界避难；率多流浪街头，无衣缺食，露宿风餐，困顿情形，殊堪怜惜！同时前线将士，在弹雨枪林中浴血战争，遭大炮飞机伤残者，厥状更惨！虽经中外各善团收容救护，无如日久人多，给养医药，均感困难；更值天时转冷，又须筹备御寒衣被；若不广事征募，来日方长，何足以善其后？中外慈善界同人，爰本正义人道主旨，特组织本会，除伤兵、难民不分国籍概予救济外，并筹募大宗捐款，为调剂各善团之需，刻查上海一埠，救济、救护费用日达五万元左右，日后战区扩大，更将随而加增！同人等熟思详计，须募集国币一千万元，方足以应六个月内之需要，除由国民政府拨助一百万元外，其余九百万元，不得不向中外热心人士作将伯之呼。伏祈，推好施乐善之忱，念恤难救灾之急，俯加赞助，慨赐输将，俾劫后余生，得资苏活！仁风义举，薄海同钦，固不独本会感谢已也。

上海国际红十字会的呼吁，得到爱心人士的热烈响应，"中外团体、个人自动输助者颇为踊跃"③，但要达到千万元的筹款目标，必须拓宽筹资渠道。为此，上海国际红十字会无论在国内，还是在国外，均采取了

---

① 《红会国际会财部拨助款》，《新闻报》1937年10月29日。

② 《中国红十字会上海国际委员会为难民伤兵请命》，《中国红十字会月刊》总第29期（1937年11月），第76页；《中国红十字会上海国际委员会筹募救济费》，《新闻报》1937年12月13日；《红会函请各界宏施输助》，《时报（号外)》1937年12月16日。

③ 《经收捐款报告》，《中国红十字会月刊》总第30期（1937年12月），第80页。

多样化的募捐方式筹募捐款，其中以下方式颇具特色。

其一，举办“募捐运动周”（或称“红十字募捐周”）。

经筹备，上海国际红十字会拟定于1937年12月1日至8日“在上海举行募捐运动周，吁请本埠各界人士踊跃捐输，共襄善举”①。在这一周之内，“该会将派红十字女子至各商店、各事务所募捐，不论多寡，均所欢迎”②。同时征求赞助员，“分年捐一元，普通捐五元，赞助捐十元，补助捐二十五元，特别捐不等”。募捐周筹款目标是10万元③。

12月1日，募捐周第一天上午9时，上海国际红十字会派出“护士五百名，衣白色救护服装，手持捐筒，在南京路等处，向往来中外人士劝募，并有中英文说明书请求赞助，迄晚始歇”。阵容庞大，颇为壮观，且效果良好，“捐款者十分踊跃”。中午，国际友谊社假国际饭店举行聚餐大会，“招待中外慈善家，表示谢意”。颜惠庆、颜福庆、饶家驹等中外来宾百余人出席，“济济一堂，颇极一时之盛”。上海国际红十字会“并派四女士到场发售红十字纪念徽章，所得捐款，完全为救济难民之用云”④。下午5时，上海国际红十字会在静安寺路387号美国妇女俱乐部举行募捐周开幕典礼，颜惠庆、施肇基“亲为主持”⑤，开幕典礼茶会上，“该会委员长颜大使报告募捐意义，总干事贝克博士报告办理救济经过，饶神父报告南市难民区情形并有美海军司令演说，护士表演救护，满座动容，至七时始散”⑥。

12月2日，募捐周第二天，由青心、中西、培成、穆尔堂及工部局女校等共同组织的街头募捐队，分赴公共租界、法租界等人流密集区域劝募，“各队员均穿白色看护制服，沿街募捐，态度和蔼，各界亦以灾黎待救，莫不踊跃捐输”。劝募成绩可观，当天募款万余元。“又该会为增加捐款人兴趣，特制有精美日历及红十字纪念徽章，以赠各捐款人”⑦。

12月3日，募捐周第三天，“劝募队仍继续出发，赴各街头募捐”。虽然因“日军由极斯非而路向虹口换防，交通上发生障碍，故出发队员

---

① 《红会国际会定期举行募捐运动》，《申报》1937年11月26日。

② 《国际红会一周募款活动》，《新闻报》1937年11月28日。

③ 《国际红会红十字募捐周开幕》，《新闻报》1937年12月2日。

④ 《国际红会征求赞助员　昨红十字募捐周开幕》，《申报》1937年12月2日。

⑤ 《国际红会红十字募捐周开幕》，《新闻报》1937年12月2日。

⑥ 《国际红会征求赞助员　昨红十字募捐周开幕》，《申报》1937年12月2日。

⑦ 《各校女学生沿街募捐救济难民，红十字募捐周积极进行》，《新闻报》1937年12月3日。

相当减少，但出发各队所募得捐款，仍极可观”[①]。

12月8日，上海国际红十字会假座虞洽卿路大上海剧院举行中西音乐大会，“聘请中外歌剧家，演唱义务剧，节目已开始编排，异常精彩。闻票价分三元、二元、一元三种，售票所得，悉以充救济难民之用云”[②]。市民倾情赞助，“各界仕女购票参加，尤形踊跃”[③]。

募捐周原定8日闭幕，因“南京路事件（日军于12月3日举行入城仪式——引者）中辍数十小时，特延长二日，至本星期六（11日）闭幕”[④]。

募捐周期间，“自一日至八日，已募得五万二千三百余元。八日至昨晚（指11日——引者），确数未结，惟当在二万元左右，故总数当在七万元以上”[⑤]。虽然没有达到既定的10万元募款目标，但在动荡的时局中，能取得如此成绩，已属不易。

其二，成立“三元救命会”（亦称“一角救难运动”）。

短期的“募捐运动周”结束不久，1938年1月7日，上海国际红十字会在国际饭店举行会议，决定创立“三元救命会”，以为长久之计。颜惠庆、施肇基、贝克等10余人“首先加入，并组织委员会。不论何人，只须月纳三元，即可为该会会员”[⑥]。办事处设于河南路505号华洋义赈会4楼，由干事骆传华具体负责。会费规定为月捐3元，“盖以难民口粮日需一角，每月三元，即可维持一人之生命，故取此义而定会名”[⑦]。月捐3元，等于日捐1角，故又称“一角救难运动”[⑧]。“三元救命会”（“一角救难运动”），显然取法上海国际救济会于1937年11月开始实施的每日“一角捐运动”[⑨]。对“三元救命会”，上海国际红十字会

---

① 《红十字国际委（员）会定期演义务戏》，《申报》1937年12月4日。

② 《红十字国际委（员）会定期演义务戏》，《申报》1937年12月4日。

③ 《红会昨举行音乐会》，《申报》1937年12月9日。

④ 《红十字运动捐展期闭幕》，《申报》1937年12月9日。

⑤ 《红十字捐运动周今日结束》，《新闻报》1937年12月12日。

⑥ 《红会国际会创三元救命会》，《新闻报》1938年1月8日。

⑦ 《三元救命会成立》，《中国红十字会月刊》总第32期（1938年2月），第63页。

⑧ 《上海国际红十字会报告（民国二十六年十月至二十八年三月卅一日）》，上海图书馆馆藏，旧档信字第109号。

⑨ 上海国际救济会启事称：“敬启者：查沪战发生以来，难民多至三十万人，虽蒙各慈善团体竭力设法救济，但人数众多，给养浩繁，我社会热心人士，务恳竭力济助。兹照本市保险界服务团发起每日一角捐建议办法良善，本会决议施行。自即日起，征求此项一角捐，每人日捐一角，积成三元为单位，一俟足数，即交本会。凡团体公司机关或店号职员，可将总收汇集每月缴一次，并恳节俭膳食，节省费用，每月凑三元，即能救难民一人一个月之生活。聚沙成塔，集腋成裘，唯我各界仁人体念灾民之困苦，慨解仁囊，热心济助，不胜感盼之至。”见《上海国际救济会为救济难民征募每日一角捐运动启事》，《申报》1937年11月21日。

充满期待，“该会发起人颜惠庆、施肇基、刘湛恩、郑莱、郭承恩、罗公侠、陈逵夫人、富文寿、杨少南夫人、骆传华、J. E. Baker、G. Findlay Andrew、C. R. Bennett、R. Calder Marshall、J. Hers、Mrs. Dana Nance、G. W. Pettit、W. H. Plant、Mrs. Arthur、N. Young 等，均属沪上中外名流，业经函请各界广劝入会。沪多善士，行见踊跃参加，惠济灾黎也!”① “三元救命会”一经成立，即发布启事，为难民“作将伯之呼”：

敬启者：上海慈善团体收容之难民，数在二十万人以上，给养浩繁，开支巨大，非妥筹办法，势必难以持久。本会以筹募款项，办理救济，并协助各善团为使命，鉴此前途，殷忧殊甚！除向中外各界劝募捐款外，复成立三元救命会，广征会员，共襄善举。凡愿每月捐助国币三元为难民救济费者，均可加入。缘难民口粮，日需一角，每月三元，即可维持一人之生命。世多悲天悯人乐善好施之士，如果各就衣食日用，月节三元，惠捐本会，则聚沙为塔，集腋成裘，难民生计，不难解决。用作将伯之呼，敬请鼎力赞助，并广劝亲友，相偕入会，俾嗷嗷哀鸿，资生有望，此本会所馨香祷祝者也!②

“三元救命会”的“救命”吁请，得到了广泛响应，“加入三元救命会者亦甚踊跃”③。据报载，“中国红十字会上海国际委员会，前鉴于本埠各慈善团体收容难民数在二十万以上，给养浩繁，开支巨大，维持匪易。经成立三元救命会，请各界人士，月节三元，共襄善举。兹悉加入会员极为踊跃，迄现在止，已有八百余人，共纳捐三千八百余元云”④；“征求以来，加入会员颇形踊跃，闻已有千人以上云”⑤；“国际红十字会发起之三元救命会，现加入会员已达一千余人”⑥。从媒体的这些报道中，足见上海各界对上海国际红十字会难民救助事业的支持。上海国际红十字会使命终于完成，“三元救命会”共收会费 592300 元⑦，

① 《中国红十字会上海国际委员会纪事》，马强、池子华主编：《红十字在上海资料长编（1904—1949）》下卷，东方出版中心 2015 年版，第 217 页。

② 《中国红十字会上海国际委员会征求三元救命会会员》，《中国红十字会月刊》总第 31 期（1938 年 1 月），第 88 页。

③ 《红会国际委（员）会讨论难民给养问题》，《新闻报》1938 年 1 月 15 日。

④ 《三元救命会已有会员八百余人》，《中国日报》1938 年 5 月 28 日。

⑤ 《三元救命会会员达千名》，《生活日报》1938 年 3 月 10 日。

⑥ 《红会三元救命会，新会员参加踊跃》，《申报》1938 年 11 月 10 日。

⑦ 《上海国际红十字会报告（民国二十六年十月至二十八年三月卅一日）》，上海图书馆馆藏，旧档信字第 109 号。

对于解决难民衣食之需，不无小补。

其三，海外劝募。

上海国际红十字会筹款募捐，“不仅在国内进行，而且在海外各地进行”[①]。上海国际红十字会由中外人士共同发起，具有国际性，且如颜惠庆、施肇基等，都曾出任过驻外大使，这种人脉关系，使上海国际红十字会海外募捐成为可能。

上海国际红十字会成立后，主席颜惠庆、宣传与征募委员会主席施肇基、总干事贝克等，即电中国红十字会会长、驻美大使王正廷，请其“通知美国各慈善机关、华侨团体，将捐款汇寄该会，以便集中分配，调剂各地救济费用。此外，驻英、法等国大使处，亦有相同之电发出”[②]。各友邦亦“纷纷汇寄捐款，协助救济”[③]。如美国，“自战事发生以来，美国各善团抱救灾恤邻正义，募助中国救济难民经费，为数甚巨”[④]，尤其是美国总统罗斯福，还特函请美国红十字会“向全国人民捐募百万美金，以为救济中国战区难民之需”。对此，“我国朝野对美国人民此种同情之援助，及罗斯福提倡之美意，深为感激”。行政院院长兼财政部部长孔祥熙致电罗斯福，“表示诚恳之谢意”[⑤]。据统计，截至1938年11月10日，美国的救济中国战时难民团体，如中国教会赈济委员会、美合众国中国灾赈会、中华人民赈救联会等，共募集美金775598元，“其中以上海所收到之美国捐款为最巨”，计美金57164元、国币484410元[⑥]。再如英国，在英国红十字会、英国教会联合会、伦敦中国社会等团体的呼吁下，“英国人士闻风兴起，踊跃输将，慨助金钱、衣服及医药用品，为数颇巨”。其中英国华灾救济会“为上海国际红十字会及全国救济难民团体之重要捐助者”[⑦]，捐助上海国际红十字会达法币32万余元[⑧]。此

---

① 颜惠庆：《颜惠庆自传：一位民国元老的历史记忆》（吴建雍等译），商务印书馆2003年版，第303页。

② 《红会国际会财部拨助百万——分向海外劝募并演剧筹捐补助各善团救济伤兵难民》，《申报》1937年10月29日。

③ 《友邦捐款续有汇到》，《中国红十字会上海国际委员会救济月刊》第1卷第1期（1938年6月），第4页。

④ 《美国各善团助华》，《申报》1938年12月20日。

⑤ 《美募金救济我难民由詹森等负责》，《申报》1938年1月28日。

⑥ 《美人救济中国难民》，《申报》1938年11月24日。

⑦ 《英国华灾救济会之创立与其工作概况》，《中国红十字会上海国际委员会救济月刊》第1卷第4期（1938年9月），第6页。

⑧ 《上海国际红十字会报告（民国二十六年十月至二十八年三月卅一日）》，上海图书馆馆藏，旧档信字第109号。

外，澳大利亚、加拿大、意大利、法国、荷兰等国红十字会或政府、民间团体等也都有捐助。

在海外劝募中，特别值得一提的是饶家驹的美国之行。

饶家驹（1878—1946），法国天主教神父。1913年来华传教，曾在圣心堂管理外侨教徒，并担任法国驻沪陆海军与公共租界“万国商团”随军神父、上海天主教所办各外侨子弟学校童子军指导员。因在沪失去右臂，人称“独臂神父”。他热心慈善事业，并于1926年出任上海华洋义赈会会长。作为上海国际红十字会执委会副主席，饶家驹负责难民救济问题，“奔走救济工作，厥功甚伟，为中外所同钦”。为筹集难民救济经费，1938年4月，“红会国际委员会，爰推饶氏赴美一行，藉与彼邦慈善界取得密切联络而宏救济”[①]。饶家驹表示“万苦不辞”。

5月2日，饶家驹搭乘加拿大“皇后”号邮轮赴美。按照计划，饶家驹“将访谒罗斯福总统及美国红十字会各高级职员”，“请求美国人民慷慨捐助”[②]。25日，饶家驹抵达美国首都华盛顿，据美联社电：“饶神父此行，目的在往各处演说，俾美国民众了解中国方面救济问题之严重，希望筹捐款项，国务院方面已请白宫准备饶神父与总统会晤事宜，预料于数日之内，即可竣事云。”[③] 26日，作为中国红十字会上海国际委员会代表，饶家驹在法国大使圣冈旦陪同下前往白宫，“晋谒罗斯福总统”，对于中国难民之痛苦，描述甚详。事后，饶家驹向报界发表谈话云，“余曾将上海方面之情形，告知罗总统，总统对于吾人之工作，颇为嘉许，并谓对于中国难民之情形，亦甚了解”，并且“罗斯福总统告以美国亟愿以全力赞助救济工作云”[④]。

旅美期间，饶家驹为中国难民筹款募捐，奔走呼吁，声嘶力竭，尤其是“一碗饭”运动，轰轰烈烈。6月17日，在中国难民救济会会长小西奥多·罗斯福支持下，饶家驹在纽约唐人街组织了一场“古老中国之夜”的大型募捐晚会，“由此在美国全国范围内发起了一系列被称为‘一碗饭’晚会的宣传活动”，即举办简单招待餐会，邀请各界人士参加，自由捐款，数额不定，“介于买一碗米饭与买一顿正餐的费用之间”[⑤]。据报道，“美

① 《饶神父赴美联络美国慈善界　推进在华救济事宜》，《新闻报》1938年5月4日。

② 《饶神父赴美将访美总统及红会当局》，《大美晨刊》1938年4月28日。

③ 《饶神父抵美谒罗总统》，《时报》1938年5月27日。

④ 《饶神父为我国难民请命》，《新闻报》1938年5月28日。

⑤ ［美］阮玛霞：《饶家驹安全区：战时上海的难民》（白华山译），江苏人民出版社2011年版，第128页。

国境内为人道主义而举行之运动，当以此次规模最大”[①]。这使饶家驹颇感自豪，“现在美国进行之募款援助中国难民运动，颇得当地人民之热烈响应，上月在美国各州一千六百余城市举行之‘一碗饭’劝募运动，所得捐款共达美金百万元”[②]，堪称“成绩至为美满”[③]。使命完成，饶家驹“乃整束行装，由温哥华乘亚洲皇后号轮回华”[④]，8月1日晨抵达上海。

经过多方努力，海内外各界人士的爱心涌动，至1939年3月31日，上海国际红十字会“计收中外捐款及国民政府协款共三百十二万九千九百二十六元七角四分”[⑤]，保障了伤兵难民救助工作的有序开展。

第三节　伤兵难民医疗救助

上海国际红十字会“由中外慈善界同人及各国领事所组织，以救护伤兵、收容中外难民为职务”[⑥]。因此，伤兵救护为其重要职责，毕竟该会诞生于淞沪抗战的隆隆炮声中，其时中日双方交战正酣。

伤兵救护由上海国际红十字会下设的伤兵委员会“专司其事”。鉴于战地救护由中国红十字会救护队、急救队力任艰巨，上海国际红十字会遂偏重于医疗服务。但其本身没有伤兵医院，而是以合作的方式，对伤兵实施医疗救助。据《上海国际红十字会报告》称：“在上海国际红十字会名义下，设立医院五处，其费用之大部份（分）多由私人支持。”[⑦] 5处医院的基本情况，如下表[⑧]：

---

① 《二千城市举行一碗饭运动》，《申报》1938年7月17日。

② 《饶神父在美电告一碗饭捐得美金百万》，《生活日报》1938年7月7日。

③ 《副委员长饶神父返沪》，《中国红十字会上海国际委员会救济月刊》第1卷第3期（1938年8月），第3页。

④ 《副委员长饶神父返沪》，《中国红十字会上海国际委员会救济月刊》第1卷第3期（1938年8月），第3页。

⑤ 《红会经募捐款三百余万》，《申报》1939年5月29日。

⑥ 《万国红十字会成立伤兵医院》，《申报》1937年10月28日。

⑦ 《上海国际红十字会报告（民国二十六年十月至二十八年三月卅一日）》，上海图书馆馆藏，旧档信字第109号。

⑧ 资料来源：《另一所红十字医院开办》，上海市档案馆藏英文档案，档号U1-16-783，缩微号126；《中国红十字会上海国际委员会第四医院公函》，上海市档案馆藏英文档案，档号U1-16-784，缩微号62-63；《中国红十字会上海国际委员会第五救护医院致工部局的信》，上海市档案馆藏英文档案，档号U1-16-784，缩微号64-66页；《一九三七年收容中国伤兵医院情况》，上海市档案馆藏英文档案，档号U1-16-793；《新药业伤兵医院开始收容伤兵》，《申报》1937年11月9日。参见崔龙健：《抗战时期中国红十字会上海国际委员会研究》，合肥工业大学出版社2017年版，第123页。

表3-1　上海国际红十字会伤兵医院序列表

医院名称	成立时间（1937年）	院　长	地　址	床位	收治伤兵
第一伤兵医院	10月	托　德	枫林桥（中山纪念医院原址）	500	—
第二伤兵医院	10月	兰　森	枫林桥（国立上海医学院原址）	500	—
第三伤兵医院	10月	柏尔森	姚主教路（今太平路）200号（国立税务专门学校第一分校原址）	—	—
第四伤兵医院	11月11日	富文寿	延平路申园足球场（中国红十字会第一救护医院分支机构原址）	200	176
第五伤兵医院	11月6日	徐翔荪	宁波路（今淮海东路）33号楼上（大陆舞厅原址）	200	178

其中，前4处伤兵医院均由私人开设，上海国际红十字会给予资助，每一伤兵每日津贴5角，至1938年10月共计拨助款171616.97元①。而第五伤兵医院则由上海新药业公会筹办，“所有医药给养”，均由新药业公会“自理”，并函请上海国际红十字会“赐予番号，并派员指导”②，得到上海国际红十字会允准而“列入第五伤兵医院”③。据报道，该院于1937年12月21日“正式宣告结束”，虽然只存在一个多月的时间，但收治伤兵170余人，“办理成绩，极为优良，深得社会各界之称许”④。

特别值得一提的是，除上述伤兵医院外，上海国际红十字会还专门开办“残废伤兵医院”。

残废伤兵医院“本来是上海商界组织的第十七救护医院，后来为了经费的关系，改为中国红十字会上海国际委员会残废伤兵医院”⑤。1938年1月10日开办，2月1日迁至蒲石路、古拔路口原第十七救护医院，

① 《上海国际红十字会报告（民国二十六年十月至二十八年三月卅一日）》，上海图书馆馆藏，旧档信字第109号。

② 《新药业伤兵医院开始收容伤兵　昨函国际红会编定番号》，《申报》1937年11月9日。

③ 《新药业公会热心救护》，《中国红十字会月刊》总第30期（1937年12月），第81页。

④ 《第五救护院结束》，《社会朝报》1937年12月22日。

⑤ 苏迅：《残废伤兵医院》，《中国红十字会月刊》总第35期（1938年5月），第56页。

美籍外科医师单惠泉（Dr. Thornton Stearns）任院长，虞心炎任副院长[①]。“除了正、副院长，还有沈、李诸医师，女看护十六、七人。教师是市商会童子军庄瑶卿女士、刘明传先生等十余人。虽都是义务，然而他们的工作，是有条不紊，精神都很饱满”[②]。医院宗旨“在予伤兵以德、智育之指导与职业训练，教以轻便工作，冀出院后能自食其力，成为社会生产之一份子”[③]。

残废伤兵是在淞沪抗战中为抗击日军而负伤的，“他们全为了争取民族的独立与解放，在罗店以迄闸北的一线上受了光荣的重伤，当他们在战地上昏睡过去，再在后方睁开眼睛的时候，一部份（分）的肢体已离开了他们，从此他们只有个残缺的胴体了”[④]。对这些抗日英雄，上海国际红十字会给予格外的人道关怀，不仅为其安装假肢[⑤]，“抑且予以适宜之娱乐”[⑥]，“施以职业训练”[⑦]，使他们残而不废，对未来的生活充满信心。的确，伤兵们的生活起居得到精心照料，有一种“宾至如归”之感。一位名叫苏迅的记者，专门到残废伤兵医院进行采访，对残废伤兵的生活状况做了一番描述，谓：

伤兵们虽都是残废，有的确已装上假腿，扶着木杖，在行动着，散步着。有许多却还不能行动，终天躺在病房里。据他们告诉作者，生活和军队中一样有纪律，早晨五点半钟起身，六时早餐，餐后上课或工作，但没有固定。下午三时到五时上课，功课分歌唱、国文、新文字。作者去的时候，正是庄瑶卿女士在教唱义勇军歌。庄女士一口北平话，声音很雄壮。国文课本用陶行知老少通，已上到第三册。礼拜一上午八时，举行纪念周，病重不能起床的，教师便到病房中教课。晚上九时入睡。出入要领通行证。卫生方面，相当注意，半个月换一次被褥。并由流通图书室、京戏，调剂他们的精神。因为生活有规律，伤兵们都感到满意[⑧]。

---

① 《上海国际红十字会报告（民国二十六年十月至二十八年三月卅一日）》，上海图书馆馆藏，旧档信字第109号。

② 苏迅：《残废伤兵医院》，《中国红十字会月刊》总第35期（1938年5月），第56页。

③ 《中国红十字会残废伤兵医院报告摘要》，《中华医学杂志》第24卷第7期（1938年7月），第563页。

④ 《遗留沪滨的残废战士》，《中国红十字会月刊》总第34期（1938年4月），第76页。

⑤ 《国际红会成立残废伤兵医院》，《晶报》1938年2月17日。

⑥ 《残废兵士百余接骨》，《华美报》1938年5月12日。

⑦ 《上海国际红十字会报告（民国二十六年十月至二十八年三月卅一日）》，上海图书馆馆藏，旧档信字第109号。

⑧ 苏迅：《残废伤兵医院》，《中国红十字会月刊》总第35期（1938年5月），第56页。

通过这段记述，可以了解残废伤兵日常生活的一个侧面。残废伤兵医院从1月10日开办至10月31日正式宣告“完满结束”①，10个月内，共收治残废伤兵403名。“鉴于此等残废伤兵出院后不能与常人同样谋生，故教以特种手艺技术，俾出院后得谋生自立”②。

在进行伤兵医疗救助的同时，对难民的医疗救助同样体现了上海国际红十字会的人道情怀。数十万难民中有不少受伤者，也有很多罹患各种疾病者，需要及时救治。为此，上海国际红十字会“设有医药委员会，由施恩明医师为主席”③，整合各方资源，根据难民需要，陆续设立各类医院25家，具体如下表④：

表3-2　上海国际红十字会难民医院及约定难民医院一览表

类　别	名　称	地　址
普通医院	上海国际红十字会第一难民医院	海格路476号
	上海国际红十字会第二难民医院	祁齐路172号
	中国红十字会第一医院	海格路363号
	仁济医院	山东路145号
	宝隆医院	白克路415号
	慈联会难民救济分会第一救济医院	爱多亚路730号
	慈联会难民救济分会第二救济医院	小沙渡路1000号
	上海疗养卫生医院	莫利爱路51号
	同仁医院（第一医院）	九江路219号
	同仁医院（第二医院）	白利南路3713号
	广慈医院（第一医院）	金神父路197号
	广慈医院（第二医院）	吕班路149号
	上海国际救济会难民医院	北河南路上海市商会内

① 《红会国际会终止直接救济工作》，《新闻报》1938年9月25日。

② 《上海国际红十字会报告（民国二十六年十月至二十八年三月卅一日）》，上海图书馆馆藏，旧档信字第109号。

③ 《红会国际会注意难民医药事项》，《新闻报》1938年5月23日。

④ 资料来源：《国际红十字会发表难民医院一览表》，《中国红十字会月刊》总第35期（1938年5），第27—29页。

（续表）

类 别	名 称	地 址
传染病院	老年病弱肺病疗养院	小沙渡路
	上海时疫医院	虞洽卿路 25 号
	工部局隔离医院	北海路 162 号
	难民肺病疗养院	白利南路 35 号
	国立麻风医院	池浜路 41 号
儿童医院	难民儿童医院	慕尔鸣路 65 号
	上海国际红十字会难民婴儿临时医院	威海卫路 737 号
妇女及产科医院	西门外妇孺医院	徐家汇路 850 号
	广仁医院	爱文义路 361 弄 2 号
	惠旅医院	爱文义路 130A 号
	广仁医院（第二医院）	愚园路 838 号
神经病医院	Shanghai Merey Hospital（上海普慈疗养院）	闵行北桥闵行路 12 号

各类医院为难民提供周到的医疗服务，而上海国际红十字会则给予各类难民医疗机构以经费支持。据记载，上海国际红十字会除创办第一、第二等难民医院外，主要采取合作的方式，与“广仁、同仁、宝隆、仁济、公济、时疫等医院；中华麻疯（风）、难民肺病等疗养院特约治疗难民，分别门诊、住院，按月给与相当津贴；而其它善团所办难民医院，如救世军交通大学医院、广东难民医院、上海工人医院、难童医院等，亦均受该会之补助。总计全埠二十四处，至本年（1938 年）一月底止，共拨助国币五万七千三百余元”[①]，从而为难民的生命与健康构建起安全保障体系。

第四节　南市难民区——难民救助的典范

淞沪抗战中，难民数量庞大，实施难民救助无疑是一个巨大的系统工程。难民的收容、管理、供养、安置等等，无不牵一发而动全身。为此，上海国际红十字会殚精竭虑，专设难民委员会，由饶家驹神父主持

① 《难民医院之组织与补助》，《中国红十字会月刊》总第 32 期（1938 年 2 月），第 66 页。

难民救济工作。

1937 年 10 月 4 日，难民委员会举行首次会议。是时难民人数约 10 万人，其中公共租界中有 62425 人、法租界中有 29568 人，其余为散处街头者，“盖除数千难民无法觅得收容所者外，所有难民均住入收容所内。各收容所皆由本市各善团所设立或为所主持者。诸慈善团体有一部分为旧有之善团，一部分则为战事发生后所设立”。在此种情况下，上海国际红十字会之功能，“实需精准之规定”。几经讨论，其功能定位为：“一、上海国际红会不拟直接自办或管理任何收容所；二、上海国际红会拟设法使收容所之状况，管理及费用均标准化；三、上海国际红会拟于诸已成立之善团不胜负担时予以援助；四、给予诸善团之援助将采取物质或劳务之方式，直接提供于各收容所，而不以现金补助金之方式给予收容所或各善团。”① 为有序开展救助工作，难民委员会特设视察组、房舍组、衣服组、运输组、食粮管理组、难民工作组、职业介绍组等 7 个小组，各司其职，相互配合。

在难民救助中，南市难民区的设立是一大创举，在世界范围内，亦堪称难民救助的典范。

南市是难民最为集中的区域，但难民的安全毫无保障。为此，上海国际红十字会成立后即“从人道的动机，近向中日双方提议，将毗连租界的南市北段划为难民收容区。在这区域以内，双方军队避免作战”②。这一动议，经过饶家驹神父的不懈努力，最终得以“落地”。11 月 4 日，上海市政府批准设立南市难民区；6 日，日本方面亦表示认可。南市难民区最后确定的范围为旧城厢北部约三分之一区域，南至方浜路，东、西、北至民国路，呈半圆形，东西间距约 1.5 公里，南北间距约 0.5 公里③。对于该区域的权属，南市难民区管理委员会发表声明称：“难民区设立之提议，纯出于人道动机，决不损害中国主权。”④

11 月 9 日，南市难民区正式运行，由南市难民区监察委员会管理。监察委员会由饶家驹、公共租界工部局董事麦克诺登、法租界公董局董

① 《上海国际红十字会报告（民国二十六年十月至二十八年三月卅一日）》，上海图书馆馆藏，旧档信字第 109 号。

② 宜：《南市难民区的建议》，《申报》1937 年 11 月 4 日。

③ 郑少民、沈士伟：《抗战时期的南市难民区》，见吴汉民主编：《20 世纪上海文史资料文库》第 9 册，上海书店出版社 1999 年版，第 309 页。

④ 航僧：《南市难民区之筹设及战区人民罹劫惨况》，《中国红十字会月刊》总第 30 期（1937 年 12 月），第 74 页。

事巴布德、法租界公用事业司库贾斯帕、中国工程学会前会长柏韵士、名誉司库安献金、美商公会会长普兰特等 7 人组成。救助事务由上海各有关慈善团体协同参与，如卫生工作，由中国济生会、中国红十字会担任；医药治疗，由中国红十字会及中华医学会主持办理；掩埋尸体，由普善山庄负责；难童收养，由中华慈幼协会办理；区内秩序，由上海国际红十字会派外籍警士维持；另外还设草绳工场和板刷作坊，等等。难民区的经费主要靠捐助，这些款项直接汇给上海国际红十字会，由红十字会调拨使用[①]。

据报道，“难民区内共有大小收容所一百一十八所，收容难民八万八千余人，住户要求面包救济已登记者三万八千余人，未登记者六万余人，尚未收容餐风露宿之难民约三千余人，难民总数不下二十万人”[②]。众多难民被汇聚到上海国际红十字会旗帜下，得到人道关怀与救助。直到 1940 年 6 月 30 日南市难民区完成使命，圆满收官。这其中，饶家驹不辞劳瘁，奔走维持，居功甚伟，正如英国记者田伯烈所言：“成千成万的难民，为死亡所威胁，为黑暗所包围，他们的一线曙光，只是希望能够达到一个外国人管理的安全区域。去年十一月间，上海饶神父曾在南市设立难民区，容纳二十五万人，这是一个不可掩饰的功绩。”[③]

南市难民区是在上海国际红十字会支持下，由饶家驹主持设立，是上海国际红十字会难民救助的有机组成部分。正因为难民区由饶家驹主持，故南市难民区亦被称为“饶家驹区”“饶家驹安全区”[④]，而其坚强的后盾则是中国红十字会授权的上海国际红十字会，“难民区所悬旗帜为中国红十字会及上海国际救济委员会（即中国红十字会上海国际委员会——引者）会旗”[⑤]，正是难民区的“安全保障”。

饶家驹的人道之举，赢得国内外的交口称赞。1938 年 3 月 9 日，蒋介石亦特专函致谢：“饶家驹神父道席：寇氛张盛，淞沪沦陷，我同胞锋镝余生，重遭荼毒，蔽无片瓦，储无斗粮，饥寒待毙者，二十余万人。乃荷贵神父及难民救济委员会诸同仁抱己饥己溺之怀，施解衣推食

---

① 参见池子华、徐璐：《“孤岛”时期上海国际红十字会的人道救济事业》，载苏智良主编：《饶家驹与战时平民保护》，广西师范大学出版社 2015 年版。

② 《沪市成立难民区》，《国际劳工通讯》第 4 卷第 12 期（1937 年 11 月），第 118 页。

③ ［英］田伯烈：《外人目睹中之日军暴行》（杨明译），江西人民出版社 1986 年版，第 1 页。

④ ［美］阮玛霞：《饶家驹安全区：战时上海的难民》（白华山译），江苏人民出版社 2011 年版。

⑤ 《南市难民区定明日起实行》，《申报》1937 年 11 月 8 日。

之仁，奔走勤劳，迄今不懈。中正忝主戎行，缅怀弥感，用特专函，代表全民，敬致最诚挚之谢忱！专此敬颂大安！蒋中正谨启。”①

南市难民区从1937年11月9日开办至1940年6月30日结束，不到3年的时间，使约30万生灵免遭涂炭②，如此丰功伟绩，得救的难民不会忘却，历史不会忘却，饶家驹因此被誉为“难民之父”③。

南市难民区救助战争难民，卓有成效，形成“上海模式”，并得以在南京、杭州、汉口、吴江、香港、广州、福州等地得到“复制”，不少于50万难民得到救助④，影响深远。这一模式，作为战时保护平民的成功范例，写入《1949年8月12日关于战时保护平民之日内瓦公约》（日内瓦第四公约），其中第十五条“一般背景”中明确指出：“1937年中日战争期间，一个中立区也在上海建立起来……它被称为饶家驹区，是为了纪念成立这个区的人。”⑤“日内瓦第四公约”是国际人道法的重要组成部分，“上海模式”作为战时难民救助成功的典型案例，被国际人道法所吸收，这既是饶家驹的创举，也是上海国际红十字会的贡献。

第五节　不可磨灭的历史功绩

上海国际红十字会至1939年3月31日宣告结束，但南市难民区的救助工作一直延续到1940年6月底。在存在的将近一年半的时间里，无论伤兵救护，还是难民救助，上海国际红十字会都全力以赴，建立了不朽的功勋。综合起来，主要表现在以下几个方面。

首先是伤兵救护方面，上海国际红十字会或设立或赞助伤兵医院5所，开办残废伤兵医院1所。至上海沦陷时，各处伤兵医院收治伤兵共计44271人，另外残废伤兵医院收容残废伤兵403人，实施截肢等各类手术288起，装置假肢等各种辅助器械299具，并为这些失去作战能力的残废士兵，授以针线、缝纫、园艺等职业训练，使其痊愈出院后可谋

① 《蒋介石致饶家驹神父的信》，见南市难民区监察委员会编：《中国上海“饶家驹区”的故事》（英文版），上海别发书局1939年版，附录。

② 苏智良：《上海二战难民救助与〈日内瓦第四公约〉》，《中国社会科学报》2015年12月8日。

③ 苏智良：《“难民之父”饶家驹》，《光明日报》2015年10月8日。

④ ［美］阮玛霞：《饶家驹安全区：战时上海的难民》（白华山译），江苏人民出版社2011年版，第117页。

⑤ ［美］阮玛霞：《饶家驹安全区：战时上海的难民》（白华山译），江苏人民出版社2011年版，第180—181页。

生自立。

其次是难民救助方面，由于难民工作涉及面广且纷繁复杂，上海国际红十字会为此付出了不少努力，在难民医疗、卫生、教育、给养、生产等方面均有所建树。

一是推动南市难民区（即饶家驹安全区）的成立。上海国际红十字会同人不忍大量难民被困于南市挨饿受冻，于是委托其副主席兼难民委员会主席法籍神父饶家驹，分途接洽中日当局同意在南市辟出一处“非战斗员之安全区”，面积相当于旧城厢的三分之一，由饶氏等 7 名外籍人士组成监察委员会负责日常管理，于 1937 年 11 月 9 日正式对外开放。该安全区的成功建立，在国内外都产生了重要影响，国际红十字会更将其选作交战国在战时保护平民的成功范例而写入 1949 年的“日内瓦第四公约”（即《关于战时保护平民之日内瓦公约》），推动了国际人道法的完善。

二是提供难民医疗及防疫服务。上海国际红十字会先后开办有难民医院 2 所、难民收容所诊疗所 6 处、流动诊疗所 8 处。至结束救济工作时，2 所难民医院总计收治患病难民 2861 人，经治愈出院 2686 人，住院总日数达 69651 天，其中第一难民医院收治 1523 人、出院 1413 人、住院日数为 35123 天，第二难民医院收治 1338 人、出院 1273 人、住院日数为 34528 天；所主持的难民诊疗所及流动诊疗所共计施诊 486316 起；由救护车送院患病难民 4188 人，其中 3465 人系用汽车输送，其余 723 人则用人力车输送；分配医务人员计有 840 余人；收集化验标本 3028 件，共做细菌培养、结核杆菌检验、肥达氏试验、梅毒絮状试验、大小便及血液检验等化验 4260 次；做胸部、骨骼、尿道、胃肠及异物等放射摄影 927 件，以及做胸部、胃肠等 X 光检查 624 次；并根据其他团体开办的 25 所难民医院、20 处难民诊疗所受诊情形，分别拨赠现金 174330. 01 元及医药用品计值 73489. 35 元。此外，还开展了防疫运动，为难民及贫穷病人免费注射，其中预防伤寒、霍乱注射 96853 人，计 182214 次；施种牛痘 6188 次。

三是推进难民教育。难民教育是特殊时期的一种特殊教育，上海国际红十字会办理此项工作颇为用心，聘请教育专家陈鹤琴等人全力擘画，开展了儿童教育、成人教育、职业教育三类难民教育，其中儿童教育开设国语、常识、算术、唱歌、体育 5 门课程；成人以识字教育为主，辅以演讲、说书、电影、健身体操等科；职业教育则分为职业训练和生产教育两种。至结束时，计有儿童、成人 725 个班级，受教难童

42508 人、受教成人 34080 人，其中开设新文字教育班 171 个，包括儿童 80 班、成人 66 班、妇女 25 班，总计受教儿童 3144 人、成人 381 人、妇女 760 人。其间，举办难童教育升学考试一次，分低、中、高三级进行，参加者总计 13940 人，其中参加低级考试者 1695 人、参加中级考试者 2572 人、参加高级考试者 9673 人；还举办中学程度失学难童免费学额考试一次，计参加初中考试者 179 人、录取 122 人，参加高中考试者 35 人、录取 21 人。

四是协助各主管善团督促各收容所改善所内设施及环境卫生。鉴于各慈善团体所办之收容所或优或劣，殊不一致，上海国际红十字会于是制订了收容所标准化计划。先是编印《收容所管理指南》，分发各收容所管理员参照执行，并在其难民委员会下设收容所视察组，定期派视察员赴各所视察、指导；后又制定收容所甲、乙两种设备标准，由各视察员依照标准逐条检查、打分，并成立特别指导团，加强监督改进。上海国际红十字会还为老弱残废难民设置特别收容所 16 处，其中收容难童者 7 所，收容自给难民者 3 所，收容妇孺者 2 所，收容老年、残废、乞丐及备遣难民者各 1 所。

五是统筹全沪难民给养。淞沪抗战发生后，上海国际救济会等慈善团体所用经费均靠自行筹措，但是随着战线扩大，伤兵、难民人数不断增加，开支益繁，加上经费来源枯竭，导致各慈善团体难以为继，纷纷向上海国际红十字会请求援助。于是，上海国际红十字会自 1938 年 1 月 1 日起，先后担负 14 个团体所收容难民的给养，最多时需同时给养 17 万人。上海国际红十字会还根据救世军救济难民经验和难民食粮平衡需要，编制难民给养标准和难民膳食制作法，分发各收容所参考，使难民健康状况因而得到明显改善。

六是组织难民生产。难民给养一项耗费巨大，上海国际红十字会遂也发生难民给养危机，在实行降低给养标准、剔厘平民等措施效果不佳的情况下，决定创办小规模工场，组织难民训练和生产，并成立难民生产教育推销团、设立难民出品联合销售处和难民职业介绍所，帮助难民实现自力更生。

此外，上海国际红十字会还先后成立近郊救济委员会和支配赈款顾问委员会，向南京、汉口等地提供经费和医护人员支持①。

① 池子华、崔龙健主编：《中国红十字运动史料选编（第 7 辑）》，合肥工业大学出版社 2017 年版，“前言”。

从以上罗列的事实中，不难想见上海国际红十字会为抗战救护事业做出的重要贡献。尤其是在上海沦陷后国民政府救助功能“缺位”的情况下，这种救助更显得难能可贵。毫无疑问，上海国际红十字会在淞沪抗战救护中建立了不可磨灭的历史功绩。

第四章　国际红十字会南京委员会及其救助活动

1937 年 11 月 11 日，淞沪抗战打响近三个月后，国民政府军事委员会发布《告上海同胞书》，宣布弃守上海，长江门户因此洞开。此后，日军分三路向南京进逼，在不到一个月的时间里，先后攻陷苏州、无锡、常州、镇江等沪宁线上要地，首都南京岌岌可危。在此情形之下，国民政府选择迁都，在南京的外国人大多也由本国军舰护送离开。12 月 13 日，日军占领南京，随即制造了一场长达 6 个星期惨绝人寰的大屠杀，并在南京城内和周边地区肆意抢劫破坏、奸淫虐杀中国妇女，给中国人民带来深重灾难。不过，当时美国圣公会牧师约翰·马吉和德国商人约翰·拉贝等一些外国人选择留在南京，并组织成立了国际红十字会南京委员会等慈善组织，为放下武器的中国士兵和南京城内的中国平民提供了临时救助和短暂保护。因此，本章拟以国际红十字会南京委员会为考察对象，就其抗战救助活动稍做梳理和分析。

第一节　国际红十字会南京委员会的成立

1937 年 12 月 13 日上午，日军在空中掩护下向南京城内推进。约翰·马吉和约翰·拉贝等数位中外人士，经过先前召议，聚集在位于宁海路 5 号的南京安全区国际委员会总部办公室，“在 10 分钟内便建立了一个国际红十字会”①，这就是国际红十字会南京委员会，又称国际红十字会南京分会。经与会人员举荐，马吉担任主席，来自中国红十字会南京分会的李春南（音译）和美国人洛担任副主席，由马吉的好友、美国圣公会牧师欧内斯特·福斯特担任秘书，拉贝以及金陵女子文理学院教师美国人明妮·魏特琳、贝德士和史迈士，金陵大学医院医生美国人罗

① ［德］约翰·拉贝：《拉贝日记》（刘海宁等译），江苏人民出版社 1999 年版，第 171 页。

伯特·威尔逊和特里默，美国长老会牧师米尔斯，中国牧师沈玉书等13位中外人士为委员①。

一、国际红十字会南京委员会成立的原因

国际红十字会南京委员会的成立非常耐人寻味。首先，从它的成立经过来看，这是一个仅用时10分钟就成立的慈善组织，组织结构也不甚明晰，只是明确了主席、副主席和秘书等主要职务的人选，其仓促程度可见一斑。其次，从人员组成来看，在所有这些几乎由史迈士“一手指定”② 的成员中，有10人为美国籍，3人为中国籍（其中1人由美国籍入中国籍），2人为德国籍，1人为白俄罗斯籍，其中“有些人的事迹我们至今无从得知，或知之甚少，如李春南、沈玉书、洛、芒罗福勒。还有个别人当时不在南京”③，而且与11月19日成立的南京安全区国际委员会在人员上多达7人重叠，分别是拉贝、马吉、史迈士、芒罗福勒、贝德士、米尔斯和特里默，这些人是当时留守南京为中国平民提供保护的主要力量。既然如此，为何在南京安全区国际委员会之外又成立国际红十字会南京委员会呢？究其原因，大致有如下几点：

一是与马吉数周以来的呼吁和筹划有关。拉贝在日记中曾明确提及此事，在12月13日条目下有这样的记载：“约翰·马吉担任红十字会主席，数周以来他一直计划成立一个红十字会。”④ 史迈士也曾提道：“马吉为此事已筹划了三周。”⑤ 这就是史迈士“建议他作为主席”⑥ 的原因。那么，马吉为什么执着于组建一个红十字组织呢？这可能与其在全面抗战爆发后参与伤兵救护的经历有关。

八一三淞沪抗战打响后，几乎无日不战，“每小时的死伤辄以千计，牺牲的壮烈，在中华民族抵御外侮的历史上，鲜有前例”⑦，且随着战场

① 徐淑希：《南京安全区档案》（英文版），上海别发书局1939年版，第4页。

② 章开沅编译：《南京大屠杀史料集》第4册《美国传教士的日记与书信》，江苏人民出版社2005年版，第228页。

③ 张生：《国际红十字会南京分会在南京大屠杀期间的贡献》，见郝如一、池子华主编：《红十字运动与慈善文化》，广西师范大学出版社2010年版，第220页。

④ ［德］约翰·拉贝：《拉贝日记》（刘海宁等译），江苏人民出版社1999年版，第171页。

⑤ 章开沅编译：《南京大屠杀史料集》第4册《美国传教士的日记与书信》，江苏人民出版社2005年版，第226页。

⑥ 章开沅编译：《南京大屠杀史料集》第4册《美国传教士的日记与书信》，江苏人民出版社2005年版，第228页。

⑦ 唐德刚：《李宗仁回忆录》，华东师范大学出版社1995年版，第509页。

扩大，伤兵增多，远远超出了中国红十字会等慈善组织在上海所办伤兵医院的救治能力。于是，从 1937 年 8 月 22 日起，在第六救护医院内设立伤兵分发站一处，根据伤兵伤势的轻重分别处理，重者送入医院救治，轻者暂住分发站内，等候火车、船只转送后方医治①。但这些伤兵被转送至南京或经过南京时，因交通问题滞留在下关码头，等待救援。

为了照料这些滞留伤兵，南京的慈善组织和一些外国人纷纷组织起来。其中，南京基督教战争救济委员会经执行委员会议决，专门设立了一个“下关伤兵接待部”。据明妮·魏特琳在日记中记载：“从基督教男青年会来的一位代表储牧师和马吉负责启动工作。我们仅仅是对这项工作感兴趣的许多组织中的一个。”②

在马吉等人的照料下，那些裹着绷带的轻伤士兵被转送至汉口，重伤士兵则被直接送进南京的医院救治。但是，“这些医院经常满员，人手不足”③，给下关伤兵照料工作带来极大不便。于是，“反对战争的马吉为了照顾下关的伤员，正像奴隶般地工作着”④。更为糟糕的是，南京保卫战一旦开打，不仅现有伤兵难以转移，还会产生更多的伤兵，届时如何处理伤兵问题将变得非常棘手。

在上述处境下，为了“尽最后一分钟的努力以保护南京部队医院里的几千名中国伤兵”⑤，马吉开始谋划成立一个红十字组织，“试图将救治受伤的士兵的医院置于西方人士主导的慈善组织的监护之下”⑥，并通过电报敦请日本军事当局予以承认，但未能得到日本军事当局的回应。

二是当时南京伤兵、平民救护工作的需要。1937 年 12 月 12 日上午，南京形势危急，沦陷只是时间问题，中国军方已表露出撤退的迹象，并派人前往南京安全区国际委员会总部，咨询能否接收受伤的中国士兵。史迈士曾在日记中记载过此事，当时他们向中国军方提出撤离全

① 《中华民国红十字会总会三年来总报告·伤兵分发站》，《中国红十字会月刊》第 57 期（1940 年 3 月），第 31 页。

② ［美］明妮·魏特琳：《魏特琳日记》（南京师范大学南京大屠杀研究中心译），江苏人民出版社 2015 年版，第 107 页。

③ 杨夏鸣、张生编：《南京大屠杀史料集》第 29 册《国际检察局文书·美国报刊报道》（杨夏鸣等译），江苏人民出版社 2007 年版，第 425 页。

④ ［美］明妮·魏特琳：《魏特琳日记》（南京师范大学南京大屠杀研究中心译），江苏人民出版社 2015 年版，第 125 页。

⑤ 杨夏鸣、张生编：《南京大屠杀史料集》第 29 册《国际检察局文书·美国报刊报道》（杨夏鸣等译），江苏人民出版社 2007 年版，第 425 页。

⑥ 张生等：《南京大屠杀史研究》（增订版），凤凰出版社 2015 年版，第 368 页。

部中国士兵的要求，如果中国军方能够做到这一点，他们就会尽力帮助这些受伤的中国士兵。基于此，南京安全区国际委员会的委员们“商量了一会儿，决定立即组织一个国际红十字会”①。

不仅如此，除了上述南京保卫战当中的大量伤兵，以及由淞沪战场转送至南京部队医院里的几千名重伤士兵之外，还有超过20万中国平民留在南京城内②。为了给这些伤兵和平民提供救护，参照淞沪战场的做法，需要大量的慈善组织和救护人员投入其中，尤其需要一个强有力的红十字组织来统筹一切救护事宜。但是，随着淞沪战事的不断失利，中国红十字会总会已随国民政府向汉口转移，由中国红十字会总会秘书长庞京周负责组建的拥有5000张病床的南京伤兵医院，也在成立仅一个月之后的11月16日便宣告结束③。而且原有的两处红十字分会，“因一地不能有两个分会，故下关分会遂于1937年秋改称‘中国红十字会南京分会办事处’，城内分会于南京沦陷前迁往重庆”④。于是，从1937年12月到1938年5月，仅有80余位成员的下关分会便以中国红十字会南京分会的名义，在日军暴行和与中国红十字会总会失去联系的情况下，“以少数经费（从来未向外捐募分文），历无数艰险”⑤，开展了长达半年的战时救护工作。

这样看来，南京沦陷前后，在中国红十字会总会“缺位”的情况下，仅靠中国红十字会南京分会一支红十字力量进行救护工作，显然是不够的。因此，由中外人士临时重新组建一个红十字组织，不仅是无奈的选择，而且是十分必要的。

三是仿行“上海模式”的结果。1937年10月底，在上海南市，“至少有25万名难民没有受到任何保护”⑥，随时都有遭到日机轰炸的危

---

① 章开沅编译：《南京大屠杀史料集》第4册《美国传教士的日记与书信》，江苏人民出版社2005年版，第226页。

② ［美］明妮·魏特琳：《魏特琳日记》（南京师范大学南京大屠杀研究中心译），江苏人民出版社2015年版，第129页。

③ 中国红十字会总会编：《中国红十字会历史资料选编：1904—1949》，南京大学出版社1993年版，第505页。

④ 孙宅巍编：《南京大屠杀史料集》第5册《遇难者的尸体掩埋》，江苏人民出版社、凤凰出版社2005年版，第158页。

⑤《中国红十字会南京分会工作报告》，中国第二历史档案馆馆藏档案，全宗号476，卷号1976。

⑥ ［美］阮马霞：《饶家驹安全区：战时上海的难民》（白华山译），江苏人民出版社2011年版，第67页。

险。对此，中国红十字会上海国际委员会“从人道的动机”① 出发，决议由其副主席、难民委员会主席饶家驹神父负责，在南市建立一个难民区，收容这些没有得到任何保护的难民。饶家驹便以上海国际红十字会的名义，分别与中日当局进行了紧张的秘密谈判，在征得中日当局同意后，将南市三分之一的区域，即“南至方浜路、东西北至民国路之区域划为难民区”②，在四周和主要路口悬挂红十字旗帜，并在天主堂、面粉交易所、万竹小学等公共场所开辟难民收容所，于11月9日下午5时起正式对外开放，可同时容纳20万人。南市难民区虽然以上海国际红十字会的名义成立，主要经费和难民工作也由上海国际红十字会提供支持，但其日常管理则由饶家驹等7人组成的南市难民区监察委员会负责③。这就是使南市难民区获得巨大成功的“上海模式”。

11月19日，“考虑到可能在南京或南京附近爆发敌对行动这一情况”④，为了保护南京及其周边的平民，在金陵大学校董会董事长、中英文教基金会总干事杭立武的呼吁下，来自丹麦、德国、英国和美国的外籍人士“援照上海难民区的先例”⑤，在南京建立了类似的安全区域，并成立了南京安全区国际委员会。22日下午5时，推选拉贝为该委员会主席，史迈士为秘书，杭立武为总干事，开始筹备安全区事宜，并在南京城西划出安全区范围，拟“用白色旗帜或其他有待确定的标志清楚地标出这些边界，并将其公布于众”⑥。后来与饶家驹取得联系后，决定“采用和南市难民区相同的标记符号：白底红圈中间一个红十字”⑦，并在12月6日致日本当局的电文中明确提出：“已经开始用旗子标记出区域的界线，旗子的图案是白底红圈红十字（红圈象征安全区）。”⑧ 但是，由于国际红十字会公约对于红十字标志的使用有严格的规定，与红十字没有任何联系的南京安全区，在法理上并不能像南市难民区那样悬挂红十字旗帜，其中立性和安全性也会大打折扣，解决这一问题的最好办法

① 宜：《南市难民区的建议》，《申报》1937年11月4日。

② 《南市难民区，市府布告，实行纯系国际救济性质，绝不损害领土主权，今日中午起开始》，《申报》1937年11月9日。

③ ［美］阮马霞：《饶家驹安全区：战时上海的难民》（白华山译），江苏人民出版社2011年版，第69页。

④ ［德］约翰·拉贝：《拉贝日记》（刘海宁等译），江苏人民出版社1999年版，第98页。

⑤ 程振粤：《费吴生对我国的伟大贡献》，见秦孝仪主编：《革命文献》第109辑《日军在华暴行：南京大屠杀》下册，（台北）“中央文物供应社”1987年版，第149页。

⑥ ［德］约翰·拉贝：《拉贝日记》（刘海宁等译），江苏人民出版社1999年版，第98页。

⑦ ［德］约翰·拉贝：《拉贝日记》（刘海宁等译），江苏人民出版社1999年版，第129页。

⑧ ［德］约翰·拉贝：《拉贝日记》（刘海宁等译），江苏人民出版社1999年版，第141页。

就是参照“上海模式”，成立一个类似上海国际红十字会的红十字组织。所以，“鉴于饶神父与其同志在上海南市设立难民区所获之成功”①，因此在成立南京安全区国际委员会之后，成立一个国际性的红十字组织也便提上了日程。

四是受到南京安全区功能错位的影响。南京安全区的建立，与上海南市难民区相比有根本上的不同，即其未能获得日本军事当局的直接承认和安全允诺，仅仅凭借从饶家驹那里转达的“只要与日方必要的军事措施不相冲突，日本政府将努力尊重此区域”② 这样一个半官方声明，就着手开始在安全区内安置难民。因此，“‘安全区’虽冠以‘国际’的头衔，但实质仅为涉及几国公民的个人行为，并非国际政治学意义上的‘国际组织’，因而对主权国家不具约束力。‘安全区’的安全功能是否可以正常发挥完全取决于日本军事当局的意愿”③，这就使得南京安全区并不十分安全，后来日军在安全区内制造的种种暴行也证明了这一点。南京安全区国际委员会的委员们对此十分清楚，米尔斯曾直接指出：“我们的南京安全区完全靠勇敢，或者，如果你喜欢，靠信念，或者靠某种不考虑后果的大胆，才得以实施。”④ 而且，南京安全区是“为接纳普通难民而设立的组织，伤兵问题并不在安全区的计划之内”⑤。所以，当马吉提议成立一个红十字组织时，得到拉贝等人的强烈支持，在它成立的当天，史迈士甚至“迫不及待地要在10时以前组织委员会”⑥。

二、国际红十字会南京委员会的合法性获得

国际红十字会南京委员会成立后，若想以红十字的名义开展救助活动，须获得组织的合法性。国际红十字会规章明确规定：“对于救护事业之团体，如组织上及承认上尚未得到已有该红十字名称团体之同意，

① 中国第二历史档案馆：《南京国际救济委员会史料一组》，《民国档案》1997年第4期，第7页。

② ［德］约翰·拉贝：《拉贝日记》（刘海宁等译），江苏人民出版社1999年版，第124页。

③ 杨夏鸣：《论南京“安全区”功能的错位及其原因》，《抗日战争研究》2000年第4期，第124页。

④ 转引自杨夏鸣：《论南京“安全区”功能的错位及其原因》，《抗日战争研究》2000年第4期，第134页。

⑤ 张生等：《南京大屠杀史研究》（增订版），凤凰出版社2015年版，第368页。

⑥ 章开沅编译：《南京大屠杀史料集》第4册《美国传教士的日记与书信》，江苏人民出版社2005年版，第228页。

则无权用此红十字之名称，虽得政府之允准，亦无效。”[①] 另外，根据南京国民政府行政院分别于1930年7月19日颁布的《中华民国监督慈善团体法施行规则》和1933年6月3日颁布的《中华民国红十字会管理条例施行细则》的规定，在中国主权范围内，国际红十字会南京委员会只有获得中国红十字会总会的认可和批准，才能以红十字的名义进行活动。

但是，马吉等人并不想将这样一种国际性的组织冠以中国红十字会的前缀，甚至不愿接受中国红十字会总会的授权，而是要越过中国政府和中国红十字会，直接从日内瓦国际红十字会获得授权。这与颜惠庆当初在上海发起成立上海国际红十字会时的想法一样，其中缘由，颜惠庆等人可能是出于如下几点考虑：“首先，国际红十字委员会为旅沪中外慈善界人士合组，若将其隶属于中国红十字会，于情理上似有不妥，易打消外籍成员的积极性。其次，国际红十字委员会若能成为国际红十字会的独立成员，即在法理上与中国红十字会处于平等地位，亦与中国红十字会撇清了关系，除不受其控制和影响之外，另有其他的实际利益：一是更便于向国际社会争取援助，二是更便于开展救护工作。”[②] 尤其是在建立南市难民区谈判的过程中，日本军事当局始终认可“国际赤十字避难民救济委员会”，即上海国际红十字会难民委员会，而中方则认可“中国红十字会上海国际委员会”的名称[③]。有鉴于此，马吉最初的设想是成立“一个红十字会的欧洲分会”[④]。

不过，马吉的设想在日军兵临南京城下之前没有取得实质性的进展，“因为没有得到红十字会总部的答复”[⑤]。这与颜惠庆当时的境遇如出一辙，颜惠庆通过来沪考察日机轰炸红十字救护队员一事的日内瓦国际红十字会特别代表瓦特维尔，“向日内瓦该会立即提出独立组织章程

① 《万国红十字会章约汇编（续）》，《中国红十字会月刊》第16期（1936年10月），第14页。

② 崔龙健：《抗战时期中国红十字会上海国际委员会研究》，合肥工业大学出版社2017年版，第61页。

③ 南市难民区监察委员会编：《中国上海“饶家驹区”的故事》（英文版），上海别发书局1939年版，“附录”。

④ ［德］约翰·拉贝：《拉贝日记》（刘海宁等译），江苏人民出版社1999年版，第159页。

⑤ ［德］约翰·拉贝：《拉贝日记》（刘海宁等译），江苏人民出版社1999年版，第159页。

之请求”[1]，但从日内瓦得到的答复是“没有人，也没有钱”[2] 的委婉拒绝，最后不得不重新接受中国红十字会的授权。

虽然马吉和颜惠庆的考量是便于组织和开展救助工作，但此举不合法理，且违背了国际红十字会注重对红十字名称、标记和主权国家红十字会权利保护的初衷。国际红十字会章约规定：“关于由某一红会，创办一种万国红十字团体，并起草会章及入会章程等事，大会声明并未由其批准或承认，于某处成立有万国红十字团体名义之会社，且依日来佛（日内瓦）公约之规定，只承认各国红十字会为正式政府承认之红十字会。”[3] 所以，马吉和颜惠庆的设想都无法实现。对于马吉的遭遇，拉贝在日记中对他进行了批评：“没有总部的批准，他自己显然不敢着手办此事，多么可惜！要是换了我，我是不会犹豫不决的。如果好事能成，何必要请示来请示去呢？反正最后总会同意的。”[4]

最后，为了使国际红十字会南京委员会获得合法性，该委员会呈请“上海国际红十字会及中国红十字会，分别予以承认”[5]。即该会在获取中国红十字会总会的授权后，又得到了上海国际红十字会的认可。这样既使马吉成立一个国际性红十字组织的想法“落地”，也显示了上海国际红十字会和“上海模式”对南京的影响。

在获得组织合法性的同时，国际红十字会南京委员会还须取得日本军事当局的认可和保护。1937 年 12 月 14 日，拉贝等人分别用英文和日文草拟了一封致日军指挥官的信，信中特别介绍了国际红十字会南京委员会的成立，并提到“约翰·马吉先生（美国人）为该会主席”[6]。12 月 15 日，以秘书欧内斯特·福斯特的名义再次给日本军事当局写信，“正式提请他们注意我们成立的红十字会分会”[7]，并附上所有成员名单。该信全文照录如下：

---

① 彭望荃：《上海国际红十字会报告（民国二十六年十月至二十八年三月卅一日）》，中国红十字会上海国际委员会 1939 年编印，第 1 页。

② 颜惠庆：《颜惠庆日记（一九三七——一九五〇）》第三卷（上海市档案馆译），中国档案出版社 1996 年版，第 52 页。

③ 《万国红十字会章约汇编（续）》，《中国红十字会月刊》第 27 期（1937 年 9 月），第 55 页。

④ ［德］约翰·拉贝：《拉贝日记》（刘海宁等译），江苏人民出版社 1999 年版，第 159 页。

⑤ ［英］田伯烈：《外人目睹中之日军暴行》（杨明译），江西人民出版社 1986 年版，第 130 页。

⑥ ［德］约翰·拉贝：《拉贝日记》（刘海宁等译），江苏人民出版社 1999 年版，第 175 页。

⑦ ［德］约翰·拉贝：《拉贝日记》（刘海宁等译），江苏人民出版社 1999 年版，第 183 页。

国际红十字会分会
南京宁海路
1937 年 12 月 15 日

致福田德康先生
日本大使馆参赞
南京

尊敬的福田先生：

目前已经有大量士兵和平民受伤，为了能够应付由此形成的困难局面，我们成立了国际红十字会南京分会。

我们已经采取了必要的步骤，以便该分会能得到上海国际红十字会和中国国际红十字会的承认。

现在我们恳请您，帮助我们获得南京日本军事当局的批准，以便我们开展人道主义工作。

随本函附上委员会名单。

谨致良好的问候。

签名：欧内斯特·H. 福斯特
秘书[1]

虽然拉贝和福斯特反复致信日本方面，要求承认国际红十字会南京委员会，但从现有资料和日军阻挠国际红十字会南京委员会开展救助工作的行动来看，日本军事当局并没有承认该会的合法存在，也没有为其救助活动提供便利和保护。

第二节　国际红十字会南京委员会救助工作的开展及其困境

国际红十字会南京委员会在南京安全区国际委员会总部成立后，“马吉首先立即去接伤员”[2]，由此开启了国际红十字会南京委员会的救助工作，但在开展这些救助工作当中也遇到了很多困难，有的甚至十分棘手。

① ［德］约翰·拉贝：《拉贝日记》（刘海宁等译），江苏人民出版社 1999 年版，第 183 页。

② 章开沅编译：《南京大屠杀史料集》第 4 册《美国传教士的日记与书信》，江苏人民出版社 2005 年版，第 228 页。

一、国际红十字会南京委员会救助工作的开展

国际红十字会南京委员会开展的救助工作，主要包括伤兵救护和难民救助两个方面。

首先，在伤兵救护方面，国际红十字会南京委员会“接手中国军队的临时伤兵医院，并做了一些转运伤兵和安抚医护人员的工作”①。

马吉和福斯特等人在成立会议结束后，立即前往设立在原国民政府外交部、军政部和铁道部的三处临时军医院，查看救护情形，并准备参与救护工作。据马吉在日记中记载，他首先去了外交部大楼，在那儿发现有许多中国伤兵，但没有医生和护士为这些伤兵服务。他又和福斯特去了位于三牌楼的军政部，在那里发现了更多的中国伤兵和一二十名军队医护人员，但这些医护人员没有人在为伤兵工作，他们正在准备撤退。于是，马吉对他们说：“如果他们愿为那儿的伤员服务的话，国际红十字会将把他们接收过来。”② 查看的结果让国际红十字会南京委员会的委员们感到沮丧，拉贝对此也感到无奈，他在日记中记载道：“通过他们的巡视，我们确信了这几所医院的悲惨状况，医院的医护人员在猛烈交火的时候撇下无人照看的病人逃走了。”③

无人照料的中国伤兵横七竖八地躺在外交部大楼的进出口道路上，“院内和整个中山路一样满地抛撒着丢弃的武器装备。大门口停放的一辆手推车上摆放着一堆不成形的东西，仿佛是具尸体，露出的双脚表明他还没有断气”④，现场可谓一片狼藉。而军政部的状况也没有得到改善，等马吉他们再次回到军政部时，原来的医护人员早已没了踪影，“可怜的伤兵留在那儿无人照管”⑤。

为了救护这些中国伤兵，国际红十字会南京委员会的委员们做了很多努力。他们在外交部大楼上空升起一面红十字旗帜，“并召回了相当数量的人员，他们在看见外交部上空飘扬的红十字会旗后才敢回到军医院”⑥。直到这一天晚上，100 多名救护人员在国际红十字会南京委员会

---

① 张生等：《南京大屠杀史研究》（增订版），凤凰出版社 2015 年版，第 370 页。

② 章开沅编译：《天理难容——美国传教士眼中的南京大屠杀（1937—1938）》，南京大学出版社 1999 年版，第 189 页。

③ ［德］约翰·拉贝：《拉贝日记》（刘海宁等译），江苏人民出版社 1999 年版，第 171 页。

④ ［德］约翰·拉贝：《拉贝日记》（刘海宁等译），江苏人民出版社 1999 年版，第 171 页。

⑤ 章开沅编译：《天理难容——美国传教士眼中的南京大屠杀（1937—1938）》，南京大学出版社 1999 年版，第 190 页。

⑥ ［德］约翰·拉贝：《拉贝日记》（刘海宁等译），江苏人民出版社 1999 年版，第 171 页。

的临时组织下开展工作，“救治伤员的医院才稍有秩序”①。

与此同时，南京安全区国际委员会与某些日本军官取得联系，并从这些日本军官口中获得保证：“只要医院不藏匿士兵，医院将受到尊重，放下武器的士兵也不会受到伤害。”② 于是，马吉等人立刻行动起来，试图将这一消息传递给南京各个角落里的中国士兵，让他们放下手中的武器。拉贝等人在上海路等处通过缴械救下 3 个分队约 600 名中国士兵，将他们安置在外交部和最高法院。在铁道部门口，国际红十字会南京委员会的其他委员也遇到一支中国部队，约有 400 名士兵，对他们强行缴械并进行了安置。

另外，一些无法渡江撤退的中国士兵聚集在南京安全区国际委员会总部大门口，试图进入安全区，拉贝等人缴了他们的械，并将他们安置在安全区里。马吉回到南京安全区国际委员会总部时看到有很多伤兵，便“送了两车子伤兵到外交部的伤兵医院”③。

其次，在救助难民方面，国际红十字会南京委员会的委员们在南京大屠杀期间，极力阻止日军暴行，拯救遭难的中国平民于水深火热之中。

日军进入南京城以后，烧杀淫掠，无恶不作，“若干难民住宅，一夜遭日本兵闯入五次，或劫掠财物，或凌辱妇女”④，“南京外侨二十七人与中国平民不禁为之骇然”⑤。马吉在 1937 年 12 月 19 日致夫人的信中说道：过去一周的恐怖是他从未经历过的，“这是屠杀、强奸的一周。我想人类历史上已有很长时间没有发生过如此残暴的事了……日本兵不仅屠杀他们能找到的所有俘虏，而且大量杀害了不同年龄的平民百姓。就像在野外猎杀兔子一样，许多百姓在街上被日本兵随意杀掉。从城南到下关，整个城市到处都是尸体。”⑥

---

① 章开沅编译：《天理难容——美国传教士眼中的南京大屠杀（1937—1938）》，南京大学出版社 1999 年版，第 190 页。

② 章开沅编译：《天理难容——美国传教士眼中的南京大屠杀（1937—1938）》，南京大学出版社 1999 年版，第 190 页。

③ 章开沅编译：《天理难容——美国传教士眼中的南京大屠杀（1937—1938）》，南京大学出版社 1999 年版，第 190 页。

④ ［英］田伯烈：《外人目睹中之日军暴行》（杨明译），江西人民出版社 1986 年版，第 135 页。

⑤ ［英］田伯烈：《外人目睹中之日军暴行》（杨明译），江西人民出版社 1986 年版，第 133 页。

⑥ 章开沅编译：《天理难容——美国传教士眼中的南京大屠杀（1937—1938）》，南京大学出版社 1999 年版，第 191 页。

南京安全区内放下武器的中国士兵和平民也未能幸免，同样遭到日军暴行。1937 年 12 月 15 日，大约 100 名荷枪实弹的日本士兵进入安全区，在警察总部捆绑着拖走了 1300 名被拉贝等人缴械的中国士兵，“准备拉出去枪毙”，虽然拉贝等人直接找到日本当局“替这批人求情……但是希望渺茫”①；12 月 16 日，“又有数百名已经解除武装的中国士兵被拖出安全区枪毙了”②。在安全区内，日军随意逮捕中国平民的事件屡次发生，但更让拉贝等人应接不暇的是一起又一起的强奸事件。12 月 14 日夜晚，11 名日本士兵闯入铜银巷一所房屋，“强奸了 4 名中国妇女”③；12 月 15 日，日本士兵闯进汉口路一个居民家中，“强奸了一名年轻妇女，强行拖走 3 名妇女”④；是日夜晚，7 名日本士兵闯入金陵大学图书馆大楼，“拖走 7 名中国妇女，其中 3 名妇女被当场强奸”⑤。对此，拉贝无奈地表示：“前一段时间我们所经历的狂轰滥炸和连续的炮击同我们眼下所经历的可怕时期相比简直算不了什么。”⑥

面对日军制造的种种暴行，国际红十字会南京委员会的委员们没有退缩，他们仍在为保护中国平民的生命安全不遗余力地做各种努力。一方面，他们向日本方面提出抗议。1937 年 12 月 16 日，拉贝和史迈士联名致信日本大使馆参赞福田德康，向日本军事当局抗议日军暴行给难民工作带来的困难，并随函附上经核实的日军在安全区内的各种暴行，严厉指出“这种状况不能再持续下去”⑦。但日军没有终止暴行，拉贝和史迈士等人不得不一再跟日本军事当局沟通，希望日本军事当局能“进一步加强措施，阻止日军士兵的暴行”⑧。12 月 21 日，当时留在南京的所有外国人联名向日本军事当局抗议，为 20 万中国平民争取“最基本的生活条件：住房、安全和食品”⑨。

另一方面，他们竭尽个人所能为中国平民提供保护。12 月 17 日，在拉贝住处后面小巷子里的一处房屋内，一名中国妇女遭到日本士兵强

① ［德］约翰·拉贝：《拉贝日记》（刘海宁等译），江苏人民出版社 1999 年版，第 182 页。
② ［德］约翰·拉贝：《拉贝日记》（刘海宁等译），江苏人民出版社 1999 年版，第 189 页。
③ ［德］约翰·拉贝：《拉贝日记》（刘海宁等译），江苏人民出版社 1999 年版，第 188 页。
④ ［德］约翰·拉贝：《拉贝日记》（刘海宁等译），江苏人民出版社 1999 年版，第 189 页。
⑤ ［德］约翰·拉贝：《拉贝日记》（刘海宁等译），江苏人民出版社 1999 年版，第 187 页。
⑥ ［德］约翰·拉贝：《拉贝日记》（刘海宁等译），江苏人民出版社 1999 年版，第 185 页。
⑦ ［德］约翰·拉贝：《拉贝日记》（刘海宁等译），江苏人民出版社 1999 年版，第 187 页。
⑧ ［德］约翰·拉贝：《拉贝日记》（刘海宁等译），江苏人民出版社 1999 年版，第 229 页。
⑨ ［德］约翰·拉贝：《拉贝日记》（刘海宁等译），江苏人民出版社 1999 年版，第 238 页。

奸，接着其颈部又被刺刀刺中，拉贝“好不容易弄到了一辆救护车”[①]，把她送进金陵大学医院救治。12 月 18 日，马吉听说在贵格会教堂后面有一些中国姑娘，便开着救护车前往保护，其中有 3 名已经被日本士兵抓走了，其余的人被吓得说不出话来，他只好把她们都塞进车里，“然后送她们到金陵大学医院”[②]。在金陵女子文理学院，12 月 19 日，魏特琳在日记中记载了这样的一件事情：“上午其余的时间，我都从校园的这一边跑到另一边，把一批批的日本人赶走。我去了南山三次，然后又到校园的后面，接着又被急呼到教工楼，据说那里有两个日本兵上了楼。在楼上 538 房间里，我看见一个家伙站在门口，另一个正在强奸一名姑娘。我的出现和我手上那封日本大使馆的信，使他们慌忙逃走。”[③]

此外，为了更好地开展伤兵救护和难民救助工作，国际红十字会南京委员会还与中国红十字会南京分会、金陵大学医院等机构进行了合作。

中国红十字会南京分会在南京沦陷的前后，均开展了卓有成效的救援工作，包括与国际红十字会南京委员会等慈善机构合作的难民救助工作。例如，1937 年 12 月 13 日，为了解决金陵女子文理学院所收容的“妇孺难民吃食”[④] 问题，中国红十字会南京分会在金陵女子文理学院北面开办了一个施粥厂，当天早上，魏特琳等人便“根据难民们到校园来的先后次序，依次向各幢宿舍楼发送早饭”[⑤]。后来在国际红十字会南京委员会、南京安全区国际委员会等机构的支持下，进一步扩大规模，“雇佣了 22 个厨师以及许多伙夫”[⑥]，每日在校园大草坪上分两次施粥，“一次自上午八时起至十时止，一次自下午三时起至五时止”[⑦]。由于靠吃粥果腹的难民越来越多，施粥秩序变得混乱，于是从 1938 年 1 月 7 日起，将施粥地点移至校外的伙房里，“开始采取新的方法为校园里的难

① ［德］约翰·拉贝：《拉贝日记》（刘海宁等译），江苏人民出版社 1999 年版，第 197 页。

② 章开沅编译：《天理难容——美国传教士眼中的南京大屠杀（1937—1938）》，南京大学出版社 1999 年版，第 195 页。

③ ［美］明妮·魏特琳：《魏特琳日记》（南京师范大学南京大屠杀研究中心译），江苏人民出版社 2015 年版，第 153 页。

④ 江苏省红十字会编著：《江苏红十字运动八十八年》，东南大学出版社 2001 年版，第 25 页。

⑤ ［美］明妮·魏特琳：《魏特琳日记》（南京师范大学南京大屠杀研究中心译），江苏人民出版社 2015 年版，第 143 页。

⑥ ［德］约翰·拉贝：《拉贝日记》（刘海宁等译），江苏人民出版社 1999 年版，第 367 页。

⑦ 朱文新：《南京市分会敌后工作之大屠杀中恤难埋尸》，中国第二历史档案馆馆藏档案，全宗号 476，卷号 1980。

民供应稀饭”[1]。除此之外，国际红十字会南京委员会还与南京安全区国际委员会、红卍字会合作开设粥厂，“继续向5万名难民免费供应定量米粥，同时也在各难民收容所免费分发大米”[2]。

国际红十字会南京委员会还与金陵大学医院建立了合作关系，时常将受伤的中国平民送入该医院免费救治，因此在金陵大学医院出现财务危机时，及时向其提供了经费支持。根据特里默医师的估算，从1937年11月底起，金陵大学医院“每月结算要透支5000元~6000元”，其医疗活动“几乎都是依靠11月底以前存在仓库的储备药品和包扎材料等维持的”[3]。又根据金陵大学医院1938年2月初的财务报告，当时该医院每月全部支出约为1.4791万元，扣除相比以往大幅减少的收入，每月还须筹集到1.0748万元[4]。据此可知，在南京沦陷以后，金陵大学医院为了维持运营，承受了极大的财务压力。为了缓解金陵大学医院的财务压力，拉贝等人“从国际红十字会的款项中付给鼓楼医院的钱约为9000元”[5]；1938年1月13日下午，国际红十字会南京委员会又在该医院举行会议，议决“对于送到医院来的病人以及由红十字会介绍来的病人是否应给予免费治疗，将由麦卡勒姆决定”，并在拉贝的提议下，直接向该医院提供“5000元款额用于免费治疗病人”[6]。

国际红十字会南京委员会的慷慨捐助，赢得了各方的赞赏。南京安全区国际委员会曾在报告中明确指出：“这里的国际红十字会特别关心中国的伤兵，对大学医院的免费治疗的病员，它按照战争前的标准为他们支付治疗费、伙食费以及三等病房的住院费。医院失去了正常的诊治收入，而原先的储备连一半的亏空都弥补不了，因此没有红十字会在这方面的支持，医院是不可能维持下去的。”[7]

二、国际红十字会南京委员会救助工作中的困境

国际红十字会南京委员会在开展伤兵救护和难民救助的过程中，遭

---

① ［美］明妮·魏特琳：《魏特琳日记》（南京师范大学南京大屠杀研究中心译），江苏人民出版社2015年版，第173页。

② ［德］约翰·拉贝：《拉贝日记》（刘海宁等译），江苏人民出版社1999年版，第525页。

③ ［德］约翰·拉贝：《拉贝日记》（刘海宁等译），江苏人民出版社1999年版，第669页。

④ ［德］约翰·拉贝：《拉贝日记》（刘海宁等译），江苏人民出版社1999年版，第669—670页。

⑤ ［德］约翰·拉贝：《拉贝日记》（刘海宁等译），江苏人民出版社1999年版，第401页。

⑥ ［德］约翰·拉贝：《拉贝日记》（刘海宁等译），江苏人民出版社1999年版，第401页。

⑦ ［德］约翰·拉贝：《拉贝日记》（刘海宁等译），江苏人民出版社1999年版，第651—652页。

遇了种种困境，这些困境主要是由日军的阻挠和破坏造成的。为了应对和解决这些困境，国际红十字会南京委员会采取了很多措施，但都收效甚微。仅举例说明如下：

一是临时伤兵医院遭到日军严格管控。

在国际红十字会南京委员会接管原先的外交部、军政部和铁道部三处临时伤兵医院的同时，日军进入南京城内，以全城搜捕中国士兵为由，对上述三处临时伤兵医院进行了严格管控。于是从 1937 年 12 月 14 日开始，在马吉向外交部临时伤兵医院运送了 3 卡车伤兵后，“就再也没有外国人被允许进去”[①]；与此同时，“中国医护人员也不许离开”[②]。

在日军管控之下，临时伤兵医院内的情况十分糟糕，里面的中国伤兵和医护人员没有任何安全保障。在外交部伤兵医院内，据一位中国女护士向国际红十字会南京委员会传递的报告记载：“伤兵每日的定量只有 3 小碗稀饭，有个中国伤兵抱怨他吃不饱而遭到一顿毒打，之后他还问日本人：‘你们之所以打我，是不是因为我饿了？’日本人便把他带到院子里，用刺刀把他活活刺死。护士们从窗户里看到了院子中的这一处决的情景。”[③] 1938 年 1 月 23 日凌晨，一名日本士兵闯进外交部伤兵医院 3 楼，手执刺刀杀害了一名勤杂工，并胁迫另一名勤杂工前往 4 楼，打开了住有 5 个中国女护士的卧室门，企图不轨[④]。而军政部伤兵医院的情况同样非常糟糕，据中国医护人员 1 月 25 日报告：“一星期前还约有 200 名病员住在军政部医院。过去每天有 3 名外交部医院的女护士在日军士兵的带领下来到该院，最近一次是在一星期前。该院的状况据说很糟糕。伤员就躺在地上，除了一名中国医生之外再无其他人照顾他们。女护士只在换绷带时才来一下。”[⑤] 另外，在司法部大楼里，拉贝等人安置了约 1000 名中国士兵，“约有 400 人～500 人被捆绑着从那里强行拖走”[⑥]，后来他们听到了各种机枪扫射的声音，应该是被日军枪

---

① 章开沅编译：《天理难容——美国传教士眼中的南京大屠杀（1937—1938）》，南京大学出版社 1999 年版，第 210 页。

② ［德］约翰·拉贝：《拉贝日记》（刘海宁等译），江苏人民出版社 1999 年版，第 176 页。

③ ［德］约翰·拉贝：《拉贝日记》（刘海宁等译），江苏人民出版社 1999 年版，第 458—459 页。

④ ［德］约翰·拉贝：《拉贝日记》（刘海宁等译），江苏人民出版社 1999 年版，第 498—499 页。

⑤ ［德］约翰·拉贝：《拉贝日记》（刘海宁等译），江苏人民出版社 1999 年版，第 500—501 页。

⑥ ［德］约翰·拉贝：《拉贝日记》（刘海宁等译），江苏人民出版社 1999 年版，第 176 页。

毙了。

日军的严格管控，实际上切断了国际红十字会南京委员会与所接收的伤兵医院之间的联系，给国际红十字会南京委员会的伤兵救护工作带来极大困难。对此，马吉直接向日本当局提出了抗议：

国际红十字会
南京宁海路5号
1938年1月15日

致日本大使馆
南京

在日本军队进入南京之前，南京红十字会负责管理外交部中国伤兵医院。尽管我们于12月15日正式向日本司令官请求准许我们继续进行我们的人道主义工作，但从12月14日以来，我们的代表没有哪个获准进入这家医院。在此期间，我们还是从不间断地向医院送去食品。

我们再次请求你们准许我们进入这所医院，以便我们能够查明至今仍由我们负责的食品供应情况是否令人满意。

由于已有一个月不了解实际情况，我们恳切盼望贵使馆能尽快答复。

顺致崇高敬意。

签名：约翰·马吉
红十字会主席，南京[1]

国际红十字会南京委员会向日本军事当局的抗议没有得到回应，但该委员会没有放弃努力，仍在尝试着获得日本军事当局同意其进入伤兵医院的允诺。1938年1月22日早晨，马吉等人回访日本后勤军医总监平井大夫，“利用这个机会，请求平井大夫准许……访问红十字医院”[2]，平井大夫答应向总参谋部提出申请，但没有取得实质性进展。拉贝曾在日记中悲观地表示：“医院方面的情况仍然没有丝毫好转……我们所能弄进去的只有大米，而护理人员、医生和医疗物资一律不准进入。根据接收医院时查明的情况来看，里面的死亡率相当高，只有轻伤员才有希望活下去，当然还得要有一个前提，就是他们没有紧接着就被日本人枪

① ［德］约翰·拉贝：《拉贝日记》（刘海宁等译），江苏人民出版社1999年版，第419页。
② ［德］约翰·拉贝：《拉贝日记》（刘海宁等译），江苏人民出版社1999年版，第477页。

毙掉。”①

与此同时，国际红十字会南京委员会试图与上海国际红十字会取得联系，以寻求帮助。1938 年 1 月 15 日，马吉曾草拟了一封致上海国际红十字会的电报：“日本人在他们的出版物中向全世界公告，被安置在外交部的中国伤兵受到他们的关怀。在这里我们要指出的是，中国医护人员以及病人的食品一直都是由我们提供的。贵会是否认为，在日本人自 12 月 13 日以来拒绝我们进入外交部这家医院后，我们应继续提供食品?”② 但这封电报因故未能发出。1 月 27 日，马吉给上海国际红十字会发去电报，申请将国际红十字会南京委员会作为上海国际红十字会的一个分支机构，在讲述缘由时他特别提到伤兵医院的事情：“12 月 14 日，日本当局禁止委员会进入外交部及军政部医院，此处挤满了中国伤兵，然而此前委员会已接管了这两所医院。我们想心平气和地达成一个协议，然而一切尝试均以失败告终。我们有证据表明，挤满了 500 名伤员的上述两所医院的情况不能令人满意（重复一遍：不能）。”③

二是来自外地的医疗援助被日军非法阻挠。

由于严重缺乏工作人员，国际红十字会南京委员会各项救助活动的开展受到很大限制。“沈牧师先生正着手在区内建立负责卫生设施的组织。由于缺乏工人，因此在这方面也有不少困难”④。医护人员更是缺乏，不过“令人钦佩的是，中国红十字会向这些伤员送去了关怀，派去了男女护理人员，但是医生太少”⑤。在难民医疗方面，医护人员的缺口同样很大。特里默在发给驻上海美国外交当局的电报中明确表示：“由于目前人手短缺，医院只能维持极少的临床门诊，25 个难民收容所中的 6 万人没有临床治疗（重复一遍：一点也没有），一些难民收容所令人感动地腾出了方面（便）供分娩用，只是没有医生和护士。医院只能收治一些危重的病人，而同时却有大批病号躺在大学的寝室里。我们至少需要 2 名美国医生及 2 名美国女护士。”⑥

对于南京方面提出的援助医护人员的请求，遭到日本军事当局的阻挠。“日本军方宣称，南京各医院的状况令人满意，病人在不断减少，

---

① ［德］约翰·拉贝：《拉贝日记》（刘海宁等译），江苏人民出版社 1999 年版，第 466 页。
② ［德］约翰·拉贝：《拉贝日记》（刘海宁等译），江苏人民出版社 1999 年版，第 415 页。
③ ［德］约翰·拉贝：《拉贝日记》（刘海宁等译），江苏人民出版社 1999 年版，第 516 页。
④ ［德］约翰·拉贝：《拉贝日记》（刘海宁等译），江苏人民出版社 1999 年版，第 153 页。
⑤ ［德］约翰·拉贝：《拉贝日记》（刘海宁等译），江苏人民出版社 1999 年版，第 465 页。
⑥ ［德］约翰·拉贝：《拉贝日记》（刘海宁等译），江苏人民出版社 1999 年版，第 501—502 页。

病人在日军控制的医院里受到了适当的照顾，因此不需向那里派遣医护人员”[①]。不仅如此，日本军事当局还坚决“拒绝发给上海和香港的医生和护士入城许可证”[②]。

三是诸位成员的生命安全受到日本士兵的威胁。

在保护中国伤兵和平民的过程中，国际红十字会南京委员会的委员们，并未因其外国人的身份而受到日本士兵足够的尊重或照顾，他们的生命安全也常常受到威胁。

1937 年 12 月 17 日晚上 8 时左右，史迈士、米尔斯等 3 人前往金陵女子文理学院，为了保护那里的约 4000 名妇孺，他们准备在大门边的一间屋子里支床过夜，但“遭到了日军搜家小分队的粗暴扣留，被拘禁了 1 个多小时”[③]，另外还将“管理该校的魏特琳女士、陈（译音）太太和女友德威越夫人驱出校门挨冻”[④]。魏特琳也在日记中记叙了此事，她写道：“我永远也不会忘记这一情景：人们跪在路旁，玛丽、程夫人和我站着……时间似乎凝固了，在恐惧中我们长时间没敢动，到 10 时 45 分，我们才决定离开。”[⑤]

当然，还有比上述事件更为严重的情况发生。1938 年 1 月 27 日，拉贝接到一个坏消息，“掌管鼓楼医院的麦卡勒姆先生被两名未经允许便闯入医院的日本士兵用刺刀刺伤了脖子。幸好此伤没有性命危险。但此事非常严重，已迅速电告美、日两国政府”[⑥]。

针对日军对在南京外国人采取的粗暴行为，拉贝等人一再向日本军事当局提出抗议，金陵大学救济委员会主席贝茨在致日本大使馆的信中明确提出：“我和我的朋友们（欧洲人和美国人）在进行我们人道主义工作的时候，多次遭到贵军士兵的威胁。如果在此过程中我们被酗酒或失去纪律约束的贵军士兵杀害或伤害，那么谁应当对此承担责任，是没有任何异议的。”[⑦]

这些抗议并没有改善日军的态度和行为，因为日本军事当局对于这

① ［德］约翰·拉贝：《拉贝日记》（刘海宁等译），江苏人民出版社 1999 年版，第 501 页。

② ［德］约翰·拉贝：《拉贝日记》（刘海宁等译），江苏人民出版社 1999 年版，第 475 页。

③ ［德］约翰·拉贝：《拉贝日记》（刘海宁等译），江苏人民出版社 1999 年版，第 202 页。

④ ［英］田伯烈：《外人目睹中之日军暴行》（杨明译），江西人民出版社 1986 年版，第 135 页。

⑤ ［美］明妮·魏特琳：《魏特琳日记》（南京师范大学南京大屠杀研究中心译），江苏人民出版社 2015 年版，第 150—151 页。

⑥ ［德］约翰·拉贝：《拉贝日记》（刘海宁等译），江苏人民出版社 1999 年版，第 514 页。

⑦ ［德］约翰·拉贝：《拉贝日记》（刘海宁等译），江苏人民出版社 1999 年版，第 211—212 页。

些外国人的存在感到非常恼火，他们不允许“中立观察者的存在”[①]，更何况这些外国人还从事着他们反感的保护中国伤兵和平民的工作。马吉在书信中不止一次地提道：“毫无疑问，他们痛恨这里的所有外国人。”[②]于是，“他们试图使我们难民区委员会无法工作，控制我们手中的食物、油和钱”[③]。

第三节　国际红十字会南京委员会及其救助活动的特点

——兼与上海国际红十字会的比较

依照“上海模式”成立的国际红十字会南京委员会，在很多方面与上海国际红十字会极为相似，或可以说面临着类似的问题。但从整体上看，从组织建设到救助活动的开展，又呈现出许多不一样的特点。

一、国际红十字会南京委员会的组织特征

国际红十字会南京委员会与上海国际红十字会一样，都是在战争降临且即将产生大量伤兵和受伤平民的情况下临时成立的，但也都经过主要发起人一段时间的酝酿和筹划。就两者的组织情况而言，其不同之处在于：

一是国际红十字会南京委员会的组织规模较小。

首先，从成员数量来看，国际红十字会南京委员会的所有成员为17人，仅与上海国际红十字会执行委员人数相当。如本书第三章所述，上海国际红十字会成立之初，组织了一个执行委员会筹备创建工作，当时推定颜惠庆等16人为执行委员[④]。后来又陆续增选中国红十字会总会副会长刘鸿生等人为执行委员，执行委员人数最终达到22人，其中华人执行委员为7人、外籍执行委员为15人。另据上海国际红十字会报告的

① 章开沅编译：《天理难容——美国传教士眼中的南京大屠杀（1937—1938）》，南京大学出版社1999年版，第207页。

② 章开沅编译：《天理难容——美国传教士眼中的南京大屠杀（1937—1938）》，南京大学出版社1999年版，第215页。

③ 章开沅编译：《天理难容——美国传教士眼中的南京大屠杀（1937—1938）》，南京大学出版社1999年版，第210页。

④ 彭望荃：《上海国际红十字会报告（民国二十六年十月至二十八年三月卅一日）》，中国红十字会上海国际委员会1939年编印，第1页。

不完全统计，该会成员达到500多人[1]。

其次，从组织结构来看，国际红十字会南京委员会的组织结构较为单一，没有呈现出上海国际红十字会那样的层次化、专业化和规模化。上海国际红十字会通过层层分级，形成了第一层决策领导、第二层部门管理、第三层具体执行的三级治理体系。在组织的第一层设立了执行委员会，这是唯一的协商和决策机关，在执行委员会之下设立总干事及总干事办事处，负责日常管理工作；第二层经过调整和整合，形成宣传征募委员会、财务委员会、伤兵委员会、医务委员会、难民委员会等分委员会，“各有其自身之计划，分别施用领得之款额，并分别登记义务参加之人士，以便分派各项事务”[2]；第三层主要是在工作最为繁杂的难民委员会之下设立各种工作小组，包括视察组、房舍组、衣服组、运输组、食粮管理组等，各司其职。后来为了统筹各部门难民工作起见，专门设立了联络与协调委员会，设办事处于华洋义赈会，并“定期在国际饭店二楼召开难民工作内部联络会议”[3]。

二是国际红十字会南京委员会成员的慈善工作经验不够丰富。

国际红十字会南京委员会的成员以教师、医生和传教士为主，大多缺乏丰富的慈善工作经验，这一点与上海国际红十字会有很大的差距。国际红十字会南京委员会主席马吉，虽然参与过下关伤兵救护工作，但在工作经验和慈善资源方面远远不及上海国际红十字会主席颜惠庆。颜惠庆曾担任过中国红十字会总会会长一职，拥有主持慈善组织的能力和经验，且长期从事外交工作，积累了相当的威望和资历，在国内外都有一定的影响力，这是上海国际红十字会得以成立并成功运行的重要条件。上海国际红十字会的总干事美国人贝克自1920年在北方五省旱灾中举办工赈以来，先后担任美国华灾协济会驻北平委办会总干事、国民政府救济水灾委员会运输处处长、中国华洋义赈救灾总会赈务主任及扬子江赈务委员会司库等职，全面抗战爆发前代替章元善出任中国华洋义赈救灾总会总干事，“声名甚好”[4]。上海国际红十字会的副主席兼难民

① 彭望荃：《上海国际红十字会报告（民国二十六年十月至二十八年三月卅一日）》，中国红十字会上海国际委员会1939年编印，附录。

② 彭望荃：《上海国际红十字会报告（民国二十六年十月至二十八年三月卅一日）》，中国红十字会上海国际委员会1939年编印，第2页。

③ 崔龙健：《抗战时期中国红十字会上海国际委员会研究》，合肥工业大学出版社2017年版，第77—78页。

④ 颜惠庆：《颜惠庆自传：一位民国元老的历史记忆》（吴建雍等译），商务印书馆2003年版，第303页。

委员会主席饶家驹同样热心慈善事业，他在1922年因参与安徽赈灾而获得中国政府颁发的三等嘉禾章表彰，1927年在北伐战争中又因营救闸北修女和儿童而名声大噪，从此致力于赈灾和难民救济事业；上海沦陷后，他以上海国际红十字会名义建立的南市难民区，在保护数以万计中国平民的同时，还为推动战时保护平民条款写入国际人道法做出了重要贡献。此外，上海国际红十字会中的颜福庆、施肇基、施思明等一大批实力派人物，亦是国际红十字会南京委员会所望尘莫及的。

二、国际红十字会南京委员会救助活动的特点

国际红十字会南京委员会在开展救助活动时，由于受到日军阻挠和破坏等各种因素的限制，在活动的广度和深度上都无法与上海国际红十字会相比较，但是仍然为保护中国伤兵和平民的生命安全做出了重要贡献，并表现出鲜明的特点。

其一，国际红十字会南京委员会与南京安全区国际委员会分工合作。

与上海国际红十字会成立在先、南市难民区成立在后不同，国际红十字会南京委员会成立于南京安全区国际委员会之后，是南京安全区功能错位的结果，所以两者能够分工合作。而且国际红十字会南京委员会与南京安全区国际委员会在人员上高度重叠，为分工合作提供了可能和方便。

但是，上海的情况与之相比有根本性的不同，南市难民区虽然是以上海国际红十字会的名义建立的，但在建立之后处于饶家驹等人领导的南市难民区监察委员会管理之下，“非国际红会之一部”①，其难民工作主要由上海国际救济会等慈善机构协助完成，上海国际红十字会虽也提供了经费和医疗方面的支持，但两者之间是合作的关系，而不是分工合作的关系。

其二，国际红十字会南京委员会的主要使命是伤兵救护。

为留在南京的中国伤兵提供紧急救护，是成立国际红十字会南京委员会的最直接的原因，所以它的救助活动主要围绕伤兵问题展开。马吉也曾如是指出：“除了使用我们手中的钱，我们实际上没有做多少事。

① 《中国红十字会上海国际委员会经济概况》，《中国红十字会月刊》第36期（1938年6月），第42页。

但我认为在提供对伤员保护方面，我们的组织一直很有用。”①

上海国际红十字会则有所不同，它侧重于难民救助工作，这一点从其经费支出的比重中可以看出。据上海国际红十字会报告显示，伤兵费用占其全部支出的7%，而难民费用占比则高达63%②。在难民救助方面，上海国际红十字会首先打造了一个由难民医院、难民收容所诊疗所和专科医院构成的医疗体系，并组建了3支防疫注射队，为难民健康提供了有效保障；还开展了难民教育，在难民中教授新文字的同时，大规模推进职业教育，“以期最短期内达到铲除难民中文盲之目的，并使获得相当职业训练”③，取得了不错的成效。

综上所述，国际红十字会南京委员会在日军进入南京之际，为保护南京城内的中国伤兵而仓促成立，且在未获得中国红十字会总会、上海国际红十字会和日本军事当局正式认可的情况下，就“已经开始实施救治战争伤患的工作”④，这就给其之后的救助活动带来很多隐患和阻碍。但是，在马吉等人的坚持和努力下，尤其是在南京大屠杀期间，国际红十字会南京委员会为中国伤兵和平民提供了重要的生命保护，展现了红十字的人道光辉。

① 章开沅编译：《天理难容——美国传教士眼中的南京大屠杀（1937—1938）》，南京大学出版社1999年版，第211页。

② 彭望荃：《上海国际红十字会报告（民国二十六年十月至二十八年三月卅一日）》，中国红十字会上海国际委员会1939年编印，第88页。

③ 《难民教育实施近况》，《救灾会刊》第15卷第1期（1938年3—4月），第143页。

④ 张生等：《南京大屠杀史研究》（增订版），凤凰出版社2015年版，第369页。

第五章　华中万国红十字会与中国国际救济委员会

1937 年 9 月 15 日，华中万国红十字会成立于汉口。1941 年 10 月，为适应会务拓展的需求，华中万国红十字会进行改组，中国国际救济委员会随之诞生。1949 年中华人民共和国成立后，中国国际救济委员会服从国家的安排，于 1951 年 2 月为中国人民救济总会所接收，完成了自己的历史使命。

第一节　华中万国红十字会的创设及组织架构

华中万国红十字会又称华中国际红十字会、华中红十字会、汉口国际红十字委员会、汉口国际委员会、汉口国际红十字会等，是一个具有国际性特征的红十字组织。

一、华中万国红十字会成立的背景

国际红十字运动蓬勃发展，中国红十字会的大爱善举，加之抗日战争全面爆发后武汉三镇伤兵、难民人数急剧增加，这些都触动了武汉地区的爱心慈善人士，他们联合起来成立了一个救济伤兵、难民的红十字组织。这一组织的诞生背景，可从以下几个方面来认识。

首先，国际红十字运动蓬勃发展。

自 1863 年红十字国际委员会成立后，各国尤其是欧美国家纷纷成立红十字会。至 1910 年，亨利·杜南开创的红十字运动已经在 20 多个国家开花结果[①]。国际红十字组织秉持“人道、公正、中立、独立、志愿服务、统一、普遍”的原则开展红十字运动，在战争、自然灾害等灾

① 池子华：《红十字的起源及其在中国的传播——纪念中国红十字会诞生一百周年》，《合肥学院学报》（社会科学版）2004 年第 1 期。

难爆发后，积极开展跨越国界、跨越种族的人道主义救助。近代中国灾祸不断，百姓处于水深火热之中，日本赤十字社、美国红十字会、德国红十字会、英国红十字会等国家红会，以及红十字国际委员会等组织纷纷对中国展开人道援助。例如，1894 年，中日甲午战争爆发，日本赤十字社不仅在本国筹划救护事宜，而且派救援队赴朝鲜及中国战场，“驰赴战地者多至十万人，不特日兵临阵受伤蒙其医疗，即华兵之中弹而仆者，亦不分畛域，一体留医”①，因此触动了国人。辛亥革命期间以及“一战”爆发后，日本赤十字社亦派救护队来华实施救助。1917 年，我国京津地区大面积遭受水患，美国红十字会及日本赤十字社纷纷伸出援手，捐助善款，协助救灾。1919 年，美国红会协助中国红会防治时疫。此外，美国红会还积极援助我国 1920 年北方旱灾、1922 年潮汕风灾、1924 年江浙战争救助等。1931 年，我国再次爆发水灾，红十字国际委员会及西班牙、委内瑞拉、希腊、土耳其、荷兰、捷克斯洛伐克等国红十字会拨助赈款，提供帮助。抗战期间，亦有许多国家红会慷慨援华，如比利时红十字会赠予巨额捐款，德国红十字会对华进行医药援助，瑞士红十字会派遣医务人员来华服务，英国红十字会捐建医院，等等。

总而言之，在我国天灾人祸爆发后，总有一些国家红会和国际红十字组织来华救援，温暖与慰藉了国人的心。国际红十字运动的积极开展，在一定程度上促进了中国红十字事业的发展。

其次，中国红十字会的大爱善举。

在国际红十字运动蓬勃发展的同时，中国红十字会自成立后也一直以发扬人道主义为己任，战时扶伤拯弱，平时救灾恤邻，积极开展伤兵救护、难民救助、灾害赈济、时疫防治等工作，以缓解遭受战乱及灾害侵袭的民众的痛苦。只要战争爆发，中国红十字会就会迅速组织救护队奔赴战地，展开救援。日俄战争、辛亥革命、二次革命、一战、江浙战争、二战期间，皆有中国红十字会救护队员穿梭于战火之中，救治伤兵、难民及掩埋尸体。中国红十字会除了开展伤兵救护工作外，还从事灾害赈济。自 1911 年至 1937 年，我国爆发的自然灾害多达 77 次，“计水灾二十四次，旱灾十四次，地震十次，蝗灾九次，风雪之灾二次”②。对于这些自然灾害，中国红十字会一体救护。每当灾害发生，中国红十字会立即派员投身救灾工作，调查灾情、筹集赈款、散放急赈、救治伤

① 《中国亟宜创兴红十字会说》，《申报》1899 年 4 月 10 日。
② 邓云特：《中国救荒史》，北京出版社 1998 年版，第 44 页。

病、掩埋尸骸、广施医药、防治疫疠。除了救护兵灾与赈济自然灾害外，中国红十字会还开办一些日常救济工作，包括开展医疗及卫生防疫、为公共活动（如举办展览会、运动会、游行等）提供医疗救护和卫生服务、救护日常意外伤害（如车马伤人事故、房屋失火、溺水等）、年关赈济贫民（如施衣、送粮、施粥等）。中国红十字会的大爱善举，感染了社会善心人士，推动着国内社会救助队伍的发展壮大。

再次，武汉地理位置优越和浓郁的慈善氛围。

武汉处于华中地区的中心之地，开埠较早，地理位置优越，“自古即车马会毂、舟楫集焉”[①]，是全国重要的交通枢纽，于明清时期就已发展为商业重镇，近代以来更是成为有着“东方芝加哥”美誉的工商大埠。1861年，汉口开埠，英、德、俄、法、日等国相继在汉口长江沿线设立租界。此后，武汉被卷入世界市场，发展更为迅速，各国人士纷纷在武汉三镇开办工厂、建立洋行、发展航运，还创办了许多医疗卫生机构、教育机构和报纸杂志等，对武汉的社会经济和文化发展产生了巨大而深远的影响。至南京国民政府时期，武汉工商繁盛，经济发达，已经发展为一个现代化都市。1937年全面抗战爆发，在南京沦陷后，武汉更是成为长江中游地区最重要的城市，国民政府军事委员会、党政机关、工厂企业及高等院校纷纷迁入武汉，武汉在当时已成为全国政治经济的中心。又因交通也较为便利，逃难者也大多数先向武汉集中[②]。

武汉地区素来慈善之风盛行，官方、民间以及外国宗教人士纷纷开展慈善救济事业。民国以前，武汉地区的慈善事业就已广泛开展。清廷积极开办仓储救济、临时性救济和收养性救济等福利事业，如广设预备仓、常平仓、社仓、义仓等仓储；在寒冬或天灾人祸发生时进行冬赈或急赈；举办栖流所、养济院、育婴堂、普济堂、恤孤局、漏泽园等专门收养鳏寡孤独的救济机构。民间社会也积极开展救济活动，既有个人救济，如许多善人、义士的扶危济困之举[③]；也有团体救济，如许多商人团体设立的主要救济内部成员的会馆、公所，以及救助全体社会成员的善会、善堂等。此外，武汉的天主教、基督教传教士及教会团体也纷纷办理慈善事业，如开设学校、医院和社会救济机构等。民国建立后，武汉地区官方、民间以及外国宗教人士继续创办或是合办慈善救济事业，

① 皮明庥主编：《武汉通史·先秦卷》，武汉出版社2006年版，第1页。

② 南开大学历史系《中国史论集》编辑组编：《中国史论集》，天津古籍出版社1994年版，第453页。

③ 冯天瑜、陈锋主编：《武汉现代化进程研究》，武汉大学出版社2002年版，第55页。

先后设立了红十字会、红卍字会及孤儿院等具有现代性特征的救济机构，逐渐扩大了救济规模，丰富了救济形式[①]。

又次，武汉三镇伤兵、难民人数剧增。

1937年7月7日，全面抗战爆发。7月30日，北平、天津沦陷。8月13日，日军进攻上海，淞沪抗战爆发。至11月12日，中国军队战败撤离上海，上海失陷。12月13日，日军攻陷南京，制造了惨绝人寰的南京大屠杀。短短几个月时间，北平、天津、上海、南京相继沦陷，哀鸿遍野，惨不忍睹。武汉亦无法幸免战祸。1937年8月21日，3架日机轰炸武昌，"在青山张公祠堤外江中及武丰堤内张公祠附近投弹2枚，炸伤1人，震毁民房1栋"，这是日军首次空袭武汉，由此至1938年10月武汉沦陷，日军飞机"空袭武汉（含汉口、汉阳城区、武昌城区及武昌县属磨盘山、土地堂、山坡、金口）64次；日机投弹3080枚，其中伤害弹3010枚，虚掷弹70枚，炸死1651人，炸伤3150人；炸死马、骡、牛等牲畜76头；损毁房屋2628栋另809间"[②]。敌机的肆意轰炸导致武汉损失惨重，市民的生命财产遭受严重威胁，数千民众无家可归，流落街头，甚至负伤死亡，伤员、难民数量不断增多。

抗日战争全面爆发后，华北与华东战区的难民与伤员亦大量涌入，使武汉三镇的伤兵、难民人数急剧增加。"在武汉平时人口为一百二十万，南京陷落后人口达一百五十万"[③]，"除能自给者外，其赤贫者，竟达两万人"[④]。如此庞大的难民群体、严峻的社会形势，使得难民救济成为社会关注的重点问题。

总之，全面抗战爆发后，武汉较为发达的经济、优越的地理位置、有利的国际因素、自古以来的慈善传统以及伤兵、难民人数剧增的现实，都推动了华中万国红十字会的诞生。

二、华中万国红十字会的组建

1937年9月，在汉口市市长吴国桢和汉口英国领事馆总领事默思的积极号召与联络下，华中万国红十字会顺利组建。与其他社会组织一样，华

---

① 武汉市地方志编纂委员会编：《武汉市志·民政志》，武汉大学出版社1990年版，第160页。

② 湖北省委党史研究室编：《湖北省抗日战争时期人口伤亡和财产损失》，中共党史出版社2014年版，第391页。

③ 《战事迫近武汉四周——武汉居民疏散》，《申报（香港版）》1938年10月25日。

④ 《武汉难民实行疏散　蒋何决拨款救济　详细办法起草就绪》，《申报》1938年1月15日。

中万国红十字会有自己的组织结构、成员、设立宗旨及经费来源。

由于日机肆意轰炸，野蛮残暴，导致大量前线士兵及后方平民被炸伤亡，加上大片国土沦陷，众多伤民、伤兵以及难民从华北、华东及华南地区辗转至华中地区。而内地的城市亦遭受敌机空袭的灾祸，计有150多个教会医院和私立医院急需医药与经费援助，期待社会各界的接济。然而，因华北的战事，汉口与北平的交通断绝；又因淞沪战争，汉口与上海的交通亦遭阻断。为此，汉口“急需要一个纯粹独立的红十字会，募捐募药，救济那些受伤与罹难的”①。于是，聚集于武汉三镇的中外善心人士决定成立一个救护伤兵、难民的救济组织②。而旅居汉口的英、美、法、德等国侨民曾遭受过欧洲大战所带来的痛苦，因此也积极支持该组织的筹建。

1937年9月15日，华中万国红十字会在汉口正式成立，并推选吴国桢市长为主席，英国领事默思等为副主席，吴国桢、黄文植、李尧卿等以及各国领事、侨商40人为委员③。华中万国红十字会的诞生，也得到了国民政府的支持，不仅宋美龄担任该会赞助人，而且该会还“获有中国全国红会之特许”④。

总之，华中万国红十字会是一个国际性的救护组织，专门从事救护工作，不涉及政治，有充足的理由在日军占领区内工作，正如该会秘书司各脱所深信的，“吾人在沦陷区域所为之工作业已获得充分之嘉许”⑤。

三、华中万国红十字会的组织架构

华中万国红十字会的组织体系较为完善，分工明确，广泛征募旅汉中外善心人士为办事委员及会员，以便迅速开展各项会务。特别是大批外籍成员的加入，极大地推动了华中万国红十字会的对外交流与国际交往工作。

先看组织体系。

华中万国红十字会的组织结构，除全体大会外，下设执行委员会，主席为吴国桢，副主席为英国总领事默思、吴德施主教、希贤主教、李

① 《华中万国红十字会求助部昨招待各界参观》，《大公报》1937年10月13日。

② 《华中红十字会计划调集外县医师来汉》，《大公报》1937年10月1日。

③ 《华中红会在汉成立》，《中国红十字会月刊》第28期（1937年10月），第88页。

④ 《华中国际红十字会一年余来之工作》，《新闻报》1939年1月20日。

⑤ 《华中国际红十字会赈款已达二百万元之多》，《中国红十字会上海国际委员会救济月刊》第1卷第9期（1939年2月1日），第2页。

锐、克良，会计为周苍柏、狄博德，秘书长为郭泰祯、马雅各医师，副秘书长为缪经田，秘书为薛尔寿，宣传干事为爱德华。执行委员会之下设有8个小组委员会，包括：

征募委员会，主席为默思，委员有吴德施主教、卓思麟、周苍柏、博龙德、李锐、施醴芬、白斯美、马克、詹逊、俊特尔及贝勒成阔；

药品调查委员会，主席为马雅各，委员有杜百利、舒厚仁、毛干臣、闻亦齐；

胶布调查委员会，主席为李博仁，委员有徐秋峯、缪经田、苏汰余、王应安、刘干卿、陈纪彝、胡必详、薛尔寿；

医院调查委员会，主席为江虎臣，委员有马雅各、陆德泽、施德芬、骆神父、彭治楪、克良；

防疫委员会，主席为贾溥泉，委员有戴芳渊、密勒、左吉；

财务委员会，主席为马克，委员有李锐、周苍柏、狄博德；

担架器械委员会，主席为纪继生，委员有吴乐恩；

请济审核委员会，主席为马克，委员有李锐、马雅各[①]。

各小组委员会各负其责，分工合作。为更加直观清晰地展示华中万国红十字会组织体系，特图示如下[②]：

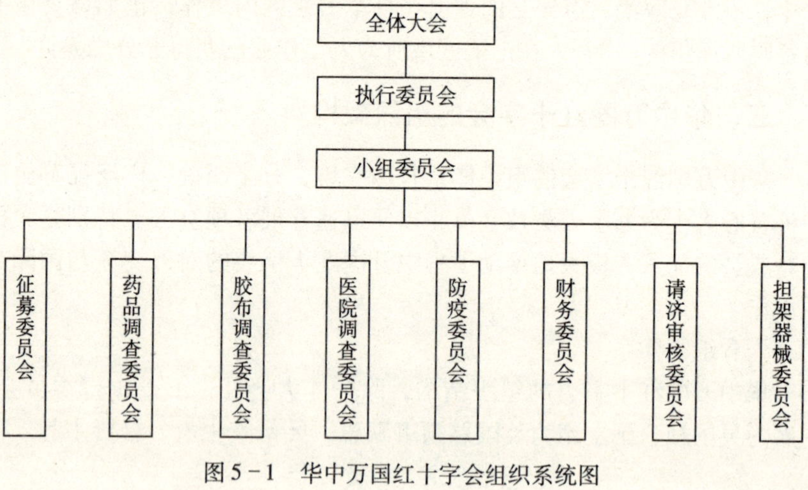

图5-1　华中万国红十字会组织系统图

① 民国时期文献保护中心、中国社会科学院近代史研究所编：《民国文献类编》第6册《社会卷》，国家图书馆出版社2015年版，第297—300页。

② 资料来源：民国时期文献保护中心、中国社会科学院近代史研究所编：《民国文献类编》第6册《社会卷》，国家图书馆出版社2015年版，第297—300页。

华中万国红十字会的执行委员会为该组织的协商与决策机关，如前文所述，执行委员会由吴国桢、默思等13人组成。在这13名执行委员中，华人委员7人、外籍委员6人，可见外籍委员在该组织体系核心中与华人委员同样占据重要地位，体现了该组织的国际性。此外，执委会成员中，商界委员5人、政界委员4人、医学界委员1人、宗教人士2人、红会1人，反映出政、商界委员占据主导地位。

小组委员会负责办理各项具体事务，分工明确，对执行委员会负责，并受其监督。征募委员会共有12名委员，由各国领事7人、主教1人、银行业人士3人及前清贝勒1人组成，英国总领事默思为主席；药品调查委员会共有5名委员，由医学界人士4人、银行业人士1人构成，汉口协和医院院长马雅各担任主席；胶布调查委员会共有9名委员，由医学界人士3人、社团干事5人、商界人士1人组成，汉口市立医院院长李博仁为主席；医院调查委员会共有7名委员，由医学界人士5人、银行业人士1人、神父1人组成，汉口普爱医院院长江虎臣为主席；防疫委员会共有4名委员，由医学界人士2名、政府卫生部门官员2人组成，汉口协和医院医师贾溥泉为主席；财务委员会共有4名委员，皆为银行业精英，汉口瑞记洋行董事长马克为主席；请济审核委员会共有3名委员，由银行业人士2人、医学界人士1人构成，汉口瑞记洋行董事长马克为主席；担架器械委员会共有2名委员，皆为医学界精英，汉口协和医院医师纪继生为主席。

这8个小组委员会的设立充分展现了华中万国红十字会所开展的主要会务与工作重心。如征募委员会人数最多，可知物资征募为华中万国红十字会工作的重中之重；胶布调查委员会、医院调查委员会、药品调查委员会、防疫委员会、担架器械委员会等5个委员会与医疗卫生服务密切相关，分别办理医疗卫生服务的各种具体事务，可知华中万国红十字会十分重视医疗卫生服务工作，职能划分极为精细。此外，各小组委员会的人员构成也反映出华中万国红十字会注重人尽其才，人员分配合理，职责分工明确。如征募委员会鉴于各国领事及外籍宗教人士身份特殊，便于对外联络及争取国际物资援助，因此安排了驻汉的英、美、法、意、丹、德、芬7国领事及美国主教担任征募委员。由于该委员会还需管理征募所得的资金与物品，又加入了3位银行业人士，以便该组工作顺利开展；财务委员会招募4名银行业精英为委员，主持财务工作得心应手；防疫委员会成员包括武汉检疫所所长、驻武昌的省民政厅卫生科科长以及2名医学界人士，开展防疫工作驾轻就熟；担架器械委员会2名委员皆为医学精英，整备担架器械绰绰有余①。

此外，华中万国红十字会还注重宣传推广事宜，设立了便利各地中外人士明了并同情华中万国红十字会工作的宣传部以及负责国外求助工作的求助部。宣传部借用惠罗公司旧址办公，每日约有五六十人进行国内外宣传工作②。求助部亦在此处办公③。

总之，华中万国红十字会的组织体系较为完整，上下有序，职能明确。各部门既有华籍成员，又有外籍成员，中外各界慈善人士共同协作，合力开展各项会务，促进了该组织的高效运转。

再看会员结构。

华中万国红十字会共有60名会员。根据华中万国红十字会的会员录，兹将该组织的会员信息整理如下表④：

表5-1　华中万国红十字会会员信息表

姓　名	职　业	住　址
MR. A. T. BELCHENKO	领　事	葡萄牙领事府
博龙德	领　事	汉口法国领事馆
白斯美	领　事	汉口丹麦领事府
詹　逊	领　事	汉口芬兰领事署
施醴芬	领　事	汉口特一区河街意大利领事馆
俊特尔	代理总领事	汉口德国总领事馆
卓思麟	总领事	汉口特三区河街亚细亚房子美国总领事馆
默　思	总领事	汉口特三区河街英国总领事馆
高尔温	主　教	汉阳天主堂
希　贤	主　教	汉口特三区怡和街圣若瑟堂
吴德施	主　教	汉口特三区洞庭街美国圣公馆

① 民国时期文献保护中心、中国社会科学院近代史研究所编：《民国文献类编》第6册《社会卷》，国家图书馆出版社2015年版，第297—308页。

② 《华中万国红十字会努力救济伤兵难民》，《大公报》1937年10月2日。

③ 《华中万国红会设求助部工作努力》，《中国红十字会月刊》第29期（1937年11月），第59页。

④ 资料来源：民国时期文献保护中心、中国社会科学院近代史研究所编：《民国文献类编》第6册《社会卷》，国家图书馆出版社2015年版，第300—308页。

（续表）

姓　名	职　业	住　址
狄约翰	牧　师	汉口武圣庙循道公会福音堂
柏　恩	主　笔	汉口特三区湖南街英文楚报馆
陈钦仁	主　笔	汉口法租界自由西报
陈纪彝女士	总干事	汉口黄陂路女青年会
龚理平	总干事	汉口市政府健康教育处
王应安女士	总干事	武昌女青年会
胡必详	主　任	汉口商业银行四楼华洋义赈会
贺衡夫	主　任	汉口商业银行四楼华洋义赈会
江虎臣	院　长	汉口武圣庙上首普爱医院
韩明炬	院　长	武昌三道街湖北省立医院
李博仁	院　长	汉口中山路市立医院
马雅各	院　长	汉口中山公园隔壁协和医院
陆德泽	院　长	梅神父医院
密　勒	院　长	武昌安息日会医院
彭治樸	院　长	武昌同仁医院
贾溥泉	医　师	汉口中山公园隔壁协和医院
宫善修	医　师	汉口中山公园隔壁协和医院
纪继生	医　师	汉口中山公园隔壁协和医院
徐秋峯	医　师	特三区鄱阳街天主堂医院
吴乐恩	医　师	武昌同仁医院
舒厚仁	医　师	汉口巴黎街二十号
闻亦齐	医　师	汉口特二区黄陂路三十五号
杜百利	药剂师	汉口法租界赞育大药房
施德芬	护士长	汉口武圣庙上首普爱医院
马　克	董事长	汉口特一区安利房子瑞记洋行

（续表）

姓　名	职　业	住　址
周苍柏	行　长	汉口江汉路上海商业银行
周星棠	行　长	汉口特三区湖南街汉口商业银行
哈　尔	行　长	汉口特三区江边花旗银行
嘉　烈	经　理	汉口特三区江边汇丰银行
狄博德	经　理	汉口华比银行
克　良	经　理	汉口特二区五族街六十一号嘉利洋行
毛干臣	经　理	汉口特三区河街德孚洋行
李　锐	经　理	汉口法租界施美洋行
爱德华	经　理	汉口南星颜料厂
苏汰余	经　理	汉口特三区湖南街汉口商业银行楼上裕华纺织公司
徐维荣	经　理	汉口特三区洞庭街中福公司
骆尚铎	司　铎	汉口法租界满沙街天主堂
黄文植	主　席	汉口总商会
李尧卿	社　长	汉口保华街六十二号中央通讯社武汉分社
左　吉	科　长	武昌省民政厅卫生科
凌鸿勋	局　长	武昌徐家棚粤汉铁路管理局
郭泰祯	局　长	汉口外交部特三区市政管理局
林凤歧	处　长	汉口特三区盐业银行楼上平汉铁路机务处
吴国桢	市　长	汉口市政府
戴芳渊	所　长	汉口江汉路四明银行二楼武汉检疫所
刘干卿	校　长	汉口中山公园隔壁协和医院护士学校
王星拱	校　长	武昌珞珈山国立武汉大学
缪经田	秘　书	汉口市政府
薛尔寿女士	秘　书	汉口华中万国红十字会

由上表可知，华中万国红十字会的会员构成较为复杂，既有各国驻汉领事馆的领事，各类教堂的主教与牧师，报纸的主笔，武汉各社会团体的干事、主任，医院的院长、医师、药剂师及护士长，银行的董事长、行长及经理，商会主席，又有政府官员以及中高等院校的校长。会员职业多样，囊括了政界、商界、医学界、教育界、新闻界及宗教界精英人士，其中医学界会员16人、政界会员15人、商界会员13人、社团人士7人、宗教人士5人、教育界会员2人、新闻界会员2人，政、商、医学三界会员占比达总会员数的3/4，反映了在该组织中，政、商两界及医学界人士占有重要地位。可见，武汉社会各界都很支持华中万国红十字会的工作，积极推动抗战时期华中地区慈善救济事业的开展。此外，该组织既有中国会员，又有葡萄牙、法国、丹麦、芬兰、意大利、德国、美国、英国等国会员，虽然这60位会员性别有异、国籍不同、职业多样，但都在为救济遭遇战争苦难的中国百姓而尽力奔走，他们利用自己的职业、国籍等优势，积极宣传华中万国红十字会的工作，争取世界各国人民、社会各界人士的支持与帮助，以支撑和推动全面抗战时期中国救济事业的发展。因此可以说，华中万国红十字会在国际上及社会上拥有较为广泛的号召力。

华中万国红十字会宗旨明确，“即为此等医院募款、募药具等，为各受伤及被难者多谋福利”①。而其获取经费的主要手段是进行劝募活动，积极宣传会务的开展情况及近期工作计划，以博取国内外各界人士的同情与援助。据不完全统计，华中万国红十字会自成立以来，收到过政府的拨款②、中央救济委员会与卫生署的补助③、施美洋行经理李锐及行政院卫生署长刘瑞恒等社会名流的捐赠④、英美法德等各国侨民的捐款⑤，以及瑞典、印度、南非、澳洲等世界各地民众的热心捐助⑥。此外，中国红十字会上海国际委员会与爱尔兰慈善义务赛马公会、美国华

① 《华中万国红会求助部积极募款》，《大公报》1937年10月14日。

② 《红十字会代表晤孔祥熙》，《申报》1939年1月21日。

③ 《华中国际红十字会赈款已达二百万元之多》，《中国红十字会上海国际委员会救济月刊》第1卷第9期（1939年2月1日），第2页；《汉国际委员会收国内外捐款》，《新闻报》1938年4月10日。

④ 《刘瑞恒捐款二万元赞助华中红十字会》，《大公报》1937年10月10日。

⑤ 《华中红十字会计划调集外县医师来汉》，《大公报》1937年10月1日。

⑥ 《汉国际委员会收国内外捐款》，《新闻报》1938年4月10日。

灾协济会驻沪顾问委员会、英国华灾救济会等国内外救济团体亦热心捐助善款[①]。

第二节 华中万国红十字会主要会务

华中万国红十字会自成立以来，积极开展医疗卫生服务、战地救护、物资征募等工作。在医疗卫生服务方面，该会为战区医院提供医疗物资，组织医疗人员奔赴各地救治伤员，开展防疫事宜，采购并制造医疗用品。在组织伤兵救护方面，该会利用医院救治并收容伤兵，与各陆军医院合作，协助伤兵转移。在组织难民救济方面，该会为伤病难民提供医疗救助，并设立难民收容所收容难民，出资供养难民。在物资征募方面，该会同时进行国内劝募与国外求助，在国内主要是利用报纸刊登征募启事，另设立求助部，向国外广发求助信函，并合理支配所募物资。

一、医疗卫生服务

一是资助战区医院，供给医疗物资。华中万国红十字会致力于资助战区各地医院，为其提供资金、重要药品及设备，并推广至占领区以内的医院。1937 年 8 月，武汉三镇遭受日机轰炸，人员伤亡惨重，华中万国红会立即募集款项，努力充实武汉地区各医院的医师与医药材料，并计划将外县的医师调集至武汉，以充实救护力量。若遇伤兵、伤民无法集中的情况，该会则派遣医师分赴各县服务，以救助更多的伤病人员[②]。通过努力，华中万国红十字会从最初为华中战区医院提供医药资助，逐渐发展到为河北、河南、山西等众多省份的多所医院提供药物援助[③]。1939 年，华中万国红十字会理事长马克维尔还与汉口美国教会苏霭士、希金，以及作家、记者史沫特莱等共同捐赠大量药品、器械及现款，帮助中国共产党筹建延安中央医院[④]。

---

① 《支配赈款顾问委员会成立》，《中国红十字会月刊》第 40 期（1938 年 10 月），第 30 页；《爱尔兰赛马募款救济我伤兵难民》，《民报》1937 年 11 月 11 日；《华中国际红十字会赈款已达二百万元之多》，《中国红十字会上海国际委员会救济月刊》第 1 卷第 9 期（1939 年 2 月 1 日），第 2 页。

② 《华中红十字会计划调集外县医师来汉》，《大公报》1937 年 10 月 1 日。

③ 《华中国际红十字会一年余来之工作》，《新闻报》1939 年 1 月 20 日。

④ 《红十字组织帮建延安中央医院》，《中国红十字报》2014 年 11 月 25 日。

二是协助战地医疗服务团体。华中万国红十字会主动协助战地医疗服务团体开展救济工作。例如，该会曾为军事委员会战地服务团新运医疗队提供帮助。新运医疗队成立于1940年，由中国红十字会救护总队昆明办事处指挥。1941年1月，华中万国红十字会缪经田总干事拨助新运第6医疗队3箱药品①；7月，该会为新运医疗队提供疫苗，协助其开展防疫工作②；10月，该会缪经田总干事与牧师、医师接济该医疗队21件药品和敷料，运存衡阳，供其使用。该会马医师还允派美籍医师至江西协助该医疗队工作③。

三是开展防疫事宜。华中万国红十字会亦积极协助各地区开展疫疠防治事宜，预防传染病的传播，尤其是难民的防疫工作。在战争年代，大部分难民所处的环境都较为凌乱嘈杂，往往忽略个人卫生，随着季节变化，温度上升，病菌传播迅速，极易导致难民生病甚至死亡。为了缓解此种状况，华中万国红十字会主动至难民聚集处调查情况，研究对策，从防疫和种痘两方面着手，改良设备，为难民施诊④。除了出门施诊外，华中万国红十字会还派人员去边远地区考察，为当地提供防治疫疠的医药用品。例如1938年初，华中万国红十字会第八救济区特种民族考察团到达贵州天柱时，鉴于苗疆多疫疠，专门携带救济药品、药棉、绷带、胶布及必需之器械，以改善当地医疗条件⑤。

四是采购并制造医疗用品。为顺利开展医疗卫生服务工作，华中万国红十字会大量采购药品、绷带、担架等医疗用品。为此，该会与中外医院及药房联合调查当时存储之医药用品总量、急救所需用具及医院应用的治疗器械，以便于缺少时尽力供给，并从捐款中拨出部分钱款，由香港及上海方面赴国外购买所需药品及救伤用具⑥。但由于各医院对这些医疗器具的需求过大，加之耗损严重，华中万国红十字会有时会购置原材料，号召社会各界共同制造伤患人员及伤兵医院急需之医疗用具。如1937年10月，武汉各伤兵医院需用大量绷带、被单、枕头及衣服等，

---

① 贵阳市档案馆编：《战地红十字——中国红十字会救护总队抗战实录》，贵州人民出版社2009年版，第278页。

② 贵阳市档案馆编：《战地红十字——中国红十字会救护总队抗战实录》，贵州人民出版社2009年版，第279页。

③ 贵阳市档案馆编：《战地红十字——中国红十字会救护总队抗战实录》，贵州人民出版社2009年版，第280页。

④ 《大量疏散难民　第一批日内运出》，《申报》1938年3月22日。

⑤ 贵州省天柱县志编纂委员会编：《天柱县志》，贵州人民出版社1993年版，第864页。

⑥ 《华中万国红十字会努力救济伤兵难民》，《大公报》1937年10月2日。

华中万国红十字会便购置大批原材料，召集各界妇女制造这些用品，甚至一些外国友人也参与其中[①]。此外，为了给有需要的伤兵提供假肢，该会还委托协和医院大批量地制造假肢[②]。

二、伤兵救护

一方面，华中万国红十字会利用各地医院，收容并救治受伤士兵。该会曾与武汉外国人主办的协和、同仁及普爱等医院商妥，救济中国的重伤士兵[③]。“在各外人医院定妥之床位七百个，计普爱二百、协和一百、天主教一百、同仁一百、武汉疗养院一百。其中三分之一为准备空袭时被伤难民之用，其余三分之二则专备伤兵应用”[④]。虽然商定床位不少，但是这些床位是专门为伤势严重、急需手术的伤员准备的，等其伤势稍愈，便转入后方医院及陆军医院疗养。床位费用则由该会与陆军医院一同分摊。由于协和医院、天主教医院以及普爱医院的设备较为完善，华中万国红十字会还与这三所医院商定，若各陆军医院中有重伤士兵需要施行手术，就拨归其代为施术治疗。1937 年 10 月上旬，约有 200 名伤兵送至这三所医院代为医治[⑤]。除了为伤兵安排医院外，该会还为其提供医疗用具，并在其他地区设立办事处，设置病床，广泛收容与救治中国伤兵[⑥]。

另一方面，协助伤兵转移治疗。除了利用医院收容、救治伤兵外，华中万国红十字会还协助各医院将无法安置的伤兵转移他处，以便救治。由于陆续抵汉的伤兵人数较多，外国人主办的医院及陆军医院皆人满为患，实在无法安插及收容多余伤兵。在与各陆军医院及各私立医院负责人商谈后，华中万国红十字会决定为这些伤兵另寻处所，进行转移，待安置妥当后，以便医治[⑦]。

三、难民救济

一方面，华中万国红十字会利用各地医院，收容受伤、患病难民，

---

① 《华中红十字会大量制造受伤战士用品》，《大公报》1937 年 10 月 22 日。
② 《华中万国红十字会努力为伤兵服务》，《大公报》1937 年 10 月 30 日。
③ 于苇：《援助中国的世界反侵略运动》，生活书店 1938 年版，第 15 页。
④ 《华中万国红十字会努力为伤兵服务》，《大公报》1937 年 10 月 30 日。
⑤ 《华中万国红十字会努力救济伤兵难民》，《大公报》1937 年 10 月 2 日。
⑥ 于苇：《援助中国的世界反侵略运动》，生活书店 1938 年版，第 15 页。
⑦ 《万国红十字会积极筹划救护来汉受伤战士》，《大公报》1937 年 10 月 5 日。

并为其提供医疗救治。例如，该会为了使空袭中受伤的难民得到及时救治，大量捐助钱款与医疗物资给遭受轰炸地区的各大医院，并在10个省的60家医院中维持3000多个床位，皆“留供受伤之兵民与患病之难民者”①。该会还积极救治患病难民，于1938年资助豫陕两省的教会医院，让其为患病难民空出指定床位数，并提供免费诊治。下附为《华中万国红十字会津助豫陕两省教会医院免费诊治疾病难民清单表》②：

表5-2 华中万国红十字会津助豫陕两省教会医院免费诊治疾病难民清单表

医院地点	医院名称	床位/个
河南　郑州	普爱医院	250
郑州	天主堂医院	20
怀庆	恩赐医院	100
开封	内地会福音医院	100
确山	信义会医院	50
归德	圣公会医院	100
洛阳	天主堂医院	80
卫辉	惠民医院	50
郾城	安息日会医院	100
陕西　西安	广仁医院	50
共计门诊免费		900

此外，由该会创办的医院亦设置病床，收治伤员。“近者该委员会所办医院之一，曾在郑州于数小时内设榻二百”③，用来收容及医治受炸弹重伤的平民。自1937年9月至1939年1月，该会为救护受伤平民共用去137万元，政府为此特拨款3万元作为此后办公费用④。不仅如此，

① 《蒋夫人主持华中国际红委会》，《新闻报》1938年4月24日。

② 资料来源：《内政部卫生署转呈华中万国红十字会津助豫陕两省各教会医院免费收治难民清单及有关文书》，中国第二历史档案馆藏，全宗号12，目录号6，案卷号12434。

③ 《蒋夫人主持华中国际红委会》，《新闻报》1938年4月24日。

④ 《华中国际红会中外代表飞渝》，《中国红十字会月刊》第44期（1939年2月），第12页。

该会还联合各地社会团体，尤其是“有充分联系组织之各界代表委员会”[1]，积极助办难民救济及患病难民之医治与看护事宜。

另一方面，华中万国红十字会积极筹设难民收容所及被占地域内之安全区，以收容安置难民。该会委托天主教堂办理武汉地区难民收容所，并出资救济难民的日常生活。全面抗战爆发后，武汉成为难民最集中的地区，为安置难民，共设有100多个难民收容所。“其中78所在汉口，武昌、汉阳两地有13所，5所为非常时期救济委员会经办，2所为红十字会经办，2所为汉阳慈善堂经办，其他属华中万国红十字会委托天主教堂主办”[2]。1938年，国民政府行政院拨款3万元救济难民，其中2万元救济鄂属各县难民，1万元救济汉口市难民。华中万国红十字会亦捐款2万元，办理救济[3]。同年，非常时期救济难民委员会汉口市支会设立难民收容所的经费亦由该会捐助[4]。除了在武汉三镇设立收容所外，该会还在河南、江西、湖南等省设立难民收容所。1937年底，该会曾经拨款7000元，在河南许昌及开封两处设立难民收容所，收容难民1.5万余人[5]。

四、物资征募

华中万国红十字会积极向国内外各界人士劝募款项，征募医疗器具、药品等救济物资。

在国内，华中万国红十字会为推动会务顺利开展，积极向各界仁人志士发起劝募。例如，该会为在全国众多省份设立难民收容所，收容更多的难民，努力向中外各界人士募集资金：“现时战区日益扩大，此项救济难民工作，亟待进行，深望中外人士积极援助进行，钱财固为急需，即破旧衣服用品亦所欢迎云。”[6] 这一举措获得了社会各界人员的响应。除了广泛求助中外各界人士外，该会也在特定场合向特定团体求助。例如，该会副主席及劝募组负责人默思曾在武汉国际友谊社举行的会议上发表演讲，向参会的旅汉各国侨商劝募资金。默氏称：“该会募

① 《华中万国红十字会概况》，《上海医事周刊》1938年第4卷第40期，第4页。

② 南开大学历史系《中国史论集》编辑组编：《中国史论集》，天津古籍出版社1994年版，第453页。

③ 《政院拨款三万元救济难民》，《申报》1938年1月20日。

④ 湖北省委党史研究室编：《湖北省抗日战争时期人口伤亡和财产损失》，中共党史出版社2014年版，第392页。

⑤ 《华中万国红十字会概况》，《上海医事周刊》1938年第4卷第40期，第4页。

⑥ 《华中万国红会劝募难民收容所基金》，《大公报》1937年12月14日。

款已达三万三千余元，但以武汉三镇汇集伤兵及病苦难民日多，公、私立各医院及民众爱国团体虽热心救治，终不免心有余而力不足。华中万国红十字会可参加服务之机会无穷，刻已在郑州设病床三百具，本地各项工作亦在推进中。惟以事工浩繁，而经济力不足，国外募捐尚须五十日始可源源而来。在此远不济急情形之下，深望我武汉素具国际兴趣之外侨，解囊相助云云。”① 此举收效良好，参会英国侨商易普时当即提议自国际友谊社存款中拨万元捐赠该会，美国侨商彭思生附议，与会人员全体一致通过。

此外，华中万国红十字会亦主动邀请社会名人至会参观，并向他们发起劝募。例如，会长吴国桢及副会长默思曾联名柬请汉口市中外名流参观该会求助部的工作，到者共100余人。吴国桢在致辞中发起劝募：“此次邀请各位参加，希望于此会中，各位能捐助本会所急需之邮费用款。”② 默思也表示希望大家能够互帮互助，捐助向国外发大批求助信函所需的邮资或者邮票皆可。旅居汉口的外国侨民也热心帮助华中万国红十字会筹集善款。汉口市国际外交界人士及英国驻汉海军人员曾在维多利影剧院排演《近官得贵》歌唱三幕剧，票价分1元、2元及3元三种，邀请各国使馆人员等出席观看③。所得演出收入一律捐给华中万国红十字会与国际医院，以作救济经费。

对国外，华中万国红十字会设立求助部，广发求助信函。至1937年11月2日，求助部向海外各国报馆、各大公司、各大银行、大学、商会及社会名流共发出求助信函1.5万封④，以期募得国际资金捐助，供该会购置重要的医疗器具，开展救济工作。求助信的部分内容如下：

我们的会长是汉口市市长吴国桢博士，副会长是英国总领事默思先生，其余会员中有美国总领事及其他各国领事、天主教及中外商界同人，我们需要，并且切望你们各个人的帮助！但是这还不够！我们请求你们把这种恐怖的紧急事件，转告友人及各团体，并请他们深切的注意！捐款请用电汇，或由中国汉口汇丰银行或花旗银行收转万国红十字会会计处。即或你的捐款很少，亦能救济或救活一部分可怜的受难者。倘使你的捐款很多，也都直接用在救济伤兵与罹难的民众！寄这些求助

① 《国际友谊社捐款一万元》，《大公报》1937年10月2日。
② 《华中万国红十字会求助部昨招待各界参观》，《大公报》1937年10月13日。
③ 《华中万国红会劝募难民收容所基金》，《大公报》1937年12月14日。
④ 《华中红会国外捐款求助部刻已决定支配办法》，《大公报》1937年11月3日。

信邮费，都是一般苦力们所捐的血汗钱，和孩童们节省饭食的钱，我们把这种神圣的工作，托付你们，我们请求你们为人道、为西方人的声望，慷慨的捐助！[①]

这些求助信的内容体现了国内民众内心深切的渴求，希望国际友人与团体能够伸出援手，无论捐款多少，都被期待与肯定。当然，华中万国红十字会的外籍会员们也主动给自己的祖国去信，请求援助。例如，鉴于意大利是医药用品的主要输出国，华中万国红十字会的意籍会员施醴芬去函意大利政府及社会人士，请求捐助医药用品[②]；求助部负责人爱德华亦曾表示将以其私人名义，向美国各大行商、厂家劝募[③]。

华中万国红十字会全体成员积极奔走劝募，在国内和国际上产生了较大的反响，国内外个人与团体踊跃捐助资金与物品。1937 年 10 月，美国施美洋行经理捐助美金 5000 元，其友人捐助美金百元，约合华币 2 万余元，此为华中万国红十字会收到的第一批国外捐款[④]。之后，世界各国的捐助物资陆续而来。截至 1938 年 4 月 8 日，该会所收到的捐款与药品共计 909200 余元，其中现款约 80 万元。在捐款中，国内捐助 12 万余元，卫生署补助 20 万元，其余为海外捐款；英国捐助最多，计现款 20 万余元、药品 6.6 万余元，美国、加拿大、洪都拉斯、法国次之。此外，瑞典、印度、南非及澳大利亚等地亦热心捐助[⑤]。自 1939 年 2 月至 1941 年 8 月，中国银行新加坡、巴达维亚（雅加达）、棉兰等地分行、经理处和泗水华侨银行、棉兰中华商业银行及望加锡荷兰银行汇交贵阳中国银行“华中万国红十字会”账户的各项款项，共有法币 3758450 元、美金 209281 元、港币 18972 元、英金 3314 镑和荷币 268777 盾，按当时官方估计价折算，约合美金 260 万元，折黄金 230 万克[⑥]。可见，华中万国红十字会的劝募工作成果显著。

为了充分利用这些物品及款项，华中万国红十字会对其进行合理支配。该会求助部此前已决定外国捐助款项的支配办法，即国外捐款的 70% 用来支付收容伤兵的各医院费用，其余主要用来购买药品与治疗器

① 《华中万国红十字会求助部昨招待各界参观》，《大公报》1937 年 10 月 13 日。
② 《华中万国红十字会努力为伤兵服务》，《大公报》1937 年 10 月 30 日。
③ 《华中万国红会求助部积极募款》，《大公报》1937 年 10 月 14 日。
④ 《华中红十字会国外捐款第一批昨日收到》，《大公报》1937 年 10 月 23 日。
⑤ 《汉国际委员会收国内外捐款》，《新闻报》1938 年 4 月 10 日。
⑥ 李守明编：《贵阳文史》总第 3 辑，贵阳市政协 1997 年印行，第 47 页。

具，少量充作经常费和预备金①。这反映出该会所募款项的绝大部分用于资助医治并收容伤兵的各教会医院或私人医院，以及购买药品与医疗器材，只空出较少的一部分用来办公和作为预备金。截至 1938 年 2 月 25 日，华中万国红十字会共用于补助各难民收容所及医院、教会等现款 3.6 万余元，病床及医学器材 3.7 万余元，补助武汉三镇及鄂、豫、湘、赣、鲁、皖、陕、浙、苏等各省之医院现款 13 万余元，补助各教会医院现款 10 万余元，另 11 万余元补助各方为救济难民之用②。

由此可见，华中万国红十字会在救济难民、资助医院、救护伤兵等方面投入了大量的资金与精力，认真开展医疗卫生服务、伤兵救护以及难民救济等主要会务工作，成效显著。

第三节　中国国际救济委员会“脱胎”而生

随着战争形势的发展，华中万国红十字会于 1940 年 10 月迁至贵阳。后因与美国红十字会、英国公谊救护队及其他救济团体合作，扩大救济范围，华中万国红十字会原有组织已不合时宜，遂于 1941 年 10 月改组为中国国际救济委员会。抗战胜利后，中国国际救济委员会迁至上海。

中国国际救济委员会虽由华中万国红十字会改组而成，但其与华中万国红十字会存在较大差异，在组织机构、人员构成、设立宗旨及主办会务等方面既有对华中万国红十字会的继承与延续，亦有创新和发展。

一、华中万国红十字会改组与中国国际救济委员会诞生

1940 年，迁入贵阳的华中万国红十字会，为了更好地开展救护工作，积极寻求与美国红十字会、英国公谊救护队及其他救济团体间的合作，为此于 1941 年 10 月进行改组，并改名为中国国际救济委员会③。自此，中国国际救济委员会在华中万国红十字会的基础上成立，在全国范围内继续开展救济活动。

中国国际救济委员会由前华中万国红十字会、美国红十字会、英国公谊救护队及之后与该会合作之其他救济团体的代表共同组织，执行并扩充前华中万国红十字会在中国境内开办的救济灾难及贫穷的工作，同

① 《华中红会国外捐款　求助部刻已决定支配办法》，《大公报》1937 年 11 月 3 日。

② 《汉国际委员会收国内外捐款》，《新闻报》1938 年 4 月 10 日。

③ 《华中万国红十字会改称中国国际救济委员会呈送内政部组织章程及启用木质图记的有关文书（内有英文）》，中国第二历史档案馆藏，全宗号 12，目录号 6，案卷号 17039。

时承接前华中万国红十字会的资产及负债。《中国国际救济委员会组织章程》中明确指出了该委员会所需办理的工作：“（一）建立运输机构，以便运送医药器材，供给各救济团体；（二）维持并扩充各医院、难民收容所、保育院等机关之救济工作；（三）协助防止传染病疫之流行；（四）协助灾患后之恢复建设事业；（五）协助联系人民团体之救济工作，并向政府及其他救济机关介绍外籍工作人员；（六）促进国内各救济机关间及其与国外各救济机关间之合作。”① 其中，第（二）（三）（四）三项工作与改组前基本一致，而（一）（五）（六）三项工作却是新增事项。由此可见，中国国际救济委员会的会务与原华中万国红十字会相比，既有延续，亦有扩充。

二、中国国际救济委员会的运作

中国国际救济委员会由华中万国红十字会改组而成，其组织架构发生了改变，与原华中万国红十字会相比有所区别。

第一，机构设置方面。中国国际救济委员会设常务委员会，由5～15位委员组成，为最高权力机关。常务委员一般从政府官员、卫生医药专家、运输专家、商人以及其他办理救济事业者、有声望者中选聘，以私人资格参加会务，并由常务委员会公推1人为会长、1人为副会长、1人为驻会常务委员、1人为总干事、1人为主任秘书。先后担任中国国际救济委员会会长的有周诒春、李宗恩、沈克非等，委员有余心清、于树德、颜福庆等人②。鉴于中国国际救济委员会是由各救济团体共同组成，因此，美国红十字会、英国公谊救护队及其他较大的合作团体均可派代表参加常务委员会。常务委员会每年至少开两次会议，但若有会长或其代表，或经常务委员2人的提议，可召开临时会议③。

常务委员会最初设医药、运输、会计、视察4部，执行常务委员会的事务，由常务委员会指定驻会常务委员1人，督同总干事及主任秘书（后确定华籍、西籍各1人）负责办理。医药部附设药库，主要负责医药物资的分配，根据各医院的申请报告，分拟出药物清单，交由药库配发。运输部主要负责运输医药物资，最初由中国国际救济委员会自己负

① 《华中万国红十字会改称中国国际救济委员会呈送内政部组织章程及启用木质图记的有关文书（内有英文）》，中国第二历史档案馆藏，全宗号12，目录号6，案卷号17039。

② 薛毅、章鼎：《章元善与华洋义赈会》，中国文史出版社2002年版，第51页。

③ 《华中万国红十字会改称中国国际救济委员会呈送内政部组织章程及启用木质图记的有关文书（内有英文）》，中国第二历史档案馆藏，全宗号12，目录号6，案卷号17039。

责，后来将运输事务委托给公谊救护队代办，因为“这是一个由和平主义者，主要是英国的基督教徒组成的团体，他们用捐募来的各式卡车为我抗日战场服务”①，运输部因此后来被取消了。会计部主要负责财务方面的工作。视察部从未正式成立，之后也被撤销②。

常务委员会还下设专门委员会，如医药委员会、财务委员会、赈务委员会以及其他临时委员会等。此外，为方便支配赈款、医药器材以及调度人员，常务委员会在各地设立了区办事处，并指派代表负责执行相关事务③。另附设各地分会、公谊服务会、学生救济会等。

由此可见，随着救济工作的逐步开展以及会务的不断拓展，中国国际救济委员会的组织体系与分工结构也在逐步地进行调整与完善，这为其更好地开展业务，进行社会救济，提供了重要的保障。

第二，人员构成方面。由于中国国际救济委员会是与美国红十字会、英国公谊救护队及其他救济团体合作办理的社会组织，因此，该会的成员既包括前华中万国红十字会的部分成员，也包括美国红十字会、英国公谊救护队以及其他与之合作的各救济团体的成员，还包括一些社会名流等，总体上人员构成较为复杂。改组后，华中万国红十字会总干事缪经田、主任秘书宓维廉继续留会服务。宓维廉除担任本职工作外，还兼管运输部的事务，在缪经田被阻于香港期间，同时代理总干事职务④。华洋义赈会总干事章元善接受清华大学前校长、贵州省财政厅长周诒春的邀请，于1942年2月起在中国国际救济委员会就职，临时协助一切。随后，章元善就任驻会常务委员，着手整顿会务。他对于会中账目尤为重视，提议管理现金、保存单据等，由此奠定了中国国际救济委员会新会计制度的基础。

中国国际救济委员会成立后，许多社会救济团体及教会组织先后派遣职员襄理会务。例如，加拿大合一教会派宓柯海廉医师担任医药部主任；美国教会援华救济委员会调派文生担任副总干事、康俊霞任医药部医药器材总库库长；公谊救护队派遣华力包及施热济任医药部秘书；中

---

① 薛毅、章鼎：《章元善与华洋义赈会》，中国文史出版社2002年版，第52页。

② 重庆市档案馆编：《中国国际救济委员会第二年度报告书（1944年）》，《档案史料与研究》1995年第3期。

③ 《华中万国红十字会改称中国国际救济委员会呈送内政部组织章程及启用木质图记的有关文书（内有英文）》，中国第二历史档案馆藏，全宗号12，目录号6，案卷号17039。

④ 重庆市档案馆编：《中国国际救济委员会第一年度报告书（1943年）》，《档案史料与研究》1994年第4期。

华基督教卫理公会调派满秀实医师任医药部主任；循道公会派乔锡天医师任主任秘书后兼任医药部主任。此外，美国教会援华救济委员会调派刘芝碧殊、艾瑞史等，公谊救护队调派凯慈罗黎、柯克斯等，救世军调派欧瑞士来会，参加该会各项工作①。正是有这些组织、人员的鼎力配合，中国国际救济委员会在改组后得以顺利运转。

第三，设立宗旨方面。中国国际救济委员会的宗旨为“战时为灾难贫困办理救济事务及运送医药器材；战后协助从事社会福利事业，促进国内外救济机构间的合作”②。战时，中国国际救济委员会致力于救助灾民、难民，并对战区及灾区儿童、学生施以救济，发给奖学金、教科书等；开展医疗卫生服务，为各地输送医药器材，并同美国、英国、加拿大、新西兰、澳大利亚等国援华团体建立联系，以争取国外物资经费援助。战后，中国国际救济委员会致力于社会福利事业的发展，加强国内外各救济机构之间的联系。

第四，经费问题与管理方面。中国国际救济委员会的经费主要来源于政府拨款、各国私人捐助及团体捐赠。政府部门拨款是该会的“经常性收入”，此外资金来源多为私人及团体的捐助，其中以英、美两国人士捐助较多，例如：

1941 年 10 月至 1942 年 12 月，中国国际救济委员会收到华中万国红十字会移交的资产国币 3700578 元，政府拨款及津贴国币 3544200 元，美国教会援华救济委员会、英国援华救济联合会以及洋行经理李锐捐款国币 1772220 元③。

1943 年，国民政府赈济委员会拨款国币 60 万元、卫生署拨款 4 万元，美国教会援华救济委员会捐助国币 430 万元，蒋夫人宋美龄“支配之联合援华基金（伦敦）”共拨 8000 英镑，美国红十字会援华会捐助 1250 英镑，英国大使馆经拨英国援华救济联合会捐款共为国币 18. 8 万元，美国援华救济联合会捐款总数为国币 3287804. 87 元④。

1944 年，政府补助国币 5846950 元，美国援华救济联合会、美国教

① 重庆市档案馆编：《中国国际救济委员会第一年度报告书（1943 年）》，《档案史料与研究》1994 年第 4 期。

② 蔡鸿源、徐友春编：《民国会社党派大辞典》，黄山书社 2012 年版，第 158 页。

③ 重庆市档案馆编：《中国国际救济委员会第一年度报告书（1943 年）》，《档案史料与研究》1994 年第 4 期。

④ 重庆市档案馆编：《中国国际救济委员会第二年度报告书（1944 年）》，《档案史料与研究》1995 年第 3 期。

会援华救济委员会、全英助华联合总会、英国红十字会、加拿大中国战时救济会及其他国外团体捐款共计国币43697083.73元，国际援华团体还捐助了“42.09公吨的物资”[①]。

由上述可知，中国国际救济委员会的经费及物资绝大部分来自国际援华团体的捐赠。此外，中国国际救济委员会的经费来源还包括银行利息、收还货价、出售资产利润、开办国货公司及手工艺获得的收入、外币汇率利润等，虽然数目不多，但亦是该会办公经费的构成部分。

在中国国际救济委员会所收到的捐款中，若捐助方已指定该笔款项的用途，救济委员会则根据捐助方的意愿使用该笔钱款。若捐助方对所赠款项未指定用途，也没有附加条件，则该笔钱款由救济委员会根据实际救济工作的需要自行处置。例如，1941年10月至1942年12月，救济委员会收到政府拨款及津贴国币3544200元，其中国币275万元被指定用途[②]；1943年，美国援华救济联合会捐款总数为国币3287804.87元，其中240万元指定为作战区学生医药救济费用[③]。这两笔款项皆有指定用途，故救济委员会无权自行支配。未指定用途的款项，则归救济委员会常务委员会自行支配。例如，1943年美国教会援华救济委员会捐助国币430万元，未指定用途，救济委员会便从中拨360万元补助150家私立医院，以保持医院的工作运转，另拨50万元充河南灾区医药救济[④]。此外，救济委员会还将该年英国联合援华基金与美国红十字会援华会捐助的两笔款项用于在英国购买医药器材[⑤]。

三、中国国际救济委员会的终止

抗日战争胜利后，中国国际救济委员会迁至上海，继续在全国范围内开办社会救济及社会福利事业。1946年6月，蒋介石撕毁“双十协定”，对中原解放区发动进攻，全面内战爆发，中国国际救济委员会对

① 重庆市档案馆编：《中国国际救济委员会第三年度报告书（1945年）》，《档案史料与研究》2000年第4期。

② 重庆市档案馆编：《中国国际救济委员会第一年度报告书（1943年）》，《档案史料与研究》1994年第4期。

③ 重庆市档案馆编：《中国国际救济委员会第二年度报告书（1944年）》，《档案史料与研究》1995年第3期。

④ 重庆市档案馆编：《中国国际救济委员会第二年度报告书（1944年）》，《档案史料与研究》1995年第3期。

⑤ 重庆市档案馆编：《中国国际救济委员会第二年度报告书（1944年）》，《档案史料与研究》1995年第3期。

解放区的救济工作受到影响，开始逐步减少对解放区的援助，如“1947年，上海中国救济委员会全国总会因不愿救济物资流入解放区，停止往东北、西北、华北等地区分配物资”[①]，但在国统区照旧开展救济事宜。延至1948年，中国国际救济委员会多处分会因经济来源断绝，自行办理结束[②]。

1949年初，淮海战役胜利结束，长江以北地区基本解放。中国人民解放军整装待发，逼近南京，国民党政权岌岌可危，中国国际救济委员会不得不思考日后发展之路。3月4日，该会常务委员章元善提出个人意见，认为救济委员会在当前只有两条路可走：一是继续运转，一是停止办理。鉴于当时的政治形势，救济委员会决定紧缩机构，仅留下少数人处理后续事宜，整理文件档案，并将全部卷宗与财产保存完好，以迎接解放[③]。

1949年10月，中华人民共和国成立，百废待兴。1950年4月，中国人民救济代表会议召开，成立了中国人民救济总会，中国人民救济总会秘书长伍云甫在此次会议上提出：“对旧有的救济福利团体基本上应该采取团结改造的方针。”[④] 由此开始逐步对新中国成立之前存在的社会救济福利团体进行接收、调整与改造。其中，对类似于中国国际救济委员会之类的“国际的全国性团体，其大部分为接受外国津贴的救济团体，可根据政务院有关处理接受美国津贴救济机关会议的决定和处理办法予以处理”[⑤]。会后，周恩来总理接见各社团代表，对中国国际救济委员会的工作方向也做了指示。

1950年6月25日，朝鲜战争爆发。10月，中国人民志愿军入朝参战，中美关系全面恶化。12月3日，美国对输往中国大陆、香港及澳门的物资进行管制，并公布了禁运物资的清单；16日，美国国务院宣布冻结中华人民共和国在美国的一切财产，并禁止在美国注册的任何船只开往中国沿海口岸。英国也紧随其后，开始对中国实行封锁。对此，中国

① 辽宁省地方志编纂委员会办公室主编：《辽宁省志·宗教志》，辽宁人民出版社2002年版，第233页。

② 江西省政协文史资料研究委员会编：《江西文史资料选辑》第4辑，1982年印行，第139页。

③ 薛毅、章鼎：《章元善与华洋义赈会》，中国文史出版社2002年版，第59页。

④ 伍云甫：《关于旧有社会救济福利团体的团结改造问题》（1951年5月3日），北京市档案馆藏，档案号196-2-3。

⑤ 伍云甫：《关于旧有社会救济福利团体的团结改造问题》（1951年5月3日），北京市档案馆藏，档案号196-2-3。

中央人民政府政务院迅速做出反应，宣布管制美国在华的一切公私财产，并制定“关于处理接受美国津贴的文化教育救济机关及宗教团体的方针”。这些都加速了中国国际救济委员会的终结。1950 年底，政务院责成中国人民救济总会及其各地分会，对接受美国津贴的救济机关予以全部接办①，中国国际救济委员会亦在其列。

由于美、英等国对中国实施封锁及禁运，中国国际救济委员会实际上已再难维持。1950 年 12 月 25 日，中国国际救济委员会第九十五次常务委员会会议决议，将该会全部资产造册并将《中国国际救济委员会概况报告书》呈报中国人民救济总会。1951 年 2 月 16 日，伍云甫秘书长按册清点接收中国国际救济委员会移交的资产②。自此，中国国际救济委员会办理完全结束。

第四节　中国国际救济委员会的会务“传承”与拓展

中国国际救济委员会脱胎于华中万国红十字会，成立之后，除继续开展原有医药救济工作，为私立慈善医院等医疗机构提供医药器材及现金补助，并负责其医药运输工作外，同时还积极防治时疫，医治并研究肺结核症，协同救护人员开展灾区医药救济，为战地难民提供医药救助。此外，中国国际救济委员会亦继续协助政府有关部门开展指定救济事项，以及代收并支配海外侨胞的各种救国捐助。

一、中国国际救济委员会的会务“传承”

中国国际救济委员会对华中万国红十字会的会务“传承”，主要体现在如下诸方面。

其一，资助私立慈善医院。

中国国际救济委员会继续资助私立慈善医院，为其提供医药器材，并进行现金补助。1941 年，全国共有 129 处医务机关接受该会的医药器材补助③。中国国际救济委员会补助之器材，大都为旧存之物，是在中

① 《关于处理接受美国津贴的文化教育、救济机关及宗教团体的方针的报告》，《人民日报》1950 年 12 月 30 日。

② 薛毅、章鼎：《章元善与华洋义赈会》，中国文史出版社 2002 年版，第 60 页。

③ 重庆市档案馆编：《中国国际救济委员会第一年度报告书（1943 年）》，《档案史料与研究》1994 年第 4 期。

国对外交通的国际线路未断时，以较低价格购入的。同时，为了帮助各医院留住技术人员，中国国际救济委员会还增加了现金补助。1943 年，该会将美国援华救济联合会所捐款项国币 38032300 元，按月拨给全国各私立慈善医院①。虽然钱款较多，但由于拨款范围广泛，每间医院所得仍很有限。即便如此，一些医院仍可凭此补贴维持运转，持续救治伤病人员。后因战区扩大，部分医院失去联络，中国国际救济委员会拨给各地医院的补助费常因形势逆转而被退回，该会常务委员会遂最终决定将拨助至邻近战区的各医院的款项撤下，转为撤退医务人员及撤退后重新分配之用②。

为了能够持续为医院及医务机关拨助医药器材，中国国际救济委员会全年不间断地订购药品和器材，如该会曾与印度商谈良久，购得 1 吨多的急需器材，还在英、美两国订购一年所需之药材③。同时，该会也向卫生署战时医疗药品经理委员会购买医药器材，而卫生署战时医疗药品经理委员会对此十分支持，通常会以低价出售。受该会资助药品的医疗机构，仅限私立医院、临时实习所及麻风院等，因为这些组织最初为民众福利而设。除了拨给药品外，该会还会为这些机构提供技术与器械等其他资助。此外，中国国际救济委员会非常重视医药器材的配发效率，务求快速高效，以便各医疗机构能及时得到医药补助。药品配发的一般程序是：在收到各机构的申请书后，该会先查其上次拨助数量，再核查其工作范围及成效，判断运输是否便利，考量仓储数量与其需要数目之比例以及其他待配发机构的需求；逐一核实评判后，决定其应给之数量及次序，即行包装分配，设法于最短期内运出④。

其二，为各地运输药材。

除了购买药品，为各地私立医院提供医药器材及钱款补助外，中国国际救济委员会还负责各地医务机关的药材运输工作。“本会向例，凡

① 重庆市档案馆编：《中国国际救济委员会第二年度报告书（1944 年）》，《档案史料与研究》1995 年第 3 期。

② 重庆市档案馆编：《中国国际救济委员会第三年度报告书（1945 年）》，《档案史料与研究》2000 年第 4 期。

③ 重庆市档案馆编：《中国国际救济委员会第二年度报告书（1944 年）》，《档案史料与研究》1995 年第 3 期。

④ 《中国国际救济委员会报告书第四号（附会计年报）》，中国第二历史档案馆藏，全宗号 12，目录号 6，案卷号 17049。

经本会发出之药品，本会均为运送至各医务机关便于接收之地点，以期彻底”[1]。起初，该会自己负责运输工作，在1941年10月至1942年1月间，共运输药品计4万吨公里。后因公谊救护队来华服务，从1942年2月开始，中国国际救济委员会便将运输事项交由其代办，所有厂房、车辆、备存燃料、配件、工具全部移交该队利用与处置。1942年，公谊救护队共“运输药品103.674公吨”[2]。战争期间，运送医药物品至各地医院较为困难，公谊救护队连同汽车队、修车工匠及在途工作人员全体出动，参加运输工作。无论遇到何种困境，该救护队都毅然前行，必将医药物资及时送达目的地，使得大部分医疗机构能及时获得物资供应，从而继续推进伤兵、难民的救护工作，以救助更多的人员。

其三，防治时疫。

中国国际救济委员会特别注重时疫的防治。凡是向该会及其所属分会申请或定购痘苗、疫苗的医疗机构，都可优先得到分配。卫生署及中央防疫处亦积极协助此项工作。1943年，中国国际救济委员会无偿配发至各地医疗处、所的痘苗及疫苗共值国币26.5万元，其中卫生署拨助4万元[3]。除了配发痘苗与疫苗外，该会还输送防疫所需的重要医药器材至开展防疫工作的中心地点。此项工作的开展，一定程度上有利于对当时如闽、浙两省时疫的控制以及其他地区小规模传染病的防治等工作。

其四，医治并研究肺结核症。

中国国际救济委员会一直都很关注肺结核症的防治，积极研究和治疗这一病症。1945年，该会以成都为基础，设立四川防痨协会，吸收社会各界领袖为会员[4]，从而成为各省成立协会之先声；同时，该会并联络上海与北平两处，共同组织全国防痨总会，以期解决此项医疗难题，服务广大社会群众。

其五，协助灾区医药救济。

中国国际救济委员会亦协助其他团体及个人开展灾区的医药救济。1942—1943年，河南爆发了极其严重的灾荒，“一路上的村庄，十室九

① 重庆市档案馆编：《中国国际救济委员会第一年度报告书（1943年）》，《档案史料与研究》1994年第4期。

② 重庆市档案馆编：《中国国际救济委员会第一年度报告书（1943年）》，《档案史料与研究》1994年第4期。

③ 重庆市档案馆编：《中国国际救济委员会第二年度报告书（1944年）》，《档案史料与研究》1995年第3期。

④ 《中国国际救济委员会报告书第四号（附会计年报）》，中国第二历史档案馆藏，全宗号12，目录号6，案卷号17049。

空了，几条饿狗畏缩着尾巴，在村口绕来绕去也找不到食物，不通人性的牲畜却吃起自己主人的饿殍”[1]，其状惨烈。为了救济豫灾，中国国际救济委员会捐出大量的库存药材，还向卫生署战时医疗药品经理委员会购置部分药材一并捐助，同时负责运豫的重要药品、外科器材及工作人员的管理工作，豫灾医药救济人员的膳食及旅费也都由该会支付[2]。这些救济人员来自成都华西大学，包括内科、外科、牙科等工作人员，他们放弃暑期休息时间，奔赴灾区开展救济工作。中国国际救济委员会随同他们赶赴灾区，协助救灾。

其六，为战区伤兵、难民提供医药救助。

中国国际救济委员会继续开展伤兵、难民的救济工作，为战区伤兵、难民提供医药救助。1944 年，河南战役爆发，日军随后进犯湘、桂、黔地区，一路死伤无数。中国国际救济委员会迅速采取行动，派遣救护人员前往战区救治伤兵、难民，并为流离在途以及入住收容所的难民提供医药救助[3]。

其七，协助政府部门开展救济工作。

中国国际救济委员会还继续协助政府部门开展救济工作。第一，协助行政院运输友邦捐赠的药品。1942 年，该会承行政院嘱托，负责协运海外捐赠的药品，将应运药品自口岸输送至内地医院。此项委派于 1943 年 2 月底期满停止[4]，其间行政院下拨津贴，以补助该会办理此项工作。第二，协助卫生署发放免疫血清、痘苗等防疫药品。中国国际救济委员会的各联络机关承卫生署委托，负责在各地发放各种免疫血清与痘苗。此项工作有助于湘西及黔、桂沿路各地防治霍乱疫情。第三，协助主管机关救助过境侨胞。对于过境的侨胞，主管机关负责收容与招待，中国国际救济委员会从旁协助，给予侨胞适当的接济与救助，以减少其病累，舒缓其情绪[5]。

其八，代收侨胞各种救国捐助。

---

① 《豫灾实录》，《大公报》1943 年 2 月 1 日。

② 重庆市档案馆编：《中国国际救济委员会第二年度报告书（1944 年）》，《档案史料与研究》1995 年第 3 期。

③ 重庆市档案馆编：《中国国际救济委员会第三年度报告书（1945 年）》，《档案史料与研究》2000 年第 4 期。

④ 重庆市档案馆编：《中国国际救济委员会第二年度报告书（1944 年）》，《档案史料与研究》1995 年第 3 期。

⑤ 重庆市档案馆编：《中国国际救济委员会第一年度报告书（1943 年）》，《档案史料与研究》1994 年第 4 期。

中国国际救济委员会成立之初，继续开展代理收解侨胞各种救国捐献的事务。抗日战争全面爆发后，南洋地区众多华侨对国内情况十分关切，纷纷慷慨捐助，其援助款项起初由华中万国红十字会接收，并代为管理与支配。华中万国红十字会后改组为中国国际救济委员会后，此项事务便由该会接手，继续开办。直至太平洋战事发生，南洋各地相继失陷，此项工作才告终止①。此后，中国国际救济委员会主要接收国外救济团体捐赠的药品、医疗器材等，并负责免费发放给各地的教会或私人医院②。

二、中国国际救济委员会拓展新会务

中国国际救济委员会除继续开展华中万国红十字会的医药救济、难民救护等会务外，还致力于拓展新会务。“向来办理之医药救济之外，本会业将组织章程加以修正，将在其他各方面，量力发展，聊尽天职”③。中国国际救济委员会在改组后，拓展了代理特约社会团体业务、扩大学生医药救济、协助教育事业、辅导手工业发展等新会务。

（一）代理特约社会团体业务

中国国际救济委员会在成立之初，物资储备充足，办事处的人事组织和设备亦算完备，工作效率较高，于是“在不妨本会工作限度内，亦可为工作相类之团体服务，藉以节省物力，发挥效益”④。因此，代理工作内容相似之团体的业务，遂成为中国国际救济委员会的会务之一。当时，教授补助金管理委员会、美国工界援华基金监理会、中国华洋义赈救灾总会服务委员会、中国麻风救济院重庆临时委员会、美国援华救济联合会急赈委员会、美国红十字会等社会救济团体，纷纷与中国国际救济委员会商定办法，委托该会代办其业务。以下简要介绍几项代办业务。

第一，管理教授补助金。抗日战争期间，鉴于国内大学的教授们生活极为窘迫，美国援华救济联合会在22所国立和私立大学成立了教职

① 重庆市档案馆编：《中国国际救济委员会第一年度报告书（1943年）》，《档案史料与研究》1994年第4期。

② 薛毅、章鼎：《章元善与华洋义赈会》，中国文史出版社2002年版，第51页。

③ 重庆市档案馆编：《中国国际救济委员会第一年度报告书（1943年）》，《档案史料与研究》1994年第4期。

④ 重庆市档案馆编：《中国国际救济委员会第二年度报告书（1944年）》，《档案史料与研究》1995年第3期。

员委员会，为大学教授们提供医药援助、子女教育援助等，该项业务便委托中国国际救济委员会代办。中国国际救济委员会会长章元善接受委托，成立了救助金管理委员会并精心拟就实施办法，收到了较好的效果①。

第二，参与美国工界援华基金监理会的管理工作。1942 年，美国劳工联合会决定每年援助中国工人 66 万美元，将善款交由中国劳动协会，以举办中国工人福利事业，同时帮助沦陷区的技术工人内迁。美国援华救济联合会主持人艾德敷、中国劳动协会主持人朱学范和中国国际救济委员会会长章元善决定成立美国工界援华基金监理会，以监管此笔救助金的支配及使用。从 1943 年 3 月 5 日开始，美国劳工联合会将捐款转交美国工界援华基金监理会，兑换成中国货币，委托中国国际救济委员会代为管理②。

第三，管理社会工作人员补助金。战争时期，我国社会工作人员的处境也极为艰苦，美国援华救济联合会亦打算对其进行钱款补助。中国国际救济委员会就势提出补助社会工作人员的办法可仿照 1943 年举办教授补助金的方法办理。美国援华救济联合会采纳了此项提议，并嘱托社会工作人员补助金专门委员会独立负责推行此项救助事务，而该项工作亦由中国国际救济委员会代为办理③。

此外，中国国际救济委员会受中国麻风救济院重庆临时委员会委托，代其管理款项，以资病人应用，并将特种药物分赠各麻风病院；还代护士学校补助金委员会发给赈款及教本④。美国红十字会也委托中国国际救济委员会代其办理医药器材支配工作⑤。援华救济团体清算委员会亦委托中国国际救济委员会代办该会事务⑥。

对于代办工作内容相似之团体的业务，中国国际救济委员会自身也做了比较客观的评判："一个社团，代理其他团体业务，尚属创举。本

① 薛毅、章鼎：《章元善与华洋义赈会》，中国文史出版社 2002 年版，第 53—54 页。

② 薛毅、章鼎：《章元善与华洋义赈会》，中国文史出版社 2002 年版，第 53 页。

③ 重庆市档案馆编：《中国国际救济委员会第三年度报告书（1945 年）》，《档案史料与研究》2000 年第 4 期。

④ 《中国国际救济委员会报告书第四号（附会计年报）》，中国第二历史档案馆藏，全宗号 12，目录号 6，案卷号 17049。

⑤ 重庆市档案馆编：《中国国际救济委员会第一年度报告书（1943 年）》，《档案史料与研究》1994 年第 4 期。

⑥ 重庆市档案馆编：《中国国际救济委员会第三年度报告书（1945 年）》，《档案史料与研究》2000 年第 4 期。

会办公费用或将因之略增，但所增数额尚难确定。各种消耗物品归各团体自备之外，其他一切共同费用，均由本会负之。因此各团体办公费用大为减低，都在百分之一以下。各团体所办事工，往往不易以币额估计比较，例如美国红十字会之器材均称无值发放。且代理各团体之业务大都尚在开展阶段，支款尚少，其工作数量自难估计。”[①] 可见，中国国际救济委员会对开展“代理其他团体业务”这一项会务，是持认可态度的，认为这是能让双方团体皆受益的事情。委托中国国际救济委员会代办业务的社会团体减少了自己的办公费，中国国际救济委员会也获得了这些团体无偿捐赠的医药器材及救济资金，以救助罹难于战火及各种自然灾害中的中国民众。在初创阶段，此项工作一定程度上是互利共赢的。

（二）扩大学生医药救济

中国国际救济委员会除了在原有会务基础上进行医药救济外，同时扩大学生医药救济规模，与全国学生救济委员会合办专科以上学生的医药救济。全国学生救济委员会是由男女青年协会与世界学生救济会共同组织的[②]，主要开展学生救济工作。

抗战时期，沦陷区的学生流亡大后方，许多人生活困苦，全国学生救济委员会便在各大专院校办理学生救济工作，中国国际救济委员会与其合作办理学生医药救济，即全国学生救济委员会分派学生干事前往各院校，为患病的学生支付住院费用，中国国际救济委员会则负责报销[③]，并对患病学生发放如鱼肝油、链霉素等稀缺药品。1941 年 10 月至 1942 年底，中国国际救济委员会共拨出药品 40319. 73 元、补助金 148789. 88 元，并为各校诊疗所代购药品 67258. 48 元，共有 35 所专科以上学校接受此项学生医药救济[④]。中国国际救济委员会还与成都、贵阳的学校及医院合办学生肺病疗养院[⑤]。为了使学生救济工作更加务实、高效，中国国际救济委员会和全国学生救济委员会商订了有关支付贫苦学生医药

---

① 重庆市档案馆编：《中国国际救济委员会第一年度报告书（1943 年）》，《档案史料与研究》1994 年第 4 期。

② 重庆市档案馆编：《中国国际救济委员会第一年度报告书（1943 年）》，《档案史料与研究》1994 年第 4 期。

③ 薛毅、章鼎：《章元善与华洋义赈会》，中国文史出版社 2002 年版，第 52 页。

④ 重庆市档案馆编：《中国国际救济委员会第一年度报告书（1943 年）》，《档案史料与研究》1994 年第 4 期。

⑤ 重庆市档案馆编：《中国国际救济委员会第一年度报告书（1943 年）》，《档案史料与研究》1994 年第 4 期。

费用的章程，之后所有相关医疗费用的支付均按照章程办理。在1943年6月至12月的半年多时间内，中国国际救济委员会共救济了7个省份32所学校的229位学生①。随着时间的推移，该会开展的学生医药救济工作愈加熟练，并逐步扩大救济规模。至1944年，中国国际救济委员会与各地学校、医院密切配合，一共向24处教育中心、59所大中学校的646位学生提供救助，支出国币5108380.85元②；1945年，救助的大学数目增至67所，救济男女学生共1521名③。除了补助医药费用外，中国国际救济委员会还为视力弱的学生配购眼镜，1944年下半年，补助100多名在校大学生，为其配置眼镜，花费国币262778元④。

总之，中国国际救济委员会逐步扩大学生医药救济工作的规模与范围，为专科以上学生提供了更多的医疗救助及福利。

（三）整理手工艺

鉴于手工艺“可以吸收职业余间，利用当地材料，提高社会情绪”⑤，中国国际救济委员会决定着手整理并试办手工艺，引导手工艺的发展。最初，由于整理手工艺线索繁杂，入手困难，加之该会缺乏精通此方面的专家，导致工作进展缓慢，发展手工艺，可谓一波三折。在此情形下，中国国际救济委员会坚持发展手工艺，1943年7月，增设手工艺组，当时仅有半工雇员1人，至年底，也仅有3位成员，取得的成果甚少⑥。即便如此，中国国际救济委员会对手工艺业务仍充满信心，积极聘请技术人员以及其他相关人员，努力制作并逐步改进手工工具。至1944年，手工艺组制造了一种无簧木锁，被经济部准予专利5年，此为该会第一次取得手工艺专利权。同年7月1日，手工艺组编辑发行《手工艺》，初为季刊，后改成月刊，是当时国内唯一刊载手工艺相关内容

① 重庆市档案馆编：《中国国际救济委员会第二年度报告书（1944年）》，《档案史料与研究》1995年第3期。

② 重庆市档案馆编：《中国国际救济委员会第三年度报告书（1945年）》，《档案史料与研究》2000年第4期。

③ 《中国国际救济委员会报告书第四号（附会计年报）》，中国第二历史档案馆藏，全宗号12，目录号6，案卷号17049。

④ 重庆市档案馆编：《中国国际救济委员会第三年度报告书（1945年）》，《档案史料与研究》2000年第4期。

⑤ 重庆市档案馆编：《中国国际救济委员会第二年度报告书（1944年）》，《档案史料与研究》1995年第3期。

⑥ 重庆市档案馆编：《中国国际救济委员会第二年度报告书（1944年）》，《档案史料与研究》1995年第3期。

的刊物，主要报道手工艺组、手工艺协进会的工作情况，登载有关手工艺的调查报告及关于手工艺运动的论述，在社会上产生了较大的反响，吸引了300人对其进行赞助。中国国际救济委员会自己也感慨“手工艺复兴具有经济上之重要价值而为舆论所赞助”①。《手工艺》期刊后迁上海，改由中国手工艺协进会编印出版，1948年9月停刊，共出24期。《手工艺》上亦曾刊登有中国国际救济委员会提倡手工艺的目的，即“以手工艺为中心，试创一种新的方法来实施救济。其意义与昔日社会团体之以公路、水利、合作……为施赈的方法相同”②，既可安定社会，又能提高民众文化素养。中国国际救济委员会认为，将手工艺加以彻底整理，并助之发展，可以扩大人民之生计，而扩大生计又是最合理、最有效的救济方式。

至1945年，手工艺已经从小规模试验发展成为一项社会关注之事业。中国国际救济委员会在其当年的年度报告中指出，“此项工艺实为中国农村工艺，经提倡整顿后，堪为中国现代化机器工业之基础，不仅增进农民之购买力，且可提高人民之生活水准”③，十分认可手工艺的发展。不仅如此，该会还于是年7月1日至7日，在成都召开手工艺座谈会，公开讨论手工艺发展问题，丰子恺、刘开渠、郑林庄、梁仲华等各界代表63人出席会议。在此次座谈会上，各与会代表决定成立中国手工艺协进会，负责调查、组织训练等事务，并与由政府及社会团体赞助创设的业务机关中国手工艺产品公司相辅相成④。在中国国际救济委员会的积极推动下，全国人民逐渐认可并支持手工艺的发展，发展手工艺成为民众化的运动。

抗战胜利后，随着国内局势的变化，加之经济不景气，手工艺工作实难开展，中国手工艺产品公司濒于破产，《手工艺》期刊停办。新中国成立前夕，中国国际救济委员会决定停止工作，手工艺运动也随之停顿了⑤。

---

① 重庆市档案馆编：《中国国际救济委员会第三年度报告书（1945年）》，《档案史料与研究》2000年第4期。

② 《私立金陵大学为教科书印制等问题与教育部、中国国际救济委员会等单位的来往文书（内有英文）》，中国第二历史档案馆藏，全宗号649，案卷号475。

③ 《中国国际救济委员会报告书第四号（附会计年报）》，中国第二历史档案馆藏，全宗号12，目录号6，案卷号17049。

④ 薛毅、章鼎：《章元善与华洋义赈会》，中国文史出版社2002年版，第56页。

⑤ 薛毅、章鼎：《章元善与华洋义赈会》，中国文史出版社2002年版，第57页。

（四）供应高等院校教科书

中国国际救济委员会为弥补战时各高等院校教科书的缺失，影印了大量美国原版教科书，并将其供应给各专科以上院校，以协助我国教育事业的恢复与发展。

抗日战争期间，日本军队疯狂劫掠和破坏我国高等院校的藏书，对中国教育及文化事业的发展造成了极其严重的影响。据统计资料显示，截至 1939 年，全国各国立、省立和私立大学分别损失图书 1191447 册、104950 册和 1533989 册，共计是 2830386 册①。而这些大学中，以北大和清华的损失最为严重。为解决各大高校急需教科书的问题，中国国际救济委员会与美国援华救济联合会商议，希望其拨出专款办理专科以上学生课本事宜。经过多方讨论，中国国际救济委员会决定先行试办，推选委员负责书目审定等工作，制定课本征求的程序，即先提出需要课本的种类，后送达各院校征求意见。但因款额有限，“每一课目选定一种，每种总数以二十为限”②。1943 年，中国国际救济委员会向 30 所学校提供了急需之教科书名录，这些学校从中选择了 28 种教科书③。1944 年，美国副总统华莱士访华时，携带了国内急需的 27 种原版教科书④，经教育部、美国援华救济联合会及中国国际救济委员会洽商，决定各拨 500 万元用于影印教科书⑤。中国国际救济委员会负责联系印刷厂，签订影印合同，并具体负责影印事宜。

（五）促进国内外救济机构间的联系

中国国际救济委员会致力于促进国内外各社会救济机构间的联系与合作。

一是促进国内各救济机构间的联系。中国国际救济委员会部分会务的开展得益于有关机关的密切配合，然而该会起初并未与这些机关确立正式关系，导致某些团体冒用该会名义进行招摇撞骗，混淆社会及地方政府视听，严重影响该会的声誉。为了杜绝此种现象，中国国际救济委

① 涂上飙：《乐山时期的武汉大学（1938—1946）》，长江文艺出版社 2009 年版，第 44 页。

② 涂上飙：《乐山时期的武汉大学（1938—1946）》，长江文艺出版社 2009 年版，第 44 页。

③ 重庆市档案馆编：《中国国际救济委员会第二年度报告书（1944 年）》，《档案史料与研究》1995 年第 3 期。

④ 重庆市档案馆编：《中国国际救济委员会第三年度报告书（1945 年）》，《档案史料与研究》2000 年第 4 期。

⑤ 重庆市档案馆编：《中国国际救济委员会第三年度报告书（1945 年）》，《档案史料与研究》2000 年第 4 期。

员会决定加强与各合作机构之间的联系，采取必要措施，使与自己合作的机关之间的关系符合规则，并于必要地点设立分会①。例如 1944 年，中国国际救济委员会在各重要地点设立正式的地方团体，并加强他们之间的联系。为了发展成全国性的团体，提高战后服务水平，保障自身与各联合团体的信誉，该会还积极促进为同一目的而与其合作的各地方团体的联合。至 1944 年底，该会共洽商 13 个地方团体，其中江西、广西两地委员会已获得正式证件，成为中国国际救济委员会在这两省之分会②。

二是促进国内外社会救济团体在事业上的联系。教授补助金为美国援华救济联合会举办的工作之一，由中国国际救济委员会代办。先前进行医药补助时，系依所报账单，代付现款，后来发现有牟利之徒利用此款，抬高药价，从中渔利③。为杜绝此种现象，中国国际救济委员会就库存药品中，将各教授所需药品直接交付，减少现金补助。此次试办成功，其他社会团体亦逐渐采取此种方式，促进了国内外社会救济团体在事业上的联系。

三是促进国内外救济机构间的合作。中国国际救济委员会积极与国际救济机构开展合作，促进国内外救济机构间的联系。例如，该会与美国红十字会、英国红十字会、加拿大红十字会、加拿大援华总会、美国援华救济联合会、美国教会援华救济委员会、全英援华联合会、中国天主教医药服务处、中华基督教协进会共同组建“援华救济团体联合委员会”，办理各救济团体关于救济的统筹事务。各救济团体派代表按期开会，汇集情报，公开审核各地申请的救济案件，并将其所存救济品及款项公开评估，商定应付各地特殊需要的办法，向有关团体提出建议，以资采择④。此联合会的设立，有助于加强国内外救济机构间的联系与合作。此外，中国国际救济委员会还向其他救济机关介绍外籍工作人员。例如 1941 年，该会曾介绍美籍的约翰文生至中国红十

---

① 重庆市档案馆编：《中国国际救济委员会第二年度报告书（1944 年）》，《档案史料与研究》1995 年第 3 期。

② 重庆市档案馆编：《中国国际救济委员会第三年度报告书（1945 年）》，《档案史料与研究》2000 年第 4 期。

③ 重庆市档案馆编：《中国国际救济委员会第三年度报告书（1945 年）》，《档案史料与研究》2000 年第 4 期。

④ 《中国国际救济委员会报告书第四号（附会计年报）》，中国第二历史档案馆藏，全宗号 12，目录号 6，案卷号 17049。

字会救护总队服务[1]，加强了国际援华医疗队与救护总队之间的联系与合作。

第五节 “两会”的作用和影响

华中万国红十字会诞生于抗日战争全面爆发时期，自诞生之日起，一直致力于伤兵、难民的收容、救治及看护工作，并积极开办医疗卫生服务、伤兵救护、难民救济、物资征募等会务。该会资助了大批教会及私人医院，收容与救治伤兵、难民无数，在战火纷飞的年代，发扬了人道主义精神，为处于恶劣生存环境下的中国民众带去了一丝温暖与希望。宋美龄作为该会的赞助人，曾嘉许并赞佩该会及汉口中外慈善人士的救济工作：“贵会及社会全体，在此国难时致力救助工作，委员长及鄙人同深嘉慰。以中国每届忧患之际，辄闻汉口方面，有热烈救济精神之高度表现，诸君今日所作义举，只是循辙前进。回念过去汉口外侨及本国民众之热情善行，吾等已有丰富经验与认识，当能博得各方同情，关于鄙人得参与其间事，益觉欣幸不置。”[2] 湖北省政府主席何成濬也曾评价：“此次抗战期中，关于后方救护工作极为重要，华中万国红十字会诸位先生有见及此，热心赞助，十分努力，使我后方医院和医师，均感到一种便利和鼓励，并且使每个受伤的将士，得到身体和精神上的快慰，早复健康，更向世界各国呼吁，暴露了日寇的残忍，博得国际间的同情和援助。这种为人道为正义工作，实在使我们钦敬，现在谨代表全国的同胞，向各位致最敬的谢意。”[3] 可见，华中万国红十字会作为办理社会慈善事业的民间组织，得到了政府和社会的广泛赞许。

此外，该会的工作也得到了国际红十字组织的认可。1937 年 11 月，日内瓦万国红十字会代表华脱维尔及中国红十字会秘书长庞京周等访问武汉并参观了华中万国红十字会，华中万国红十字会副主席默思报告了该会成立后的工作概况。华脱维尔等人“对华中万国红十字会之工作成绩及现时进行计划，颇认为满意云”[4]。中国国际救济委员会的各项工作同样可圈可点。综合起来看，无论是华中万国红十字会，还是中国国际

① 贵阳市人民政府新闻办公室编：《经霜的红叶：国际援华医疗队的故事》，五洲传播出版社 2007 年版，第 18 页。

② 《蒋夫人电复驻汉英领嘉许会中工作》，《大公报》1937 年 10 月 6 日。

③ 《何主任昨举行茶会招待红会职员》，《大公报》1937 年 11 月 5 日。

④ 《华中红会国外捐款求助部刻已决定支配办法》，《大公报》1937 年 11 月 3 日。

救济委员会，其主要作用和影响，有以下几个方面。

一、鼓舞民众抗战士气

抗日战争全面爆发后，我国大片国土为日寇占领，人民的生命财产损失惨重。华中万国红十字会及中国国际救济委员会自成立后，一直致力于战区及沦陷区的伤兵救护、难民救济、医疗卫生服务以及物资征募等工作，收容并救治前线的受伤士兵及后方的难民，主动投身战地救护，昭示着国内民众团结一心、共同抗日的决心，增强了中国人民抗战必胜的信心。与华中万国红十字会及中国国际救济委员会合作的国外救济团体也纷纷捐助款项、援助物资或是派员来华协助，其援华举措贯穿全面抗战始终。这些国际机构的援助，不仅是战时救济物资重要的国际来源，也是开展救护工作的强有力后盾。此外，新加坡、马来西亚及印度尼西亚等东南亚国家的侨胞对国内抗战形势及社会状况也极为关注，成立了众多的救助支援机构，广泛募集钱款，购买医药器材等物资，委托华中万国红十字会及中国国际救济委员会赈济国内伤兵和难民①，体现了广大侨胞对祖国和人民血浓于水的深厚感情与坚持战斗的决心。

“得道多助，失道寡助”，自古以来就是至理名言，在反法西斯斗争中，中国军民得到国内外各界人士的支持。华中万国红十字会及中国国际救济委员会各成员的人道主义精神，及与其合作之国内外救济团体、海外华人华侨等的慷慨援助与支持，坚定了中国军民团结抗战、保家卫国的决心与信心。

二、缓解人民痛苦

华中万国红十字会及中国国际救济委员会成立于抗日战争全面爆发时期，成立后即积极开展伤兵、难民的救护工作，推动手工艺、教育及文化事业的恢复与发展，在一定程度上缓解了人民的痛苦，稳定了社会秩序。

全面抗战爆发后，大量民众背井离乡，流离失所，伤亡惨重，华中万国红十字会及中国国际救济委员会充分利用其组织功能，动员国内外一切救护力量，在全面抗战 8 年的时间内源源不断地开展物质与精神上的人道援助，给身处战争灾难中的人们带去光明与希望。其次，华中万国红十字会及中国国际救济委员会对各战区及沦陷区的私立慈善医院和

① 李守明编：《贵阳文史》总第 3 辑，贵阳市政协 1997 年印行，第 47 页。

医疗机构进行医药物资与医疗技术的援助，使其得以维持正常运转，以救助更多的伤兵、难民，减少了人员伤亡。同时，华中万国红十字会及中国国际救济委员会还注重疫疠防治，致力于攻克当时严重威胁普通民众生命健康的肺结核症，这对控制时疫、防治小规模传染病等起到了积极作用。此外，华中万国红十字会及中国国际救济委员会努力救助学生、教授、工人等社会群体，如扩大学生医药救济，为流亡后方、生活困苦的大专院校学生提供医疗救助，并为视力较弱的学生免费配置眼镜，援助与安抚国家未来的建设人才；管理教授补助金，为大学教授提供医药援助、子女教育援助等；参与美国工界援华基金监理会的管理工作，为中国工人提供救助金；管理社会工作人员补助金，对社会工作者进行钱款补助等①。不仅如此，华中万国红十字会和中国国际救济委员会还积极协助各项社会事业的发展，如影印各科教材，供应于各高等院校，增设手工艺组，创办《手工艺》期刊，召开手工艺座谈会，成立中国手工艺协进会等，促进了社会教育、文化及手工业的发展，有利于恢复生产。

由上述可知，华中万国红十字会及中国国际救济委员会各项会务的开展，一定程度上缓解了战时中国伤兵、难民的痛苦，改善了社会民众的生活水平，稳定了社会秩序，促进了社会生产的恢复与发展。

三、加强国内外救济机构间的合作

华中万国红十字会及中国国际救济委员会是由中外救济机构联合组成的国际性救济团体，与美国红十字会、英国公谊救护队以及其他与之合作的各救济团体共同开展社会救济工作。在开展救济的过程中，这些国内救济团体与国际援华机构利用各自的优势互相配合，彼此协助，最大限度地整合并利用社会资源，进行社会援助。同时，这些国内外救济机构还加强了彼此间的联系与配合，积极推动各项会务的开办与拓展。抗战后期，中国国际救济委员会还与美国红十字会、美国教会援华救济委员会、美国援华救济联合会、英国红十字会、全英援华联合会、加拿大红十字会、加拿大援华总会、中国天主教医药服务处、中华基督教协进会等国内外救济团体共同组建“援华救济团体联合委员会”，办理各

① 薛毅、章鼎：《章元善与华洋义赈会》，中国文史出版社2002年版，第51—53页。

救济团体关于救济案件的统筹事务，更是加深了彼此间的合作与联系[①]。

四、弘扬人道主义精神

在全面抗战时期，华中万国红十字会及中国国际救济委员会积极救护各战区及沦陷区的伤兵与难民，为其提供医疗救治与资金援助，挽救了大量同胞的生命。在战火纷飞的年代，华中万国红十字会及中国国际救济委员会，连同与之开展合作的美国红十字会、英国公谊救护队等国内外救济团体一起，跨越国籍、种族及信仰的差别鸿沟，积极行动起来，有的援助医药物资，有的捐赠救济钱款，有的提供办事人员，共同致力于中国民众的救护事业。特别是那些来华援助的外籍办事人员，不怕牺牲，不畏艰险，奔赴战区，努力开展救济工作，在中华大地上留下了值得书写的一笔。

正是由于华中万国红十字会及中国国际救济委员会中外全体成员的不懈努力与无私奉献，使得炮火中的民众得到了身体及心灵上的慰藉，弘扬了红十字的国际人道主义精神。

① 《中国国际救济委员会报告书第四号（附会计年报）》，中国第二历史档案馆藏，全宗号12，目录号6，案卷号17049。

第六章　广州万国红十字会服务团的医疗救助

全面抗战以来，广州及其附近要地遭受重创，以战时救护为天职的红十字会在救护伤兵及难民方面发挥了突出作用。广州分会作为广东地区中国红十字会分会的代表之一，开展了卓有成效的救护。同时，冠名“红十字”之名的广州万国红十字会服务团在战争中诞生，依靠有限的人才和外部资金进行抗战救护，工作内容围绕医疗救助和公共卫生服务展开。本章就此问题进行考察。

第一节　广州万国红十字会服务团的组设

全面抗战时期，广州作为日军对华侵略的一个战略重点遭受重创。为了救护伤兵及难民，广州一些慈善团体开展了战时救援活动，而以战时救护为天职的红十字会更是发挥了突出作用。广州万国红十字会服务团作为一个“红十字”组织，当时在广州及其邻近地区开展了一些医疗卫生救护工作，拯救了一大批伤兵难民，在红十字运动历史上应有一席之地。不过，中国红十字会广州分会作为广州地区的“红十字”组织积极开展抗战救护工作，那么广州万国红十字会服务团是不是中国红十字会广州分会的派出机构呢？答案是否定的。应当说，广州万国红十字会服务团是广州万国红十字会的析出机构，而广州万国红十字会不等于中国红十字会广州分会，所以要了解广州地区红十字运动状况，或者说要研究广州万国红十字会服务团的战时救护状况，厘清中国红十字会广州分会的组织结构及其全面抗战时期的救护概况是前提。换言之，当提及广州万国红十字会服务团的时候，不能将其作为中国红十字会广州分会加以研究。这是必须要辨明的。这也是防止之后概念混乱的前提。

一、全面抗战时期的中国红十字会广州分会

1905年，马达臣等人创立粤东红十字会（前身为粤东赤十字社）；同年，粤东红十字会迁址广州市河南，改名为“红十字会番禺分会”[①]。马达臣是当年广州抵制美货运动的主要领导人。当时，美国排华愈演愈烈，马达臣和潘信明、夏重民3人因宣传“谁抬轿载美国人谁就是乌龟”一事被捕入狱。1909年，马达臣曾率领红十字会同仁抢救停泊在大沙头陷于火灾的妓艇，当时已延烧船只30多艘，被烧及溺水数百人，马达臣等人不避危险，有条不紊，当场救活8人。1911年武昌起义爆发后，马达臣奉孙中山之命率领红十字救护队员北上参加救护，积劳成疾，不幸病逝[②]。不过，马达臣等人创立的红十字会只是以红十字名义开展医疗救护工作，跟当时上海的红十字会组织并无隶属关系。至1915年陈炯明主持粤政时，“红十字会番禺分会”已改组为中国红十字会广州分会。1923年，“中国红十字会因办理救护粤战伤兵事宜，上海总办事处与广州分会，时有文电往还”[③]。

从上述广州分会的组织沿革及数十年工作经历言之，到全面抗战初期，该分会已经有一定的抗战救护“基础”了，所以开展工作比较迅速、高效。

其一，卢沟桥事变以后，广州分会副会长朱广陶为“保卫广州和积极做好防空救护工作”，建立起全市的救护组织，即设立救护总指挥部，将救护人员分成4个大队，每个救护大队均配有救护车，全市10辆救护车均为香港线衫工会捐赠；同时成立珠江水上救护队并配备救护船。此后又增加诸多救护队，包括中华救护大队、强华大队、机器工会救护大队、广州市基督教青年会救护大队等，又增设拯救挖掘队、运输队、掩埋队，兴建临时难民收容所，将市内坚固建筑物划成避难所，并开展战地救护训练[④]。

其二，由广州分会附属医院进行医疗救护。1916年，陆如磋担任广

---

① 广州市红十字会医院：《广州市红十字会医院（暨南大学医学院第四附属医院）院志》，广州市红十字会医院2004年编印，第3页。1923年以后所说的番禺分会与此处不为同一个红十字会。

② 《追踪中国最早“红十字会番禺分会”》，http：//news. ifeng. com/history/gundong/detail_2013_ 09/14/29609699_ 0. shtml。

③ 《红会救护粤战伤兵之电文》，《申报》1923年4月29日。

④ 刘荣伦、顾玉潜编：《中国卫生行政史略》，广东科技出版社2007年版，第242页。

州分会会长时，筹资创设“广东河南红十字分会附属医院”，即广州分会附属医院。1917 年，凭着优界义演的捐助又扩建“第一留医院，第二留医院，星洲堂第一、第二课室及宿舍等”，将全部扩建前后的医院统一挂出“中国红十字会总会广东河南分会附属医院”的牌子，施行门诊及留医。1923 年，医院改名为“福民医院”，并从由广州分会管辖改为由番禺分会管辖。1930 年以后，福民医院重新划归广州分会管辖，“回归”广州分会附属医院。1937 年全面抗战开始后，该附属医院承担了相当分量的医疗救护工作：当年秋天开始，广州市区遭到轰炸，众多无辜市民受伤，医院病床及药械等顿感不敷，所幸有“国际红十字会和爱国华侨的踊跃捐助”①，迅速增加病床并加强医疗管理，使得更多受伤市民及北方难胞得以妥善安置；与此同时，医院还组建了第一救护大队，新招收救护队员，配备担架、救护药品等，并向队员分发衣帽、袖章，对他们进行“急救知识、救护操作和急救药物使用等基本训练”②，遇有日军侵袭则做好出发准备，警报一旦解除则赴灾区运送伤员。该院当时委托德国医生柯道主持，抗战胜利后被广州市红十字会收回，“在市内仍设红十字会诊所五间，主要为贫苦百姓服务”③。

由上述不难看出，从中国有红十字会开始，广东地区就不乏红十字会进行伤病救护。不过，全面抗战以前，广东的人道救援都是中国红十字会总会及其分会实施的；全面抗战以后，广州万国红十字会服务团诞生，从而跻身为另一股救援力量。

二、广州万国红十字会的成立

1937 年全面抗战爆发后，友邦人士和国内同人④，本着人道主义精神，在广州成立了万国红十字会。该会以“救死扶伤”“赈济难民”为己任，并得到“中国红十字会认许立案，颁发成立证书”⑤。换言之，广州万国红十字会虽得以红十字名义成立组织，且得到中国红十字会准许立案，但它却是一个全新的组织。在名称上，它也“复制”了当时上海

① 广州市红十字会医院：《广州市红十字会医院（暨南大学医学院第四附属医院）院志》，广州市红十字会医院 2004 年编印，第 4 页。

② 广州市红十字会医院：《广州市红十字会医院（暨南大学医学院第四附属医院）院志》，广州市红十字会医院 2004 年编印，第 4 页。

③ 刘荣伦、顾玉潜编：《中国卫生行政史略》，广东科技出版社 2007 年版，第 243 页。

④ 按《中国卫生行政史略》第 243 页说法，主要由“广东、香港及华侨各界人士”组成。

⑤ 民国时期文献保护中心、中国社会科学院近代史研究所编：《民国文献类编》第 16 册《社会卷》，国家图书馆出版社 2015 年版，第 279 页。

等地的做法，即用“万国”二字冠于红十字会之前。不同于中国红十字会广州分会早已开展的多项救护，这个全新的广州万国红十字会显然不是中国红十字会总会在广州的分会，和当时广州地区的许多其他团体一样，它是一个临时救护组织。如若以 1937 年底至 1938 年底计，则它相当于同一时期在各地活动的诸如南京国际救济委员会、华中国际救济会、开封国际救济委员会、苏州国际救济会、华北调剂委员会等善团。在这一时期，它还被称作“广东国际红十字会”①。当然，将其看作医药卫生团体也是恰如其分的，有项统计就将包括广州市红十字会、广州医学卫生社、广州万国红十字会、广州市助产士公会在内的十几个组织列入“1836—1990 年广州市主要医药卫生团体概览表”②。

不过，根据已有资料，关于广州万国红十字会的抗战救护事迹不多见诸笔端，但是由该会会长黄雯领导的、外出单独成立的广州万国红十字会服务团却从成立之日起至 1941 年做了不少战时医疗卫生工作，虽然活动内容不是很多，但是成绩可圈可点。

三、危难关头成立的万国红十字会服务团

1937 年底，日军攻占南京后不久即开始研究进攻武汉和广州的问题，因为中国已经丧失了华北和华东的大片国土，此时武汉和广州的地位骤然突出。武汉地处江汉平原，东接苏、皖，西邻巴、蜀，南连湘、粤，北毗豫、冀，平汉、粤汉铁路和长江、汉水交汇于此。1937 年 11 月，国民政府的一些重要部门从南京迁至武汉，武汉成为当时中国军事、政治、经济的中心。只要武汉没有沦陷，国民政府就能继续依靠湖南、湖北的粮仓地带和以武汉为中心的长江流域实现经济自给，并能够通过粤汉铁路实现大宗武器运输。认识到上述情况后，1938 年 6 月 15 日，日本御前会议决定，同年秋季即行攻占武汉和广州③。

1938 年 9 月初，日本大本营下令组成第 21 军，由澎湖列岛出航，在海、空军的配合下，开始进犯广东沿海④。10 月 12 日，其下辖的第 18 师团左翼支队在大亚湾左面登陆、右翼部队和及川支队在大亚湾正面

---

① 《国际红十字会一年来会务报告（续昨）》，《申报》1938 年 11 月 7 日。

② 广州市地方志编纂委员会编：《广州市志》第 15 卷，广州出版社 1997 年版，第 540 页。

③ 郭汝瑰、黄玉章主编：《中国抗日战争正面战场作战记》（下），江苏人民出版社 2015 年版，第 649 页。

④ 郭绪印主编：《新编中国现代史（1919. 5—1949. 10）》，上海人民出版社 1996 年版，第 275 页。

虾蛹一带登陆；第104师团在大亚湾右面登陆。此后，日军长驱直入，第18师团左翼部队12日占领淡水，右翼部队14日已到达惠州南面和东面；及川支队13日攻占平山，14日占领横沥后，经惠州东北面向广州迂回；第104师团12日登陆大亚湾后占领平海，13日占领稔山、吉隆，到达惠州南面。14日晚，日军以第18师团优势兵力向惠州发起猛攻，15日占领该处，16日再陷博罗。此后，日军第18师团主力向广州推进，先于19日攻下增城，而后于21日到达广州东郊，22日控制了广州。日军第104师团则向广州北面推进，以切断中国军队的退路，22日攻占太平场，23日占领从化。由于第一期作战迅速，日军很快对广州及其附近发动第二期进攻。23日，日军占领珠江口的虎门要塞，同日占领广州西南的陈村；25日，占领广州西面的三水；26日，攻下广州西南重镇佛山。第5师团主力11月2日到达佛山，其珠江支队10月29日到达广州南郊。至此，日军已控制广州及其附近要地①。

也就是从10月12日开始，广州形势骤然吃紧，而在穗的教会各医院外国人士不愿集中撤退，希望维持现状。为了秉承医务人员为病患服务的宗旨，黄雯主动辞去广州万国红十字会会长职务，带领会内一部分人员开始向外做流动服务②。跟随黄雯出发的计有医师梁德芳等8人，练习医师刘鹏搏等5人，护士陈玉如等22人，医学生陈斌等4人，助产士陈谊梅1人，药剂师薛友兰1人，检验技士丁作人等5人，助护陈瑞轩等23人，卫生稽查梁廷炽1人，护生赵素芝等38人，饮食技士余鹿庄1人，干部冯定一等、工友池举等、司机吴珍等32人，共141人③。

10月14日开始，此批人员向韶关进发，当时交通十分不便——因战事需要，火车和轮船均被军方征用，广州万国红十字会最大的一辆汽车也被征用，不得已须用“仅余之三辆车”来回运送器材、药械、行李和人员，而且出发途中各处歇脚点又随时告急，不允许多作停留。所幸多番曲折往返，全部人员和物资于23日安抵韶关，随即着手成立“广州万国红十字会服务团”，“仿中国红十字会编制，以队为单位，并设干

① 胡德坤：《中日战争史（1931—1945）》，武汉大学出版社2005年版，第213—215页。

② 《美国汇来巨款救济广州难民》，《申报》1938年12月2日。黄雯离去之后，由坎特柏利博士担任广州万国红十字会会长一职。

③ 民国时期文献保护中心、中国社会科学院近代史研究所编：《民国文献类编》第16册《社会卷》，国家图书馆出版社2015年版，第280页。

部”①。最终决定将抵韶后新加入的佛山循道公会西医院医师伍学宗、余节铭、杜兆光3人及药剂师陈约翰1人，江村普惠医院检验技士钟洪恩1人在内的共146人派往各地工作，实行战时服务。上述人员构成了广州万国红十字会服务团的原班人马。

可以说，香港知名人士黄雯在广州万国红十字会服务团的地位举足轻重。黄雯是爱国侨胞，留英医学博士，先后在香港注册开设医疗诊所，曾任夏葛医学院、岭南大学医学院教授，后任孙逸仙纪念医院院长、华英医院院长。抗战期间，黄雯担任广州万国红十字会服务团团长及广东省卫生处处长。他为人谦和，热心培养青年参加红十字会医务工作，积极筹款兴办医院；他做事不专断，放手卫生处各科室的具体事宜，每天只听取汇报；他专心“研究卫生业务和培养人才”，亲自为一些缺乏经验的年轻医生讲课。在韶关时，从五里亭的家中到上窑村卫生处，黄雯每天步行往返。正所谓“其身正，不令而行”，黄雯的品质影响了周边每个人，他们中间没有人偷懒怠工，人人恪尽职守，救治了不少遭受战争伤害的伤兵和难民②。

第二节　广州万国红十字会服务团人员及经费

“红十字会的组织细胞是会员，红十字会的组织营养是基金。”③ 所以，征求会员和筹募基金是红十字会工作不可或缺的环节。全面抗战中，“征”和“募”都显得更加困难。虽然不是红十字系统的“正规军”，但广州万国红十字会服务团和中国红十字会一样，依靠有限的专业人才和外援物资尽心尽力于抗战救护事业。

一、人员组成

前文已述及，1938年10月，广州局势大变，到月底为敌所占。为维护医务人员“服务他人”的宗旨，黄雯辞去广州万国红十字会会长一职，带领141人出发到达曲江县韶关成立广州万国红十字会服务团，到韶关后又加入5人，此后这批人员开赴各处服务。起初随黄雯出发的一

① 民国时期文献保护中心、中国社会科学院近代史研究所编：《民国文献类编》第16册《社会卷》，国家图书馆出版社2015年版，第285页。

② 韶关市政协文史委员会编：《韶关文史资料》第9辑，韶关市政协1987年编印，第45—46页；广州市地方志编纂委员会编：《广州市志》第19卷，广州出版社1996年版，第251页。

③ 池子华：《红十字与近代中国》，安徽人民出版社2004年版，第389页。

行人中有不少是临时加入进来的，包括孙逸仙博士医学院第五、六年级学生，并其附属博济医院全体职员及其高级护士职业学校的全体学生，还有佛山循道公会西医院及相关医院的少数人员。

1938 年 11 月，长沙告急，曲江紧张，服务团目击粤北各机关及救护团体先后撤退，“在无可如何中只得准备退路，将在韶之人员、药械继续运桂”①，只留下包括司机在内的三车人员，直到最危急的时候才退出。后来广东省政府主席吴铁城因粤北战局紧张，十分需要医护人员留驻，如果广州万国红十字会服务团全体撤向他处，广东省的医药救护力量将更形缺乏，所以极力挽留服务团。服务团不胜感动，慨然应允留粤工作，以尽服务桑梓之责，同时准备调返团员以资协助。最终留韶者共 24 人：医师黄雯、伍学忠、余节铭，练习医师杨松簇，护士陈毅文、何允仪、薛沛淑、胡碧芳、王柔惠、萧志德，助护陈瑞轩、康世裕、冯丽贞、梁惠贤、常桐，工友池举、郑浩伦、黄耀明、黄金明、林俊廷、池厚、欧阳锡，司机吴珍、李润②。1938 年 12 月，医师余海波、黄婉卿，护士张如盐、袁秀琼、区励生、张利沙投入服务团工作③。同月，此前撤退至广西的服务团全体人员返韶④。

1939 年 1 月 10 日，服务团决定让孙逸仙博士医学院五年级医学生复课，附属博济医院高级护士职业学校二年级、三年级护生也恢复严格的护校学程及制度。团员方面除十数名退出外，剩下之人“益表团结”⑤。2 月起，在基础已稳的情况下，服务团重新将各团员布置妥善，使感情融洽者配在一处工作，做到安其心、增其效。3 月，团部整顿完毕⑥，人员去留都经过严密审核并征得本人同意后付诸实行。1 月至 3 月，派往其他机关的团员包括王德贤、余节铭、叶绍威、罗希贤、叶郇爱、卓佩真、卢瑞银、谭玉笑、冯惠森、丁作人、王显庭、阮倩文、曾

① 民国时期文献保护中心、中国社会科学院近代史研究所编：《民国文献类编》第 16 册《社会卷》，国家图书馆出版社 2015 年版，第 288—289 页。

② 民国时期文献保护中心、中国社会科学院近代史研究所编：《民国文献类编》第 16 册《社会卷》，国家图书馆出版社 2015 年版，第 290 页。

③ 民国时期文献保护中心、中国社会科学院近代史研究所编：《民国文献类编》第 16 册《社会卷》，国家图书馆出版社 2015 年版，第 294 页。

④ 民国时期文献保护中心、中国社会科学院近代史研究所编：《民国文献类编》第 16 册《社会卷》，国家图书馆出版社 2015 年版，第 296 页。

⑤ 民国时期文献保护中心、中国社会科学院近代史研究所编：《民国文献类编》第 16 册《社会卷》，国家图书馆出版社 2015 年版，第 296 页。

⑥ 因为受每月 3000 元经费所限，所以必须将团内部分人员他调。

宪荃、陈莲淑、高采莲、曾惠琼、梁庭炽、黄景新、梁凤谏、林俊廷、冯灿、梁惠贤、卢志慈、邵德球、黄韵兰、周瑞成、凌佩英、莫月芳、冯丽贞、沈□仪、陈绍材、吴乃积、任绍基、陈博文①。服务团念及“数月之风雨同舟，患难相扶之维系”②，仍将他调人员姓名留记于总部门内之牌上，以保持同工作共甘苦之历史关系。人员减缩之后，服务团所办各院所大致配备医师1名、助护2名，人少事繁，工作更为紧张，大都不分昼夜，努力从事③。

1939年4月至6月，粤北遭到轰炸。6月，中央卫生人员训练班招考，团员杨松簇、黄景新应考入选，赴贵阳受训④。同月底，孙逸仙博士医学院五年级医学生考试完毕，服务团举办的医学教育告一段落。原有4名学生中，李志生已转学到四川，不过有梁福民由港远来充实原数；不久，学校聘西人夏医师教授外科、泌尿科及产科，梅医师教授内科及眼科，省卫生处陈安良博士讲法医科，潘劲夫医师做卫生实施示教，服务团伍学宗医师教授临床及妇科，梁德芳医师教授妇产科，院长教授公共卫生学、眼耳鼻喉科并临床。学生实习则利用循道公会西医院、省卫生处及服务团曲江医院⑤。

7月，保安诊所护士告辞，人才缺乏，一时无从补充，一度暂停工作；8月，护士卓锦芳前往恢复。7月，因与孙逸仙博士医学院合作以其新任实习医师全体加入，故乳源医院扩大服务范围，增设病床，广施卫生教育，该院工作有所发展⑥。数月来，服务团人事变迁的还有：梁德芳医师返港，医师伍学宗应聘循道公会西医院，药剂师陈约翰去往梧州，检查员薛沛澄赴成都学习（不久周瑞成返团补充），护士长陈毅文他去，护士赵素芝入省卫生处，事务员郑亮畴入卫生处（由林鹤松补

① 民国时期文献保护中心、中国社会科学院近代史研究所编：《民国文献类编》第16册《社会卷》，国家图书馆出版社2015年版，第302页。

② 民国时期文献保护中心、中国社会科学院近代史研究所编：《民国文献类编》第16册《社会卷》，国家图书馆出版社2015年版，第301页。

③ 民国时期文献保护中心、中国社会科学院近代史研究所编：《民国文献类编》第16册《社会卷》，国家图书馆出版社2015年版，第302页。

④ 民国时期文献保护中心、中国社会科学院近代史研究所编：《民国文献类编》第16册《社会卷》，国家图书馆出版社2015年版，第305页。

⑤ 民国时期文献保护中心、中国社会科学院近代史研究所编：《民国文献类编》第16册《社会卷》，国家图书馆出版社2015年版，第305—306页。

⑥ 民国时期文献保护中心、中国社会科学院近代史研究所编：《民国文献类编》第16册《社会卷》，国家图书馆出版社2015年版，第305页。

充），邱子和由港远道加入①。

9 月、10 月，新加入的团员黄达仪、麦素心、黄河清、刘遂心、吴淑娴、卢佩琼、李美贞、何秩翠等分批到达韶关，声势益壮②。11 月，广东省政府招考护士及卫生稽查，选送中央卫生人员训练所受训，在服务团供职的团员中参加者有 5 名：薛沛淑、胡碧芳、何尹仪、康世裕、黄金明；已经外出的前团员参加者有 7 名：阮倩文、谭玉笑、冯惠森、梁凤谏、莫月芳、卓佩真、卢志慈；同时练习医师李志生、梁福民、杜爱珍先后调省卫生处工作；周瑞成、凌佩英因病告辞，另有期满护生 14 人因需准备毕业考试，暂时停止工作，但叶绍威、冯丽贞、陈绍材返团服务，新加入驻护邓少芳、梁杏仙、邓凤莲、甘志文。

12 月初，清远眉牧师请求加入服务团，连县长老会医院白医生及韶州国际战时难民救济会水上分会附设救护队夏姓姑娘亦愿加入③。服务团对于各方教会团体的求助，在可能的范围内从未推卸，因为既站在同一战线上，彼此理应互相协助，以尽友谊及天职；对于教会以外人员也未曾推辞。

同月，岭南大学孙逸仙博士医学院附属博济高级护士职业学校当年 1 月复课的一届学员即将毕业。不过，因粤北战事及其他手续上的关系，考试延期至 1940 年 2 月底才举行。3 月 9 日举行毕业典礼时，各界热烈参加，极一时之盛，同时有一班学员尚在继续上课。“广州失陷后，护士学校能撤退至‘自由’区域继续开课者当以博济为首，尤可贵者该校学员久经享受舒适之生活，一旦转入内地，粗饭素餐，挑水劈柴，执炊除穗，历时年余，奔走数省，跋涉长途，胥能遵守谨严之纪律。且病房设备不充，参考书籍亦形缺乏，致每有用笔抄录课本者，日间从事护病，夜则挑灯温读，始终不懈，诚可谓难能可贵也。”④ 该届毕业护士有谭宝球、张斌、吕丽瑛、黄兰清、陈惠兰、陈丽庄、梁凤淳、何宝琴、白素娟、陈丽真、蔡懿冰、关益慧、司徒美濂⑤。

① 民国时期文献保护中心、中国社会科学院近代史研究所编：《民国文献类编》第 16 册《社会卷》，国家图书馆出版社 2015 年版，第 306 页。

② 民国时期文献保护中心、中国社会科学院近代史研究所编：《民国文献类编》第 16 册《社会卷》，国家图书馆出版社 2015 年版，第 307 页。

③ 民国时期文献保护中心、中国社会科学院近代史研究所编：《民国文献类编》第 16 册《社会卷》，国家图书馆出版社 2015 年版，第 308 页。

④ 民国时期文献保护中心、中国社会科学院近代史研究所编：《民国文献类编》第 16 册《社会卷》，国家图书馆出版社 2015 年版，第 330 页。

⑤ 民国时期文献保护中心、中国社会科学院近代史研究所编：《民国文献类编》第 16 册《社会卷》，国家图书馆出版社 2015 年版，第 330 页。

1939 年 12 月中旬，粤北战事突发，服务团团员沿韶连公路一路向西退却并沿途设站。1940 年初，战事平息，韶关受灾最重，急需医护人员，团员于是返回服务。1 月 12 日，人员在韶齐集，除医师叶绍威染病外，其他人并无大恙①。他们首先出发仁化成立第二补助医院。此时中国青年救护团第十队加入，并承省府主席李汉魂予以实际补助，逐渐乐观起来。总计 1 月份团员服务于仁化的有余节铭、陈瑞仪、郑德修、杜爱珍、何卓群、萧志德、黄达仪、麦素心、吴淑娴、卢佩琼、邱子和、冯丽贞、陈谊梅、李光星、邓凤莲、吴树球、邵德球、常桐②。2 月，余节铭派往耒阳，刘鹏搏补充院长③。此外，1 月间黄铭瑶医师（退却时临时加入者）、驻保安护士卓锦芳、助护张月华（改入卫生处试验所）、林俊廷、李美贞等从服务团告退；干事林鹤廷离团后，2 月由容民铎暂代，3 月派陆奇充任；2 月，护士卢瑞银辞退；3 月陈志雄医师由港远途加入，又留用毕业护士谭宝球、吕丽瑛、黄兰清、陈丽庄、何宝琴、蔡懿冰。这数月内增添助护刘美霞、陈琼珍、陈伯辉、范茂挽、何国雄、叶青、杨旭和、范汉雄、潘大程。4 月，梁惠贤由港启程复返④。4 月 18 日，服务团工作一年半时，共计有医师 11 名、护士 25 名、护生 5 名、助护 27 名、事务 14 名⑤。

5 月，团员撤出英德、仁化，同时，坪石开设诊疗所、龙川筹设医院，这两处不足容纳之前在英德及仁化服务的人员，为节省薪水，便将一部分团员派至其他慈善机关如省立救济病院等处服务⑥。6 月初，从仁化撤退的多名人员回到曲江总部，一时人满为患，经数日调整后纷纷派定工作，其中八九名暂往省立救济医院，2 名辞职，1 名投中青团第十队服务于省立第一病兵收容所，服务团负担得以减轻。同月，耒阳方

① 民国时期文献保护中心、中国社会科学院近代史研究所编：《民国文献类编》第 16 册《社会卷》，国家图书馆出版社 2015 年版，第 309—320 页。

② 民国时期文献保护中心、中国社会科学院近代史研究所编：《民国文献类编》第 16 册《社会卷》，国家图书馆出版社 2015 年版，第 321 页。

③ 民国时期文献保护中心、中国社会科学院近代史研究所编：《民国文献类编》第 16 册《社会卷》，国家图书馆出版社 2015 年版，第 321 页。

④ 民国时期文献保护中心、中国社会科学院近代史研究所编：《民国文献类编》第 16 册《社会卷》，国家图书馆出版社 2015 年版，第 329 页。

⑤ 民国时期文献保护中心、中国社会科学院近代史研究所编：《民国文献类编》第 16 册《社会卷》，国家图书馆出版社 2015 年版，第 331 页。

⑥ 民国时期文献保护中心、中国社会科学院近代史研究所编：《民国文献类编》第 16 册《社会卷》，国家图书馆出版社 2015 年版，第 333 页。

面减用护士 3 名[1]。但此后曲江总部却又因病人拥挤，以致人员不足，幸得卓锦芳（前在保安服务者）返团工作，困难得以略减[2]。7 月，龙川医院助护甘志文、事务何秩翠辞职离团，新进 2 名男助护，同时护士任汉贤由港远道加入[3]。广州万国红十字会服务团护士责任重大，必须具有优秀的学术能力、吃苦耐劳的精神，而又能临危勇毅，待遇不辞低薄，方能胜任，“然固非充满□□服务之精神，实难肩起如此职责”[4]。

自广州沦陷起，服务团多数人员服务在前线从未休假，因此团部 1940 年 9 月起多聘医师 1 名、护士及助护各 2 名分赴各处院所代替团员休假[5]。此前各院所因人数过少，工作紧张，如果不是外来新人加入替代，实在很难予任何团员以相当假期。

1941 年春季开始，因预算所限，广州万国红十字会服务团不得不缩减全团工作及再度减少工作人员。1 月，连山医院及大掌岭诊疗所因工作不尽符服务团宗旨被勒令停办，此举引起连山医师佘海波、大掌岭护士张如盐及丰阳医师佘节铭辞职[6]。另外，是年第一季度还有几项人员变动：第一，由广州随同退出的最后一班博济医院护生林慕华、陈道恩、容楚珍、张瑞馨、徐增慰 5 人，最终以 3 年流离时间完成所学课程并举行毕业典礼。第二，孙逸仙博士医学院练习医生冒险分批分途返入内地服务，在服务团工作的陈玉辉、梁心光、罗春麟、伍慕平分派于韶关；潘约翰、赵年金到坪石；李纯谦、伍惠平往龙川，经费均属自备。第三，服务团派护士数名加入广东省训练团公共卫生人员训练班，将来结业后返团工作，可望有更多的贡献[7]。5 月，黎业群（毕业于私立夏葛医科学院，曾在连州双喜山医院工作多年）、郑修慈（前在东山浸信

---

① 民国时期文献保护中心、中国社会科学院近代史研究所编：《民国文献类编》第 16 册《社会卷》，国家图书馆出版社 2015 年版，第 333 页。

② 民国时期文献保护中心、中国社会科学院近代史研究所编：《民国文献类编》第 16 册《社会卷》，国家图书馆出版社 2015 年版，第 296 页。

③ 民国时期文献保护中心、中国社会科学院近代史研究所编：《民国文献类编》第 16 册《社会卷》，国家图书馆出版社 2015 年版，第 335 页。

④ 民国时期文献保护中心、中国社会科学院近代史研究所编：《民国文献类编》第 16 册《社会卷》，国家图书馆出版社 2015 年版，第 333 页。

⑤ 民国时期文献保护中心、中国社会科学院近代史研究所编：《民国文献类编》第 16 册《社会卷》，国家图书馆出版社 2015 年版，第 338 页。

⑥ 民国时期文献保护中心、中国社会科学院近代史研究所编：《民国文献类编》第 16 册《社会卷》，国家图书馆出版社 2015 年版，第 339—340 页。

⑦ 民国时期文献保护中心、中国社会科学院近代史研究所编：《民国文献类编》第 16 册《社会卷》，国家图书馆出版社 2015 年版，第 341 页。

医院肄业，历年随军服务）加入服务团分任护长、护士之职[①]。6月，原先从广州退出且为团服务行将3年的医生3名当中，2名健康不佳；护士方面5名之中3名已病，另有2名身体也已衰弱；又2名体重逐渐减轻，1名忽患急性阑尾炎，主要原因就是他们工作辛苦，休息时间不足。而且他们长年累月饮食欠足，由此引起慢性营养不良。服务团鉴于各护士身体衰弱生病，工作人员缺乏，不得已将龙归工作结束，全部调回曲江[②]。8月，广东省公共卫生人员训练班学员到韶实习，借服务团迁空房间作为住处，计有护士、助产士20人，稽查16人轮流至服务团医院及西厢乡卫生所与曲江县卫生所实习，仍受军事管理[③]。9月，广东省办第一届公共卫生人员训练班结业，服务团参加团员陈丽贞派往黄岗，白素娟派往曲江，张利沙派往南雄，王悦锦派往高要，谭宝球派往西厢乡卫生所，袁秀琼、区励生返团服务[④]。

1941年10月18日为广州万国红十字会服务团成立三周年纪念日，计服务团员共有医师10人、护士30人、助护19人、事务10人[⑤]，皆能同舟共济，竭尽所能。

二、经费状况

尽管广州万国红十字会服务团3年来经费始终处于紧张状态，但其至少一直能够得到接济，因此可以开展相关工作。不同于中国红十字会及其各地分会有一个对内向会员征费的机制，广州万国红十字会服务团虽也有团员个人赞助行为，但该团资金基本上来自于组织外部，而且几年内还不时地给团员适当提薪。

（一）经费收入

首先，各方捐赠。1938年，广州万国红十字会服务团成立不久，经费无着落。12月6日服务团派冯定一由广西、17日派陈约翰由韶关，

① 民国时期文献保护中心、中国社会科学院近代史研究所编：《民国文献类编》第16册《社会卷》，国家图书馆出版社2015年版，第342页。

② 民国时期文献保护中心、中国社会科学院近代史研究所编：《民国文献类编》第16册《社会卷》，国家图书馆出版社2015年版，第343页。

③ 民国时期文献保护中心、中国社会科学院近代史研究所编：《民国文献类编》第16册《社会卷》，国家图书馆出版社2015年版，第345—347页。

④ 民国时期文献保护中心、中国社会科学院近代史研究所编：《民国文献类编》第16册《社会卷》，国家图书馆出版社2015年版，第349页。

⑤ 民国时期文献保护中心、中国社会科学院近代史研究所编：《民国文献类编》第16册《社会卷》，国家图书馆出版社2015年版，第349—350页。

分途赴港接洽求援，得到香港各界慷慨协助，服务团得以继续存在①。

1939 年 1 月，各善团如中国妇女慰劳会香港支会、菲律宾广东难民救济会、香港难民救济会、广东旅沪同乡会、香港中国妇女兵灾筹赈会、广州万国红十字会，以及诸多爱心人士如英人白利夫人、香港九龙货仓华人职员等，或向团捐助国币，或向团捐助药物，或向团捐助救护车辆，有效缓解了广州万国红十字会服务团的经济困难，也使得团员薪水有了着落，他们至此“始得发廿七年之薪饷一月”②。随后数月，服务团得香港之英赈华分会理事会及中国妇女慰劳会香港支会捐款及药料资助③。8 月，黄雯赴港寻求帮助，再度得到香港各界协助及实力捐赠，尤以何主教、罗文锦先生、中国妇女慰劳会香港支会、广东旅沪同乡会、英赈华分会理事会、香港九龙货仓华人职员、潘作琴医师及其夫人、黄锡权先生及夫人、喜姑娘等资助多多④。此外，各方捐赠的药品、脚踏车、汽车零件、X 光发电机、药料等共百余件，于 9 月、10 月分批运达韶关⑤。

1940 年 7 月，香港英赈华分会捐款及岭南大学与中学所赠予药物甚多，另香港女青年会、妇女兵灾会的 4 架女式脚踏车均运抵韶关⑥。

其次，香港委员会不断接济。因广州陷于日军控制之下，为确保团务的维持及争取持续可靠的接济，1939 年 1 月，服务团拟于香港成立“广州万国红十字会服务团香港委员会”。此项工作由西人区牧师至港负责进行，不久遂告成功。委员会成立后，舒活（英人）任会长，陈乙明任干事，梁定蓟任司库，委员则由国人容玉枝和英人侯伊尹担任⑦。8 月，梁定蓟因公务远迁不能继任司库一职而辞职，利铭泽接任。同时委

---

① 民国时期文献保护中心、中国社会科学院近代史研究所编：《民国文献类编》第 16 册《社会卷》，国家图书馆出版社 2015 年版，第 292 页。

② 民国时期文献保护中心、中国社会科学院近代史研究所编：《民国文献类编》第 16 册《社会卷》，国家图书馆出版社 2015 年版，第 297 页。

③ 民国时期文献保护中心、中国社会科学院近代史研究所编：《民国文献类编》第 16 册《社会卷》，国家图书馆出版社 2015 年版，第 305 页。

④ 民国时期文献保护中心、中国社会科学院近代史研究所编：《民国文献类编》第 16 册《社会卷》，国家图书馆出版社 2015 年版，第 306 页。

⑤ 民国时期文献保护中心、中国社会科学院近代史研究所编：《民国文献类编》第 16 册《社会卷》，国家图书馆出版社 2015 年版，第 307 页。

⑥ 民国时期文献保护中心、中国社会科学院近代史研究所编：《民国文献类编》第 16 册《社会卷》，国家图书馆出版社 2015 年版，第 336 页。

⑦ 民国时期文献保护中心、中国社会科学院近代史研究所编：《民国文献类编》第 16 册《社会卷》，国家图书馆出版社 2015 年版，第 298 页。

员会略加扩大，增加中西热心义士数名，改组后委员会人员为：主席舒活牧师（英人）；司库利铭泽；干事陈乙明；委员侯伊尹牧师（英人）、容玉枝医师、司徒永觉夫人（英人）、郭凤轩、傅瑞（英人）、方约翰牧师（美人）、卡得理（英人）[①]。香港委员会筹款募捐，不断接济服务团会务的开展。

再次，官方支持。在得到社会各界赞助的同时，服务团也得到来自官方层面的支持。1939 年底，服务团与省府合办卫生院所时曾以团部全体人员加入，薪水由省立各医院及在各卫生所经费内发给，当即于 12 月 27 日领到各院所的开办费。28 日，省务会议通过经常费并提前由 16 日开支[②]。1940 年 6 月开始，服务团收到中央赈济会的助款，“系由本年四月起至年底止按月捐助大洋二千元”[③]，该款时已划定以部分拨作团员薪津之用。

（二）经费支出

广州万国红十字会服务团的收入资金一般用作两方面。

一是院所开办费及药材费、运输费。首先是医院、诊疗所等的开办费用。1939 年底，服务团与省府合办卫生院所，预算开支甚微，计列开办费每医院 300 元，卫生所 95 元；经常费每医院 735 元（病人伙食在内），卫生所 184 元，总办事处则列支 662 元；虽团员薪水由省立各医院及在各卫生所经费内发给，但药料部分的资金由团部负责[④]。

其次是各种药材费、运输费。在战争中，药物本身稀缺，运输也颇费时力。服务团花费不少资金用于药品及其运输方面，所以十分注重药品的安全。例如，1939 年 7 月，服务团将大部分药品、器材运往连县储存以防不测[⑤]；1940 年 7 月，经多方交涉后，终将 1939 年 10 月在运输

---

① 民国时期文献保护中心、中国社会科学院近代史研究所编：《民国文献类编》第 16 册《社会卷》，国家图书馆出版社 2015 年版，第 306—307 页。

② 民国时期文献保护中心、中国社会科学院近代史研究所编：《民国文献类编》第 16 册《社会卷》，国家图书馆出版社 2015 年版，第 293—294 页。

③ 民国时期文献保护中心、中国社会科学院近代史研究所编：《民国文献类编》第 16 册《社会卷》，国家图书馆出版社 2015 年版，第 334 页。

④ 民国时期文献保护中心、中国社会科学院近代史研究所编：《民国文献类编》第 16 册《社会卷》，国家图书馆出版社 2015 年版，第 293 页。

⑤ 民国时期文献保护中心、中国社会科学院近代史研究所编：《民国文献类编》第 16 册《社会卷》，国家图书馆出版社 2015 年版，第 307 页。

途中丢失的5箱贵重药品安全归库[①]。

其他花费包括医疗仪器、交通工具修缮费。1939年10月28日夜，X光机开始发动，此为曲江唯一的仪器，用宝贵的汽油驱动，也是一笔不小的开支[②]。1940年9月20日，服务团最好且最大的汽车为中国红十字会运输药物，不幸在始兴附近与交通部车辆相撞，全车遭毁，后历时数月、用款数千元才修理妥善[③]。

二是团员薪津。战时服务团经费一直不充裕，但服务人员难得，故每于适当时机酌加团员薪资。1939年1月10日，服务团在曲江举行全团大会，重新整顿薪额并规定在外间所领的薪津一律缴团，团员只接受由团给予的规定之薪津（此举以防范流弊）[④]。

1940年3月，因仁化助护要求加薪并得港方同意，将每月薪资规定如下：初加入护士新毕业者35元，其他40元，以后每年期满续加5元；助护则以资历为定薪标准，从未经训练者由15元起，以后亦按年酌量增加[⑤]。6月，为应付生活成本高涨与各机关对于助护、工友加薪的影响，服务团增加待遇如下：每团员加米津1.5元，助护加薪，工友经6个月服务后得津贴10元；对于助护及工友伙食订定最高数额每月不超过6元及8元，不敷款项由服务团填补[⑥]。

1941年春季，广东省的生活成本发生巨大变化，物价高涨更甚，以日为单位，常转瞬即飞涨至数倍以上，且持续在飞涨中。而服务团因经费有限，对于团员不能予以合理的酬劳，以致团务维持极感困难。因此，只得一方面略为增加薪水（但比其他机关相差甚远），一方面则贴以米津，多寡视职级及地点而定。例如，医师月入较多，津贴较薄，而

① 民国时期文献保护中心、中国社会科学院近代史研究所编：《民国文献类编》第16册《社会卷》，国家图书馆出版社2015年版，第336页。

② 民国时期文献保护中心、中国社会科学院近代史研究所编：《民国文献类编》第16册《社会卷》，国家图书馆出版社2015年版，第308页。

③ 民国时期文献保护中心、中国社会科学院近代史研究所编：《民国文献类编》第16册《社会卷》，国家图书馆出版社2015年版，第338页。

④ 民国时期文献保护中心、中国社会科学院近代史研究所编：《民国文献类编》第16册《社会卷》，国家图书馆出版社2015年版，第296页。

⑤ 民国时期文献保护中心、中国社会科学院近代史研究所编：《民国文献类编》第16册《社会卷》，国家图书馆出版社2015年版，第329页。

⑥ 民国时期文献保护中心、中国社会科学院近代史研究所编：《民国文献类编》第16册《社会卷》，国家图书馆出版社2015年版，第333页。

工役较优；又东江生活水平较高，因而津贴比曲江一带较厚[①]。5 月，曲江生活成本日高，服务团不得已再加每一团员米津 5 元[②]。

第三节　广州万国红十字会服务团的战时服务

由于广州万国红十字会服务团成立于 1938 年 10 月底，所以其一切工作都是从广州失陷开始的。而广州沦陷后，经港澳向中国内地输送物资的道路被切断，日军南进作战建立了一个前进基地，同时大量伤亡亟待处理，城内可谓一片混乱。在此背景下，广州万国红十字会服务团开展了一系列医疗救护和公共卫生服务工作。

一、医疗救护

广州万国红十字会服务团主要通过两种方式开展医疗救护，一是建立医疗院所实施定点救护，二是派出医护人员实施流动治疗。除此以外，服务团还对其他救护团体的医疗工作予以协助。

（一）设立医疗院所

首先是伤兵医院的设立。广州万国红十字会服务团于韶关成立后，黄雯一行随即在英光学校得该处区牧师与夏医生的帮助，设立了名为“曲江循道公会西医院附设临时救护部”的伤兵医院[③]。1938 年 11 月 2 日开始陆续有重伤军人入院，“伤兵每日发伙食小洋三角，每日二餐饭一餐粥，同时因入院将士日见增加，逐渐扩充病床，及准备直接收容前方重伤将士”[④]。据统计，该医院总共工作了 43 天，留医伤兵 105 名。黄雯称赞此医院工作道：“居斯紧张环境中，竟得完成此段任务，不致中途废辍，诚足告慰。犹堪备录者，乃医院未曾设管理副官或卫兵，各受伤将士对医院及职员不独并未发生过若何为难，且以礼貌款待并互相勉励遵守院规，足证明中国军人对其服务者之爱护，及其自守纪律之精

① 民国时期文献保护中心、中国社会科学院近代史研究所编：《民国文献类编》第 16 册《社会卷》，国家图书馆出版社 2015 年版，第 339 页。

② 民国时期文献保护中心、中国社会科学院近代史研究所编：《民国文献类编》第 16 册《社会卷》，国家图书馆出版社 2015 年版，第 343 页。

③ 民国时期文献保护中心、中国社会科学院近代史研究所编：《民国文献类编》第 16 册《社会卷》，国家图书馆出版社 2015 年版，第 287 页。

④ 民国时期文献保护中心、中国社会科学院近代史研究所编：《民国文献类编》第 16 册《社会卷》，国家图书馆出版社 2015 年版，第 288 页。

神，至可嘉许。”①

其次是粤北各处院所的成立。1938 年 11 月 30 日，黄雯赴连县谒见时任广东省政府主席吴铁城，商讨医护计划并承其委托拟在粤北一带开设医院和卫生诊疗所 12 间，随即于 12 月初返回韶关布置一切：拟设医院 4 间，地点在韶关、连县、连山、白石潭；卫生诊疗所 8 间，地点在韶关、乳源、连县、连山、阳山、白石潭、三江及乐昌；韶关另设总办事处以进行指挥②。12 月，拟定的医护计划逐步展开，先后成立了香花临时第二医院、连山第三医院、大掌岭第四诊疗所、曲江第一医院、曲江第一诊疗所、乳源第二诊疗所，共 3 间医院和 3 间诊疗所。

1939 年 1 月 1 日，广东省政府改组，李汉魂在连县就职省府主席，成立战时省政府。广州万国红十字会服务团人员也随之北返，与省府合办医护计划并未全部完成。后黄雯将开设医院地点变为曲江、连山、英德及清远、广宁间，将卫生诊疗所地点变为曲江、乳源、连县、阳山，同时调查南雄、始兴、仁化、乐昌以备进展。此外，服务团因得各方慨助尚能勉强维持，于是开始和省府酌商将所有医院和诊疗所收归团部自办，经承同意，1939 年 2 月开始，广州万国红十字会服务团独立开展各院所事宜③。曲江第一医院、香花第二医院、连山第三医院、乳源第二诊疗所、大掌岭第四诊疗所 2 月 1 日起即收回办理。曲江第一诊疗所因无大用而停办，以余力向其他工作方向发展④。

医院和卫生诊疗所的工作各有侧重，医院主要进行医疗、戒烟、防疫、妇婴卫生及卫生教育；卫生诊疗所的工作主要为实施环境卫生、预防注射、学校卫生、门诊及巡回治疗。

曲江第一医院经 3 年运作，其后成为广东省内设施完备的留医及助产院，且为广州万国红十字会服务团工作中心及人才培训基地⑤。该院全称广东省立临时第一医院，1939 年 2 月 1 日自办后，改称为“曲江医院”继续工作，后因第一次粤北战役爆发于 1939 年 12 月 9 日至 1940 年

① 民国时期文献保护中心、中国社会科学院近代史研究所编：《民国文献类编》第 16 册《社会卷》，国家图书馆出版社 2015 年版，第 291—292 页。

② 民国时期文献保护中心、中国社会科学院近代史研究所编：《民国文献类编》第 16 册《社会卷》，国家图书馆出版社 2015 年版，第 292—293 页。

③ 民国时期文献保护中心、中国社会科学院近代史研究所编：《民国文献类编》第 16 册《社会卷》，国家图书馆出版社 2015 年版，第 296 页。

④ 民国时期文献保护中心、中国社会科学院近代史研究所编：《民国文献类编》第 16 册《社会卷》，国家图书馆出版社 2015 年版，第 299 页。

⑤ 民国时期文献保护中心、中国社会科学院近代史研究所编：《民国文献类编》第 16 册《社会卷》，国家图书馆出版社 2015 年版，第 353 页。

1 月停顿。战后的 1940 年 1 月 13 日，一部分服务团人员返回院址所在的英光学校，18 日重新开张接收病人，22 日仅有两名病人入院，30 日最后一批人员由连县返回，从此又继续工作，病人甚形拥挤①。自西厢乡卫生所成立后（1940 年 8 月），曲江医院中待产孕妇数目日渐增加，且产妇多属难民②。曲江医院院址英光学校，原由循道公会借来，至 1941 年 8 月，因该教会所办的西医院扩充，急用房屋，广州万国红十字会服务团不得不将房产交还原主。但服务团当时无处可迁，又无从筹款建筑，所以先将楼上宿舍数间迁空交还。但团员仍须另找住处，且为节省经费起见，不得已将病房迁空两间以资应付，如此导致曲江医院病床减缩为 50 张，不敷应用，医院只能每天推却病人入院③。

与省府合办医护计划的同时，该计划未涉及的其他地区的医护工作也相继开展起来，比如英德诊疗所（后改为英德医院）的设立。1938 年 12 月 11 日，英德荣神父到服务团求助；13 日，团部派医师王德贤、护士赵素芝携带药物前往施医赠药，英德工作由此开展。每日上、下午在县城开诊，墟日往附近鸿铺园（一、四、七、十日墟期）及马口墟（三、六、九日墟期）依期开诊，人员几经调度之后，始得安定④。粤北战役发生时英德县城沦陷，该院曾于 1939 年 12 月 29 日至 1940 年 1 月 12 日停顿工作。1940 年 2 月 2 日，陈斌任主任后借平民医院场所，10 日开始收容病人⑤。此后数月，地方当局屡次强制收回英德医院以为己用，服务团见该地对于医疗工作已有办法，便决定另觅工作地址，以免耗废物力、人力，医院遂于 5 月 23 日停办⑥。

① 民国时期文献保护中心、中国社会科学院近代史研究所编：《民国文献类编》第 16 册《社会卷》，国家图书馆出版社 2015 年版，第 325 页。

② 民国时期文献保护中心、中国社会科学院近代史研究所编：《民国文献类编》第 16 册《社会卷》，国家图书馆出版社 2015 年版，第 337 页。

③ 民国时期文献保护中心、中国社会科学院近代史研究所编：《民国文献类编》第 16 册《社会卷》，国家图书馆出版社 2015 年版，第 345—346 页。

④ 民国时期文献保护中心、中国社会科学院近代史研究所编：《民国文献类编》第 16 册《社会卷》，国家图书馆出版社 2015 年版，第 293—294 页。

⑤ 民国时期文献保护中心、中国社会科学院近代史研究所编：《民国文献类编》第 16 册《社会卷》，国家图书馆出版社 2015 年版，第 322 页。

⑥ 民国时期文献保护中心、中国社会科学院近代史研究所编：《民国文献类编》第 16 册《社会卷》，国家图书馆出版社 2015 年版，第 331 页。

（二）开展流动治疗

战时救护不同于和平时期的服务，定点医疗能达到的成效是有限的，必须配备军医随军服务。而抗战期间，华南和华北、华中面临同样的问题，即军医不足，所以民间医疗力量的协助就愈发显得重要。广州万国红十字会服务团由于自身组织灵活，人数少，所以能够随时进退，随处施救。

1. 奔赴灾区救护

1938 年 12 月，惠阳、博罗收复，灾区亟待救济，服务团 16 日派医师梁德芳、叶绍威带领护士陈毅文、麦燕贞携带药品，乘自备汽车随同省府视察灾区抚慰难民的官员出发灾区，办理难民医疗工作。此行大概费时半个月，因公路毁坏，沿途多步行。到惠州开诊两天，到博罗赠医两小时，前后到诊者计 639 人，多数为患疟疾者。不久省府北迁，视察人员急待返韶，服务团人员不得不随之北返①。

1939 年 11 月，服务团除在乳源县城工作外，又派医师郑德修到该县第三区作巡回治疗②。同样，1940 年 2 月，服务团除在英德县城工作外，又派员到犀牛区（2 月 24 日至 3 月 4 日诊症 4132 人）及大湾区（2 月 29 日至 3 月 10 日诊症 583 人）工作，并负责戒烟及由水路经英德的难童的卫生防疫事宜③。

1940 年 1 月 6 日，服务团阳山队陈斌、黄合齐、简祥一行由秤架出发，8 日步行至阳山调查，11 日到达浛洸调查该处伤兵情况，15 日赴黎埠，19 日返阳山。22 日至 29 日在阳山开诊，共治病人 266 名。后来因接济困难，且需要不大，所以撤退到英德。“是行也，该队竟能安然通过数处土匪之区，亦甚侥幸”④。

2. 实施交通线上救护

其一，韶连路上连设救护站所。1939 年 12 月中旬，粤北战事突发，英德、曲江、翁源、韶关等处告急，广州万国红十字会服务团团员沿韶

① 民国时期文献保护中心、中国社会科学院近代史研究所编：《民国文献类编》第 16 册《社会卷》，国家图书馆出版社 2015 年版，第 294 页。

② 民国时期文献保护中心、中国社会科学院近代史研究所编：《民国文献类编》第 16 册《社会卷》，国家图书馆出版社 2015 年版，第 308 页。

③ 民国时期文献保护中心、中国社会科学院近代史研究所编：《民国文献类编》第 16 册《社会卷》，国家图书馆出版社 2015 年版，第 325 页。

④ 民国时期文献保护中心、中国社会科学院近代史研究所编：《民国文献类编》第 16 册《社会卷》，国家图书馆出版社 2015 年版，第 322 页。

连公路往乳源方向退却。整个退却以乳源为总站，“一切措置幸得陈斌等同志临危不辞劳苦，不避肩重，但求完妥，坚持到底，诚足钦佩”①。其间主要依靠“蓝校车”、“山牧师车”和雪佛兰车、“九零九”福特车日夜往返运输人员、药械，过程极形复杂：一方面，日军侵袭速度十分迅速，每稍退一地，则不隔一两日该处有告急之忧，不得已必须再往后迁，但交通毁坏颇多，故行动日益不便；另一方面，运送车辆十分不足，原本三四辆车中还有向他人如山牧师借来者，人员、药物往往也要分几批才能运完，而且还缺少专职司机，各种有形加无形的阻碍使得团部大转移十分艰难。但在退却过程中，服务团始终不忘使命，办理救护难民事宜，在乳源、汤盘水、萍溪、秤架、岭背、三江、石鼓等地设救护站及临时诊所。1939 年 12 月 30 日开始，除极少数团员留在前方危急区域外，广州万国红十字会服务团大部分团员和药物均已抵达乳源，因为情势危急，服务团随即与省卫生处合作，在乳源、汤盘水等处设立医疗救护站和临时诊所，“沿途与各处团员酌商救护站之组织及人员之分配，务求即时得成立站所以尽职责”②。

救护站所设立以后，一方面成为撤退人员的集中地，另一方面积极开展医疗救护工作。例如，1940 年元旦发生了一起翻车伤人事件，随即“蓝校车”载伤者由萍溪出发前往秤架诊所进行治疗③。同日，上年底从英德撤退的全体团员（刘鹏搏除外）在鲤鱼塘开诊④。1940 年 1 月 2 日，团部向美国人孟保罗教士借福音堂为治疗所用，得其允许，便行驶到连山太保墟稍做休息，然后“余海波医师及卢、陈两护士前赴接近广西边界之和平墟视察，并在该处找寻地址以设诊所”。这样做可以防患于未然，即万一粤北事态变化，随时可在“连贺路上”设立难民医疗站所；此外还于视察回途中留人在石鼓寻找开设诊所地点，1 月 5 日正式派人往石鼓设立诊所。同日，团员陈斌、黄合齐及工友简阳等赴阳山开

① 民国时期文献保护中心、中国社会科学院近代史研究所编：《民国文献类编》第 16 册《社会卷》，国家图书馆出版社 2015 年版，第 313 页。

② 民国时期文献保护中心、中国社会科学院近代史研究所编：《民国文献类编》第 16 册《社会卷》，国家图书馆出版社 2015 年版，第 311 页。

③ 民国时期文献保护中心、中国社会科学院近代史研究所编：《民国文献类编》第 16 册《社会卷》，国家图书馆出版社 2015 年版，第 314 页。

④ 民国时期文献保护中心、中国社会科学院近代史研究所编：《民国文献类编》第 16 册《社会卷》，国家图书馆出版社 2015 年版，第 316 页。

设诊疗所，杜爱珍、黄达仪、麦素心、黄河清、刘遂心到岭背开设诊所[①]。广州万国红十字会服务团总计在 9 地开设了诊疗所，前后不过半月。

其二，交通枢纽处设医院。广州万国红十字会服务团主要在三处交通节点设立医院。

第一，粤北战事紧张时设立了坪石医院，由陈瑞仪医师主持，主要是为了利用此处交通方便来备存药品，以应急需。后由于当地人士要求服务团扩大院址，甚至愿自动募捐建筑费，热情难却，于是在 1941 年夏季建成医院新址。新院址处于坪石街尾，由一货仓改建，可容病床 40 张，但无地板，潮湿不堪。医院对门是宿舍，"以板为壁，上盖松皮，背河而立，风景良佳"[②]，只是屋漏不避风雨，厨房污物向河边倾倒，所以也须修葺。医务方面，不仅院内病人常满，而且有远道而来者，但门诊部候诊室过窄，每遇候诊病人过多即涌集街上，"苦无良法解决，殊深遗憾"[③]。该院至 1941 年 8 月有医师 2 人、护士 3 人、助护 3 人，经常留医的约二三十人，门诊时达百人以上[④]。院中各同事还兼为保管服务团在坪石附近所储存的药物，人少事繁，"但赖各同寅努力支持，并得当地人士之信仰，得以克尽厥职"。

第二，设立龙川医院。龙川位于东江来往香港的必经之路上，也是交通枢纽，但缺少医疗机构，香港西人协会请求设立医院，"因拟先行在龙川设立医院并常置汽车以利交通"[⑤]。1940 年 6 月，龙川设"站院"，人员需用医生 1 名、护士 2 名、女助护 1 名、男助护 2 名，在陈斌医生领导之下，于 6 月 13 日出发，17 日即在该处民众教育馆开诊，到诊者有 37 人[⑥]。龙川及其附近并无其他医疗机关，且该地为香港旅客搭舟转乘汽车之地点，所以服务团派救护车常驻该处，"并计划成立留医

---

① 民国时期文献保护中心、中国社会科学院近代史研究所编：《民国文献类编》第 16 册《社会卷》，国家图书馆出版社 2015 年版，第 315 页。

② 民国时期文献保护中心、中国社会科学院近代史研究所编：《民国文献类编》第 16 册《社会卷》，国家图书馆出版社 2015 年版，第 346 页。

③ 民国时期文献保护中心、中国社会科学院近代史研究所编：《民国文献类编》第 16 册《社会卷》，国家图书馆出版社 2015 年版，第 346 页。

④ 民国时期文献保护中心、中国社会科学院近代史研究所编：《民国文献类编》第 16 册《社会卷》，国家图书馆出版社 2015 年版，第 346 页。

⑤ 民国时期文献保护中心、中国社会科学院近代史研究所编：《民国文献类编》第 16 册《社会卷》，国家图书馆出版社 2015 年版，第 332 页。

⑥ 民国时期文献保护中心、中国社会科学院近代史研究所编：《民国文献类编》第 16 册《社会卷》，国家图书馆出版社 2015 年版，第 333 页。

病院，筹设救护站线，俾由海洋经鲨鱼涌、淡水、惠州、河源，而达仍有公路存在之龙川”[①]。龙川诊所自 6 月 17 日开始工作后，一星期内每天门诊人数达 90 人，只是该处地方小，不敷扩大收容留医病者之用，所以于 7 月 3 日迁入西门 5 里外之正相寺，4 日仅有 1 名病人入院，但转瞬间即告额满，床位暂定 18 张，门诊同时达 142 名之最高纪录，一月内施行手术共 24 次，如此繁忙的工作全赖医师 1 名、护士 2 名、助护 3 名，无事务人员协助，其劳苦可知[②]。虽“以少数人员担任极多之工作，此在广州万国红十字会服务团几属常事”[③]，由此可见服务团的服务精神极为旺盛。龙川医院在陈斌医师领导之下，工作日渐展开，至 1941 年 9 月时，门诊次数已达 29441 次，留医人数 499 人，留医日数 9710 日，手术 225 次，而“工作人员除练习医师二名到院服务三个月外，仅余陈斌医师，刘遂心、黄河清护士和邓少芳、李苏助护共五人”[④]。

第三，设立乌石医院。1941 年 4 月，乌石医院成立，其目的也在弥补交通线上医疗资源的缺乏。“乌石前临公路，附近河流，距韶步行一日可达，设院于此，虽不及大坑口之适中，然因该处无适当房舍，不得不求其次也。”[⑤] 广州万国红十字会服务团梁福民医师称：“在该月中，尝目睹难民兵役，或军队路过乌石时，必小憩于此。间有病者，必趋前求治，甚或于不能继续程途之时，留医数天。是以该院门诊之时间，概无限制，其第一之工作报告，门诊已达一千人，留医日数亦有十四天之多。”[⑥] 乌石医院院址原为货仓，由该乡商人所借用，自改设医院后，因为空气不甚流通，所以开数个窗口及天窗一扇；又因为货仓内并无间隔，所以采用半高竹篱，分隔出厨房、病房、药房及手术等各室。为防御苍蝇虫类侵入，又将手术室全部用纱布网罩住，原有半边阁楼用作职员宿舍，每当天气炎热时酷热难耐。医院成立后，全院职员计有院长兼

① 民国时期文献保护中心、中国社会科学院近代史研究所编：《民国文献类编》第 16 册《社会卷》，国家图书馆出版社 2015 年版，第 334 页。

② 民国时期文献保护中心、中国社会科学院近代史研究所编：《民国文献类编》第 16 册《社会卷》，国家图书馆出版社 2015 年版，第 335 页。

③ 民国时期文献保护中心、中国社会科学院近代史研究所编：《民国文献类编》第 16 册《社会卷》，国家图书馆出版社 2015 年版，第 335 页。

④ 民国时期文献保护中心、中国社会科学院近代史研究所编：《民国文献类编》第 16 册《社会卷》，国家图书馆出版社 2015 年版，第 347 页。

⑤ 民国时期文献保护中心、中国社会科学院近代史研究所编：《民国文献类编》第 16 册《社会卷》，国家图书馆出版社 2015 年版，第 341 页。

⑥ 民国时期文献保护中心、中国社会科学院近代史研究所编：《民国文献类编》第 16 册《社会卷》，国家图书馆出版社 2015 年版，第 341 页。

医师1人、护士2人、助护3人，起居颇不理想。7月左右，房东以秋季需用粮仓贮藏米、谷、花生之类，“尤以前大晒地为病人出入必经之道，于农作品拟暴晒，恐发生不便与损失为词”[①]，索回原址，服务团对此实难推却，所以拟将乌石医院不久迁移，另觅地址。

（三）广施医疗协助

其一，省外医护援助。粤北战役爆发后，服务团还收到湖南当局协助之请，经向香港同人电商得复许可，“并以与本会章程无抵触，及不致增加经货（费）为限”，遂经相当筹备之后，于1940年2月19日在余节铭领导之下，带同护士黄达仪、麦素心、何宝琴、陈丽庄、吕丽瑛，助护冯丽贞、陈伯辉等出发，到达耒阳开始工作。此部医护人员驻竹塔市从事门诊、种痘，“及于某某兵站医院及某部医务所服务伤病将士”[②]，并设医务室于精忠小学。4月中旬后，由曲江运来大批药品和医疗器具以应救护之用。

其二，代广东旅沪同乡会救济粤北灾区。粤北战役结束后，应广东旅沪同乡会之请，广州万国红十字会服务团代为救济粤北灾区各县难民，计翁源208人、新丰261人、龙门219人、增城349人、从化403人、花县155人、清远395人、佛岗146人[③]。

其三，开展荣誉军人招待所医务。1941年6月，广州万国红十字会服务团与12家荣誉军人招待所合作，由服务团担负该12所医务之责。荣誉军人招待所专为招待过路伤兵、难民及出征军人家属而设，意义重大。12家招待所的范围由乌石起沿公路至接近前线处止，管理区域甚广。为增进急救知识起见，服务团将各招待所所长分两批于7月、8月调回乌石做两星期的急救训练，由乌石医院梁福民医生主持，每次召集6名。训练后，每所将配置纱布、阿司匹林丸、红汞水、棉花等物品[④]。

作为战争的产物，广州万国红十字会服务团进行了多项战地医疗救护工作，颇有成效。与此同时，我们不能忽视其在公共卫生服务方面的建树。

---

① 民国时期文献保护中心、中国社会科学院近代史研究所编：《民国文献类编》第16册《社会卷》，国家图书馆出版社2015年版，第345页。

② 民国时期文献保护中心、中国社会科学院近代史研究所编：《民国文献类编》第16册《社会卷》，国家图书馆出版社2015年版，第325页。

③ 民国时期文献保护中心、中国社会科学院近代史研究所编：《民国文献类编》第16册《社会卷》，国家图书馆出版社2015年版，第326页。

④ 民国时期文献保护中心、中国社会科学院近代史研究所编：《民国文献类编》第16册《社会卷》，国家图书馆出版社2015年版，第344页。

二、公共卫生服务

广东省乡村卫生示范所即西厢乡卫生所，是广州万国红十字会服务团抗战时期在公共卫生建设上的一大“亮点”。

1940年8月，广州万国红十字会服务团鉴于曲江医院门诊方面的缺失以及周边人口日增的需要，尤其是针对社会上对于妇婴卫生的忽视，特与省卫生处、县卫生院及孙逸仙博士医学院设立“西厢乡卫生所”，6日开始工作。此后，由于8月28日、29日韶关惨遭“集团空袭”，服务团直至9月5日才恢复常态。9月11日，西厢乡卫生所新棚完成，卫生所主要工作人员由各机关负责抽调且寄宿在服务团，由服务团承担所内外的医疗工作。该所自设立以后，工作进展迅速，特别是妇婴部门工作成绩显著[①]。

具体言之，西厢乡卫生所成立后，在薛沛淑主持下积极开展工作。似火骄阳之下，薛沛淑等按全乡住户轮流访视，并开展孕妇产前检查及产后访视、疾病访视、儿童健康会、卫生演讲、门诊治疗、防疫接种、工厂卫生访视、环境卫生、学校卫生等工作，兼设巡回治疗，按期至该乡范围内的十保进行访问，距离该所较近的村落，如白芒、郭西乡、新屋、黄坭塘、瓦片塘等地，每周均规定到诊时间[②]。

卫生所倾注大量时间于妇婴卫生方面，工作十分细致。首先，不避艰难，随时待命。因为生产时间无定，服务团人员24小时待命，凌晨午夜，不避风雨，有求必应，倘不具有服务精神实难以完成任务。如“滨河之艇户，每遇生产，均趋请接生，此项工作，破费时间，须在一小艇之内，驼背俯首，施行新式之灭菌技术”[③]。其次，面面俱到，全程呵护。一般贫妇智识低弱，卫生所刚开办之际，凡有孕妇，医生必对其大费唇舌，对产前按期赴所检查之必要性予以说明，有逾期不至者还须亲往访视，预料难产者则嘱之入服务团医院接生，以便其能得到较完善之护理。产后，医生还每天上门访视、护理至脱脐，又依照规定时日到

① 民国时期文献保护中心、中国社会科学院近代史研究所编：《民国文献类编》第16册《社会卷》，国家图书馆出版社2015年版，第337页。

② 民国时期文献保护中心、中国社会科学院近代史研究所编：《民国文献类编》第16册《社会卷》，国家图书馆出版社2015年版，第348页。

③ 民国时期文献保护中心、中国社会科学院近代史研究所编：《民国文献类编》第16册《社会卷》，国家图书馆出版社2015年版，第348页。

访，教以按期携抱婴儿到所接受健康检查等项工作[①]。这些事务虽然十分烦琐，但服务团人员不辞劳苦，周到服务。

1941 年 9 月，西厢乡卫生所工作已开展一年，婴儿均告安全无恙。另全所门诊达 17727 人次，卫生保健工作 14938 次[②]。

当然，除西厢乡卫生所这一典型外，广州万国红十字会服务团也开展了其他公共卫生工作。例如，1939 年 2 月，连县保安的乡村建设运动卫生组的职责，经与担负该处乡村工作之主办机关美国长老会商定后由服务团担任，服务团派出蔡英怀护士前往办理[③]。不过，1940 年 12 月 31 日，保安诊所因长老会缓办之故暂告停顿，不无遗憾[④]。1939 年 11 月，对于戒烟工作，省政府先择 5 县举行，翁源、曲江也从服务团拨借医护相助[⑤]。

如果说从事医疗救护和公共卫生服务是广州万国红十字会服务团以“红十字”之名开展的常规工作的话，那么其将这些常规的工作内容推向广东瑶族聚居地区，就尤为值得称赞了。

三、瑶族聚居地区的工作

南北朝以前，凡是居住在长江以南的少数民族包括瑶族，被统称为“蛮”“蛮夷”“南蛮”“荆蛮”等，目前可见的隋唐时期的文献中开始用“徭”来称瑶族[⑥]。历代封建统治者对瑶族人民采用歧视和压迫的政策，军事上不断进行围剿，“犁其巢穴、种类无遗”[⑦]；政治上分而治之，把瑶族人民聚居的地区分割到连山、连县、阳山等地管辖，并收买一些瑶族上层充当他们的傀儡，以制造瑶族内部矛盾；经济上千方百计地对瑶族同胞进行剥削和掠夺。元朝以后，封建王朝甚至用反犬旁的“猺”字来称呼、歧视瑶族，这种现象直至中华人民共和国成立后才得以彻底

① 民国时期文献保护中心、中国社会科学院近代史研究所编：《民国文献类编》第 16 册《社会卷》，国家图书馆出版社 2015 年版，第 348—349 页。

② 民国时期文献保护中心、中国社会科学院近代史研究所编：《民国文献类编》第 16 册《社会卷》，国家图书馆出版社 2015 年版，第 349 页。

③ 民国时期文献保护中心、中国社会科学院近代史研究所编：《民国文献类编》第 16 册《社会卷》，国家图书馆出版社 2015 年版，第 301 页。

④ 民国时期文献保护中心、中国社会科学院近代史研究所编：《民国文献类编》第 16 册《社会卷》，国家图书馆出版社 2015 年版，第 339 页。

⑤ 民国时期文献保护中心、中国社会科学院近代史研究所编：《民国文献类编》第 16 册《社会卷》，国家图书馆出版社 2015 年版，第 308 页。

⑥ 《连南县志》，http：//www. docin. com/p-1626764617. html。

⑦ 《连南千年瑶寨的历史》，http：//www. chinayaozhai. com/yaominwenhua/463. html。

改变。目前，瑶族在广东境内的主要分布地域有乳源、连南、连山等。总之，中华人民共和国成立以前，不仅封建王朝和反动政府对瑶族采取民族歧视与压迫政策，而且其内部也纠纷丛生，械斗不断，瑶长、瑶练乘调解之机敲诈勒索，瑶族同胞的生活极为贫困，民族矛盾十分尖锐。

为了统治需要，全面抗战初期，国民政府不得不采取一些安抚措施来缓和汉瑶关系。其间，广州万国红十字会服务团设立的瑶区诊疗所发挥了不小作用，大掌岭诊疗所即是在瑶区设立诊疗所的开始。1938 年 6 月至 7 月间，广东省政府及其附属机关迁到了连县，使得连县成为全省政治中心，连县时有“小广州”之称，连阳地区随之地位凸显。“国民党省政府为了巩固其在连阳地区大后方基地的统治和发展战争重要物资‘桐油’的生产”，对少数民族瑶区工作日益重视，于 1938 年通过广州万国红十字会服务团团长“委任余海波（三江人）为大掌分诊所主任，张如盐、虞泽珉为常驻医务员，为瑶胞免费诊治疾病，宣传卫生知识，大约办了两年时间始结束业务”[①]。

除了广州万国红十字会服务团在瑶族聚居地设立诊疗所以外，1939 年 2 月，曾有一名瑶女到香花医院就医[②]，虽患病较重，但经治疗后痊愈，一定程度上也缓和了汉瑶关系。战时，生命得到保卫和救护是第一位的，广州万国红十字会服务团救护每一个国民，不分民族，使各族同胞都能获得同等的尊严感。

第四节　广州万国红十字会服务团评析

从 1938 年组织成立到 1941 年，广州万国红十字会服务团做了许多工作，本节对其组织性质、工作成绩和存在的不足做一评析。

一、服务团的定位

（一）半独立型民间医药卫生组织

首先，广州万国红十字会服务团明显参照了广东省卫生处的运行方

① 罗昆烈：《由连阳化瑶局（安化局）到连南瑶族自治县的演变发展简史》，《连南文史资料》第 2 辑，连南瑶族自治县政协文史委员会 1985 年印行，第 12—13 页。另，从 1939 年 2 月 1 日起，该诊疗所由广州万国红十字会服务团收回自办。

② 民国时期文献保护中心、中国社会科学院近代史研究所编：《民国文献类编》第 16 册《社会卷》，国家图书馆出版社 2015 年版，第 299 页。

式而运行，可以说，广东省卫生处与广州万国红十字会服务团在工作运行机制上是面与线，或线与点的关系，即卫生处统筹及部分办理广东省内各项卫生、医疗事宜，而服务团则全力协助或模仿施行。兹举数端说明：

第一，设立或直接合办医疗卫生院所。特别是合办医疗院所，这从粤北抗战时二者于韶连路上合办之医疗工作上可知一二。

表6－1　粤北抗战中卫生处与服务团合办之救护医疗工作统计表①

地　点	工作时间		诊病人数
	起	止	
乳　源		1940. 01. 01	未详
汤　盘	1940. 01. 01	1940. 01. 01	未详
萍　溪	1939. 12. 30	1940. 01. 04	35
秤　架	1940. 01. 01	1940. 01. 04	94
岭　背	1940. 01. 09	1940. 01. 23	434
三　江	1940. 01. 01	1940. 01. 07	470
石　鼓	1940. 01. 11	1940. 01. 12	41
阳　山	1940. 01. 22	1940. 01. 29	266
英　德	1940. 01. 01	1940. 01. 10	238

除此以外，前文所述服务团在仁化设立的第二补助医院，也是“经由卫生处会同广东省振济会及省救护委员会积极计划实施”② 的。

第二，开展流动医疗。全面抗战爆发后，战时救护完全依靠定点救护是不合时宜的，为此中国红十字会救护总队部于抗战时期在全国开展了广泛的流动医疗③，而广州万国红十字会服务团在实际工作中与广东省卫生处多有互动，所以从卫生处“学”到的也很多，且将这个“流动

① 资料来源：《粤北抗战中本处与广州万国红十字会服务团合办之救护医疗工作》，《广东卫生》第7、8期合刊（1940年2月），第16页。

② 《本处最近（六——十月）工作报告》，《广东卫生》第3、4期合刊（1939年10月），第7—8页。

③ 参见戴斌武：《中国红十字会救护总队与抗战救护研究》，合肥工业大学出版社2012年版。

救护”的特点表现得淋漓尽致。为增进抗战救护，卫生处和服务团都曾组织各种外出救护队。比如粤北战事期间，卫生处下属的省立临时医院奉命迁移连县之后，曾派出医生李文韬、护士江美兰前往阳山协助救护事宜①。相较而言，服务团因人事关系不十分繁复，工作内容也不十分固定，因此其流动医疗工作更形显著，如前述惠州、博罗施医赠药，乳源巡回医疗，阳山巡回医疗等即是如此。

第三，重视医疗教育。广东省卫生处通过定期招考的方式，选送人员赴贵阳公共卫生所训练，学成归来即作为公务人员，服务于全省各级卫生行政机关。广州万国红十字会服务团则通过应考的方式参加公共卫生人员招考，并有学员被录取且受训回团后服务于各卫生院所。两者一呼一应，目的都在于培养医护人才。

其次，广东省卫生处和广州万国红十字会服务团的工作重点不同，或可谓正好相反，前者侧重公共卫生，后者侧重战时医疗。以防疫工作而言，卫生处将各县防疫尤其是夏令卫生运动作为常规事项每年大事举办，而服务团则在疫病发生的具体地点设医疗机构或派员从事医疗工作。以二者合作的西厢乡卫生所为例，广东省卫生处的目的在于使其成为广东省乡村卫生所的示范，而服务团的用意在于以该所为该团曲江医院的门诊部，并为来往军民及水上贫民接生等提供服务。

总而言之，广州万国红十字会服务团与广东省卫生处在战时服务的内容方面基本一致，体现了相互依赖性。但广州万国红十字会服务团与广东省卫生处却不是上下级的关系，服务团不是广东省的某级卫生行政机关，同时其工作自有侧重，所以可视为半独立型民间医药卫生组织。

（二）非红十字系统的人道救助团体

全面抗战时期，“红十字”的名号在各处十分常见且响亮，这自然得益于中国红十字会自身多年的努力，但也不乏一些依靠“红十字”来增强自身合法性及“安全”性的慈善团体或其他组织的努力。例如，八一三淞沪抗战期间，由煤业工人、青年店员及汽车驾驶员等数百人组成的“上海煤业救护队”，佩戴红十字臂章，挂出红十字旗帜，冒着敌人

① 《本处廿八年十二月份至廿九年一月份工作报告》，《广东卫生》第7、8期合刊（1940年2月），第14页。

的狂轰滥炸，救出了成千上万的苦难同胞[1]。还有一些组织得到中国红十字会的认可，可以直接以“红十字”的名义开展工作，如1937年9月底成立的“缅甸华侨红十字会”就是这样的组织，该组织甚至被当作中国红十字会总会在海外的基层组织，身负红十字使命，取得了令人瞩目的成绩[2]。

从一定意义上说，广州万国红十字会也是先自立为“红十字”组织，后得到中国红十字会总会认可而与红十字会建立联系的。广州万国红十字会是国内外秉承人道精神的人士共同组设的，不是中国红十字会总会为推进地方事业而设立的分会，和中国红十字会总会在广州设立的分会相比，前者是新出现的善团，后者是总会的分支。所以，从成立方式而言，广州万国红十字会的外出服务团，即广州万国红十字会服务团不是正规的红十字会机构。

从工作内容而言，广州万国红十字会服务团与中国红十字会无过多交叉或遵循关系，它更多的是与广东省卫生处联系紧密，因为广州万国红十字会服务团及广东省卫生处在1938—1941年的领导人同是黄雯，个人虽不能左右历史，但因个人原因而促成的两机关工作之间的联系则是完全可能的。实际上，比起担任广州万国红十字会服务团团长，作为广东省卫生处处长，黄雯的职司范围更广，甚至可以说，没有广东省卫生处，就没有广州万国红十字会服务团抗战期间卓越的救护服务业绩。黄雯希望在最短时间内完成组建广东省各县的卫生行政机构，即将来每县都有卫生事务所，每村都有卫生分所，每乡都有卫生室，从而协助卫生处推行各项卫生实施计划，使广东省内每个人，无论男女老幼或是贵贱贫富，都有机会享受预防保健的服务。同时促进医疗机关采用最新的医学智能，诊治有病之人，养成健康的国民，建立健康的国家[3]。他的殷切希望主要是通过卫生处实施的，而广州万国红十字会服务团在此情形下犹如一个政府附属组织，跟红十字会没有必然的关系。不过，广州万国红十字会服务团也并非完全没有红十字属性，从人员构成而言，服务团除组设之人中西兼有外，团内教会医院和西医所占比例不小，他们加入服务团施医赠药为一方面，另一方面也一并宣传了红十字人道精神。

---

① 中国红十字会总会编：《中国红十字会的九十年》，中国友谊出版公司1994年版，第62页。

② 池子华、郝如一主编：《中国红十字历史编年，1904—2004》，安徽人民出版社2005年版，第79—80页。

③ 《创刊辞》，《广东卫生》创刊号（1939年7月），第2页。

而且，服务团中有不少中医也曾到西方留学，他们亦怀有西方的医药技术及人道理念。

总而言之，广州万国红十字会服务团是一个非红十字会系统的人道救助团体。

二、服务团的成绩与局限

救死扶伤是抗战救护的首要任务。广州万国红十字会服务团虽是一个小型善团，但在它能力所及的范围内全力投入抗战救护工作，其人道救助行动值得肯定。

（一）服务团的成绩

首先，无论是设立医院、诊疗所、卫生示范所，奔赴灾区进行巡回医疗，在少数民族聚居地区拯伤治病，还是与政府、军事部门合作，从1938年10月至1941年9月的3年时间内，广州万国红十字会服务团以实际行动挽救了无数人的生命，成为战时救护的有生力量；同时，服务团推行新法接生，开展妇幼保健，对抗战时期中国的“保种”做出了贡献。据统计，3年内广州万国红十字会服务团前后开设医疗院所50余处（部分参见表6-2），门诊次数430230次，留医出院人数9270名，留医日数134548日，接生婴儿656名，防疫接种注射31547次，戒烟1060名，保健工作10738次，手术1544次，检验4149次，X光透视217次[①]，这些都是其有力服务的最好证明。

其次，服务团还对一些前方抗敌将士家属进行安抚。具体言之，为使出征抗敌军人对于其家属的健康无后顾之忧并得到精神安慰，服务团特提供出征抗敌军人家属健康及疾病保险服务——颁布《广州万国红十字会服务团举办出征抗敌军人家属健康及疾病保险简章》，凡属出征抗敌军人家属，如配偶、子女、父母、祖父母等均可享受相应服务。具体服务内容包括：其一，检验体格、矫治缺点，以及参加母亲会及儿童会、防疫接种注射、卫生指导等；其二，赠送产前营养资料，进行产前检查、护理及访视，以及上门接生及母婴产后护理等；其三，到院门诊医治及取药，到院留医、留产；其四，家里诊疗疾病。这些服务内容虽然还不全面，但一个小型服务团战时能有此番周详的考量和服务，已实属不易。

① 民国时期文献保护中心、中国社会科学院近代史研究所编：《民国文献类编》第16册《社会卷》，国家图书馆出版社2015年版，第266页。

表6－2　广州万国红十字会服务团1938年11月至1940年4月粤北各地工作报告表①

院所或工作地点名称		工作开始时间	结束时间	门诊次数	留医日数	留医人数	其他			备注
							种痘及防疫注射数	戒烟	X光	
从化及广韶公路沿途救护	（如上）	1938.10.16	1938.10.20	未详						
曲江循道公会西医院附设救护部	英光学校	1938.11.02	1938.12.14		2009	105				
连县救护医疗	连县双喜山医院	1938.11	1939.01	未详	未详	未详				
桂林救护诊疗		1938.11	1938.12	未详	未详	未详				
本团英德诊疗所（后改医院）	天主堂平民医院	1938.12.15		29596	2868	447	4735	705		粤北战时，该县城沦陷后曾于1939.12.29至1940.01.12停顿工作
广东省立临时第一医院	英光学校	1938.12.16	1939.01.31		713	56				
广东省立临时第二医院	连县香花坳	1938.12.16	1939.01.31	1875	197	30				

① 资料来源：《广州万国红十字会服务团中华民国廿七年十一月份至廿九年四月份粤北各地工作报告表》，《广东卫生》第11、12期合刊（1940年6月），第19—21页。

（续表）

院所或工作地点名称		工作开始时间	结束时间	门诊次数	留医日数	留医人数	其他			备注
							种痘及防疫注射数	戒烟	X光	
惠罗救灾	惠州博罗	1938. 12. 23	1938. 12. 25	639						
广东省立临时第一卫生诊疗所	曲江励群中学	1938. 12. 29	1939. 01. 31	484						
广东省立临时第三医院	连山太保墟	1938. 12. 31	1939. 01. 31	742	未详	8				
广东省立临时第四卫生诊疗所	连山大掌岭	1939. 01. 05	1939. 01. 31	300						
广东省立临时第二卫生诊疗所	乳源关岳庙	1939. 01. 07	1939. 01. 31	1172						
本团曲江医院	英光学校	1939. 02. 01		5306	25902	2675	3912	219	66	继续广东省立临时第一医院工作，粤北战时曾于1939. 12. 29至1940. 01. 22停顿
本团香花医院	连县香花坳	1939. 02. 01		33432	2276	437	1169			
本团连山医院	连山太保墟	1939. 02. 01		24807	4816	486	1791	136		
本团大掌岭诊疗所	连山瑶排大掌岭	1939. 02. 01		6012			700			

（续表）

院所或工作地点名称		工作开始时间	结束时间	门诊次数	留医日数	留医人数	其他			备注
							种痘及防疫注射数	戒烟	X光	
本团乳源医院		1939.02.01	1940.01.25	21083	3002	441	2114			继续广东省立临时第二卫生诊疗所工作，粤北战时曾于1939.12.30至1940.01.15停顿工作
本团翁源医院		1939.02.03	1939.12.26	19281	998	161	833			
本团保安诊疗所	连县保安	1939.03.01	1940.01.25	2783			202			
本团马坝诊疗所	曲江马坝	1939.04.29	1939.07.27	3214			221			
韶州国际战时难童救济院	曲江东河坝	1939.05.01		3982			40			
萍溪		1939.12.30	1940.01.04	35						
汤盘水		1940.01.01	1940.01.01							
秤架		1940.01.01	1940.01.04	94						
三江	连县三江福音堂	1940.01.01	1940.01.07	470						

（续表）

院所或工作地点名称		工作开始时间	结束时间	门诊次数	留医日数	留医人数	其他			备注
							种痘及防疫注射数	戒烟	X光	
鲤鱼塘	英德	1940.01.01	1940.01.10	238						
岭背		1940.01.09	1940.01.23	434						
石鼓	连山石鼓	1940.01.11	1940.01.12	41						
阳山		1940.01.22	1940.03.29	266	39	9				
广东省第二补助医院	仁化	1940.01.30		24321	1171					
仁化医院	救济院	1940.03.01		1355	152	16	1725			
本团龙归诊疗所		1940.02.16		3784			160			
耒阳救护诊疗	竹塔市	1940.03.22		2960			1308			
粤北战区流动诊疗	九县	1940.03.27		2166						
曲江诊疗所	孝悌路延祥寺			432						
合计				191304	44143	4871	18910	1060	66	

最后，更为重要的是，广州万国红十字会服务团以其多维的服务内容、先进的医疗技术、虔诚的人道关怀，昭示了慈善团体救护过程中专业程度的重要性，以及拥有百折不挠人道精神的可贵性。

一方面，服务团是一个具备一定先进医疗技术的善团，有利于其工作的推进。例如，服务团开设龙川医院期间，有张女婴一案值得纪录：

有张吴氏入院就产，七月廿四日早顺利产出体重六磅之女婴，但该婴出世时全身瘀黑色，察其原因系在头前生一巨瘤，阻压气管，至空气不能被吸入肺，经多方施救后旋得一办法，即若安置其头与颈于某一定位置则可得呼吸，但仍感困难，呼吸时兼具有为受物阻碍之声音，当时诊断即为“甲状腺肿阻碍气管”。是日张婴屡濒于危，第二日既获亲属许可即施手术，在局部麻醉之下，将该肿大部份（分）割取，婴儿立刻得呼吸顺利，并全身转变美丽粉红之颜色，迄痊愈期内亦无大障砖（碍）发生，独于第四及第五日中经两次之盐水注射及服奋兴剂即告脱险，另该伤口虽经谨慎之创切及缝合仍须施以引流，至愈合略延期间，幸张婴胃口维持佳状，至八月廿日出院时，已增加体重几达一磅矣。此病案之获良善结果，亦为幸事。查该肿果然是甲状腺（亦名脾核或盾状腺），于生理上具重要作用，不便全部割除。在胎生即已组成瘤肿，并阻碍气管至发生性命危险者中外实属罕见云①。

从详细诊断、当机立断施行手术、注射盐水及喂服奋兴剂、引流等医疗程序，可见当时服务团本身虽草草成立，但团内医疗水平却相当专业，且服务病患耐心周到。

另一方面，利用一切优势条件，不惧一切困难处境，使广州万国红十字会服务团无时无刻不在发挥自身的力量，成立仁化第二补助医院就见证了这一点。1940 年 1 月 11 日，广东省政府限克日筹设补助医院以应军事需要，于是急商广州万国红十字会服务团首先在仁化代设第二补助医院。服务团慨然允命，随即调余节铭带领团员、药械星夜由连县返回韶关，开始筹备。1 月 14 日，余节铭、郑德修、萧志德、邵德球携带药物前往仁化，并于 16 日成立仁化第二补助医院。该院原定设置 1000 张病床，但当时预算并未确定，并且在仁化没有找到足够大的房屋，所以最后急切当中在城内及附近寻得屋宇数间，包括：西门外救济院足容 80 人，北门外刘家祠足容 60 人及叶家祠足容 60 人；城内得民众教育馆

① 民国时期文献保护中心、中国社会科学院近代史研究所编：《民国文献类编》第 16 册《社会卷》，国家图书馆出版社 2015 年版，第 335—336 页。

以为办公及厨房之用，并于离城二英里许附近康溪寻得旧棚一座以为职员住宿；又在康溪附近得张屋、龙皇宫、高墩、邹家祠等足容400人，合计600人。仁化原属偏僻小县，一切物件设备、工役人员，当地不仅不能供应，而且难以购买，尤以病室护士的雇佣最为困难①。人地生疏，百物腾贵，生活简陋，且天时寒冷，时或下雨，所有房屋均破败不堪。但服务团的团员在余节铭领导之下工作不懈，一切用品及工役由韶关运输应用。2月至3月间，刘鹏搏接任第二补助医院院长后开始重新择定院址，并在原来治疗之外，开展卫生、娱乐事宜。例如，于普通需要之外，又专门设立了一座灭虱室；对于留医者营养方面十分注意，派医愈者轮流监视厨房采买与烹饪，保证食物适合和充足；为方便伤病官兵之管理，配置娱乐设备，相关工作5月份基本完成②。

由此可见，在场地、物品、人员极形缺乏，生活条件十分艰苦的情况下，广州万国红十字会服务团仍能成立起如此规模的补助医院，只有抱定不屈不挠的人道精神方可达到。

（二）服务团的局限

作为一个小型民间医药卫生组织，广州万国红十字会服务团的最大缺陷就是组织不完善，具体而言就是组织力量薄弱，或者说缺乏充足的前期“准备”和训练，这对于任何一个善团的发展都是不利的。而与之相对应，中国红十字会救护总队部的发展壮大就是在长期的准备下才取得的。早在1931年九一八事变后，林可胜就意识到抗日战争将会是长期、持久的，于是他在协和医学院组建起军官救护训练队，除了实习医生外，一至四年级学生均须参加，并指定专人教学生外科急救知识和带领学生进行担架操练。林可胜还指定设置符合战地急救需要的标准手术器械箱和急救药箱。实践证明，这些举措成为日后救护总队部的一次预演③。反观广州万国红十字会服务团，其工作经常中断或移并他处，例如，原在乳源的工作归并龙归即是如此。1939年11月，服务团设分所于龙归，其原因是粤北战役爆发后，由于原先在乳源设立的院址被其他组织占去，服务团工作不易开展，所以决定向他处撤退。当时正值广州青年会在接近曲江县之龙归乡计划与省有关机构开展乡村工作，故请服

① 民国时期文献保护中心、中国社会科学院近代史研究所编：《民国文献类编》第16册《社会卷》，国家图书馆出版社2015年版，第320—321页。

② 《广东省第二补助医院在仁化筹设及办理情形》，《广东卫生》第11、12期合刊（1940年6月），第5—6页。

③ 池子华：《红十字与近代中国》，安徽人民出版社2004年版，第324页。

务团担任医务事宜，即允加入以继前功。服务团于是派张利沙、骆兆琳前往龙归，1940年2月16日开始工作。

此外，流动治疗过于分散的特点，造成广州万国红十字会服务团人员的身体健康状况急剧下滑，使得人才流失严重且加大了人才引进的困难。从前述人事变动中可以明显看出，服务团的人员流动频率是很大的，一处院所常常很快换人担任工作，例如1939年2月6日，服务团在位于曲江东南约100公里之翁源设立诊疗所，先由医师叶绍威、罗希贤、叶郁爱，护士赵素芝、谭玉笑、高彩莲等开办，但不久即由郑莞、王柔惠、张悦伊等接任。人员变动之快，由此可见一斑。

当然，归根结底，伴随着组织无着、人才不足等问题的是经费始终处于“捉襟见肘”状态。无论是各善团或个人的捐助，抑或是香港委员会的接济，又或是政府方面的拨款，在当时广东省内及附近地区不断增加的伤兵和难民人数、不断增长的物价，以及广州万国红十字会服务团自身不断扩展的医疗卫生工作内容面前，都显得十分拮据，远远不能满足团务的发展需求。因此，不能建立起长效的基金制度，使得服务团的工作很难再有新的突破，由此留下了不少遗憾。

第七章 民国时期国际红十字运动的中国记忆（上）

——红十字期刊对国际红十字运动的关注与介绍

1912 年，中国红十字会实现“统一”后，开始创办自己的机关刊物，传播红十字运动宗旨，刊载国际红十字组织的条约和规章，介绍各国红十字运动动态，使人们知晓红十字事业的新动向，从而加深了国人对国际红十字运动整体的了解与认知。同时，红十字期刊也为中国红十字会规章制度的制定、会员征募活动的开展、人道救助事业的推进等提供了参考经验，从而促进了中国红十字事业的进一步发展。

作为民国时期红十字运动喉舌的红十字期刊，其很多内容涉及国际红十字运动的组织建设、法律法规、制度建设及业务开展等，其中美国红十字会因与中国红十字会的联系紧密，以及其组织、会务的发达而具有典型性，因此成为中国红十字期刊介绍的重点。

第一节 民国时期中国红十字会的期刊

期刊作为一种传播媒介，其产生是为了满足人们的精神文化活动双向交流、信息保存积累和传播的需要，又在产生、发展后反作用于社会，从而影响社会文化的进步。本书所述的红十字期刊，是指由中国红十字会创办的机关刊物。作为红十字运动的喉舌，期刊具有重要的宣传功能，也是我们研究红十字运动必须查阅的第一手资料①。

一、民国初期的中国红十字会期刊

民国初期，作为国际性组织，红十字会在中国政府及民众中具有怎样的形象，直接关系到国人对红十字组织合法性的认知及其接受红十字

① 池子华：《中国红十字运动史散论》，安徽人民出版社 2009 年版，第 214 页。

会相关规范的程度。因此，中国红十字会实现“统一”之后，便开始着手创办自己的刊物，传播红十字运动的宗旨、规章制度及业务活动等，使民众尤其是红十字会员对国际红十字运动的了解与认知进一步加深。而民国时期中国红十字会创办刊物的整体情况如表7－1所示①。

表7－1　民国时期中国红十字会刊物一览表

刊物名称	出版时间	期　数	备　注
《人道指南》	1913年3月、7月	1—2期	
《中国红十字会杂志》	1913年5月、1914年6月	1—2期	
《中国红十字会月刊》	1921年10月10日—1924年5月10日	1—31期	
	1931年	1卷1—7期	
	1935年7月—1940年6月	1—60期	
《中国红十字会会务通讯》	1941年1月1日—1945年8月1日	1—34期	
《救护通讯》	1943年10月31日—1944年8月15日	1—44期	抗战时期中国红十字会总会救护总队部编印
《红十字月刊》	1946年1月31日—1948年12月31日	1—36期	
《红十字会刊》	1947年3月		北平分会编印

中国红十字会期刊的创设始于1913年。民国初期，中国红十字会创办的刊物主要有《人道指南》《中国红十字会杂志》及《中国红十字会月刊》（1921年10月—1924年5月）。

（一）《人道指南》

1913年1月12日的《申报》载：“（红会）拟于今岁二三月间，月出杂志一册，附刊各种图画并灾区灾民惨象铜版，延聘编辑员印行中国

① 资料来源：郭进萍：《红十字文化传播研究（1874—1949）》，苏州大学2013年硕士学位论文，第50页；中国红十字会总会编：《中国红十字会历史资料选编，1904—1949》，南京大学出版社1993年版，第102页；以及《中国红十字会月刊》《中国红十字会会务通讯》《救护通讯》《红十字月刊》《红十字会刊》等。笔者根据以上资料整理而成，并做了相应的修正。

唯一之慈善报章，以饷（飨）社会，藉资报告。”[①] 3月，《人道指南》在上海创刊，它是中国红十字会最早发行的机关刊物，强调“红十字会者以博爱恤兵为宗旨，本宗教家尊重人道之遗意，而脱离宗教之范围者也”，并指出红十字会是“最纯粹最硕大之慈善法团也”[②]。

《人道指南》由中国红十字会编辑部编印发行，共两册。第一号3月上旬、第二号7月上旬发刊，封面上印有“本期赠送不取分文，函索立寄”字样。《人通指南》第一号共“印三万册分送海内外，因出版过早，各界告白不及刊入至以为歉”；“本会尊人道主义，行慈善事业，提倡‘博爱、兵恤（恤兵）’宗旨，编辑《人道指南》，月出一册，每次刷印三万册，分送本外埠会员、各巨绅宅第、大公司、大商号。兹复加印一万册，以期普及，如有遗漏及未寓目者，或亲友中须交阅数份者，请即示知，立即寄奉，此布”[③]。

《人道指南》是中国红十字会为了宣传人道、博爱思想，增强国人对红十字会的认知而发行的。但是，由于人力、物力以及经验缺乏，刊载的内容有限，篇幅也较少，其主要刊载的内容涉及以下几个方面。

其一，宣传人道主义。

晚清以来，西学东渐之风日起，各种西学在中国大地遍地开花，其中也包括人道主义，这在一定程度上促进了国人对人道主义的认识，为红十字人道主义的传播奠定了思想基础。《人道指南》取“人道”二字作为刊名，也可视为一种传播人道主义的方式，因为“世无不尊重人道之国，亦无不尊重人道之人。人道云者，人类之保障也！”[④] 同时也告诉人们：“本会素持人道主义，期与薄海同胞，共享和平、幸福……设遇有妨碍人道主义者，务宜尽心竭力，忠告而善道之。以达我尊重人道之目的，此则本会所深期，当亦为诸君之至愿。”[⑤]

其二，介绍会员入会方法以及会员须知。

中国红十字会成立后，积极征求会员，以求壮大红十字队伍，而时人对何为“会员”仍有诸多困惑，于是《人道指南》中介绍了会员入会的条件以及需要遵守的规则：“无论政法家、宗教家、农家、商家，苟尊崇人道，热心慈善，皆可为会员。其他党会虽多，既入乎此，即不能

① 《红十字会之筹赈忙》，《申报》1913年1月12日。

② 沈敦和：《〈人道指南〉发刊词》，《人道指南》第一号（1913年3月），第1页。

③ 《分送〈人道指南〉》，《申报》1913年3月21日。

④ 沈敦和：《〈人道指南〉发刊词》，《人道指南》第一号（1913年3月），第1页。

⑤ 《中国红十字会敬告本会会员》，《人道指南》第二号（1913年7月），第3页。

再入乎彼，惟红十字会则可自由兼入，且已入他会而更入之。益可以令他会之人，动其尊敬之心，何则！天下惟慈善家乃为最荣誉、最可钦之人。”① 积极鼓励各界人士加入红十字会，同时提出：“世界文明，男女平等。诸君既不屑俯首于须眉，则于人道主义更宜有所发挥。”此外，对会员会费、入会介绍书（参见图7－1）、会务等都有详细的说明和介绍，使人一目了然。

会员入会介绍书

今介绍到慈善家________女士/君

______年______岁______省______县人，博爱，慈祥，热心救济，愿遵章入会。特捐纳会费洋二百/廿五元整。希给收条并特别/正会员佩章、凭照为入会之证据，请上海二马路望平街东首。

中国红十字会总会总办事处台核。

中华民国______年______月______号

介绍人

会员住址

介绍人住址

图7－1 《人道指南》刊载的会员入会介绍书示意图

其三，募捐赈灾和战争救护。

红十字会主要从事赈灾和救护工作，武昌起义时，“各国红十字会，间派救护队赴汉，竭诚施救。去岁，巴尔干与土耳其战争，本会接万国红十字会报告募捐，本会曾汇第一批捐款一千佛郎”②，由此可见红十字运动所具有的“国际性”特征。而中国红十字会自创办以来，苦心孤诣，恤兵赈灾，成绩昭昭，毋庸赘述。“惟是会员，尚未发达，基本之金，些微未积。兼之历年灾荒战祸，接踵而起，捐募之金，随得随耗。总会、总医院、分医院、医学校推广之费，逐渐增加，经济支出，已达

① 《敬告非会员》，《人道指南》第一号（1913年3月），第5—6页。
② 《敬告会员》，《人道指南》第一号（1913年3月），第8—9页。

极点”[1]。因此，中国红十字会通过在《人道指南》上刊登启事，希望海内外慈善人士慷慨解囊，广为捐募，以期会员发达、会费有所增加。除了募捐和救护外，为培养医护人员，施惠病人，中国红十字会还设立医院学堂于上海，对此该杂志亦有介绍。

其四，人物传记。

《人道指南》第二号载有《女慈善家》一文，强调她们是“红十字会之功臣”。例如，南丁格尔女士是英国看护事业的创始人，以孱弱之躯，奔赴战地看护伤病之兵士。此外，她还创办一所看护学校，培养看护人才，使患病者有希望，死者得到安慰，生存者获赡养，“红十字会实于此嚆矢焉”[2]。又如，克拉拉·巴顿女士是美国红十字会成立的倡导者，担任红十字会主席，在她的领导下美国红十字会从事战争救护、灾害救济，成绩斐然。中国也有一批女慈善家，如施淑贞女士一直热心慈善事业，尊重红十字会，多所捐助；周芝君、何德贞诸女士救助灾害饥馑，开展战场救护，四出募捐，到处鼓吹，介绍同志入会，“以谋固红十字会之基础”，“为红十字会历史上增益其荣光哉”。

总之，《人道指南》阐扬人道主义精神，增进了人们对红十字的了解，但遗憾的是目前仅发现两期，且刊载的内容较少。

（二）《中国红十字会杂志》

《人道指南》的创刊开启了中国红十字会自己创办机关刊物的先河，为之后的刊物创办提供了基本经验。1913 年，中国红十字会又创办了《中国红十字会杂志》。“本会现拟编辑《中国红十字会杂志》，阐扬人道主义，发挥慈善精神，以饷（飨）海内外同胞。除将本会紧要事实、赈务、医务、函件、文牍及关于慈善事业之报告付刊外，佐以论说、杂俎、小说等以增阅者兴趣。同人等见闻有限，谫陋滋惭，所冀海内硕学鸿儒惠赐巨制，或长篇论说，或短作歌谣，写战地之情形，述灾区之惨状，或关于医药卫生，或系于临时救护，体例不拘一格，而宗旨终须博爱，本会当择优刊登，并定润格酬谢，以答厚谊。”[3]《中国红十字会杂志》刊载的主要内容包括：1. 介绍红十字会的历史；2. 关于日来弗（日内瓦）红十字会的介绍；3. 关于红十字会条约和章程，包括国际红十字会和中国红十字会的；4. 关于战争救护和灾害救济；5. 介绍中国

① 《本会募捐启》，《人道指南》第一号（1913 年 3 月），第 11 页。

② 《女慈善家》，《人道指南》第二号（1913 年 7 月），第 13 页。

③ 《中国红十字会编辑杂志征文》，《申报》1913 年 2 月 24 日。

红十字会的发展情况；6. 人物传记、小说以及诗歌。此外，还刊载了有关中国红十字会第一次会员大会、统一大会及救援“二次革命”的详细史料，以及发表了朱瑞五《人道说》等理论文章。

《中国红十字会杂志》分图画、撰述、专件、记事、函电、译述、撰录、小说、杂俎、文苑、补白等栏目，内容丰富。此外还有广告，如五洲大药房警告人造自来血、上海老德记大药房消毒灭菌药品等（均为药房广告）。较之《人道指南》，《中国红十字会杂志》的内容更丰富、栏目更多、形式也更加灵活，体现了中国红十字会创办刊物的水平有了较大的提高。

（三）《中国红十字会月刊》（1921年10月—1924年5月）

1921年10月10日，《中国红十字会月刊》在上海创刊，1924年5月停刊，共出版31期。1921年“乃本会自创始迄今十七年矣。以二十二行省所设分会，百六十处，列册会员，计二万人。以视寰球各国，固在无可比数之列。……九州之内吾同室，而乃隔阂终年。或且问闻不相及，一旦猝遇刀兵疠疫、水火大灾，先事乏调查之备，临事穷应付之方，则汇报之举，乌能缓哉”[①]，因此中国红十字会决定于这一年创刊《中国红十字会月刊》。

《中国红十字会月刊》刊载的内容广泛，包括红会“创办之历史”、“陆战、海战相关规定”、“地方之卫生，各处水利之工程，物资筹备”、“总会及各分会已有之成绩”、“医药器具、手术的精进”、红会“战争救护、灾害救济”等，不仅如此，“篇幅所余，旁及诗文词曲，歌谣戏剧，舆诵农谚，里谈告白之属，广收博采而汇编之”，以求实现“庶几天下阅者，鉴痌瘝于在抱，动好善之本怀，慨焉兴起，相与有成，而本会益臻宏大”之目的[②]。

《中国红十字会月刊》由中国红十字总会总办事处编印出版，内容丰富，栏目多样，主要栏目有题词、图片、论说、传记、专件、记事、慈善近录、中国红十字会成绩纪略（总会及分会）、文苑、小说、广告等。

综上，纵观民国初年各类红十字期刊所载之内容，主要是宣传人道

① 《中国红十字会月刊发刊词》，《中国红十字会月刊》第1期（1921年10月），第1—2页。

② 《中国红十字会月刊发刊词》，《中国红十字会月刊》第1期（1921年10月），第2页。

主义、介绍红十字会的历史、招募红会会员、募捐赈灾、灾害救济和战争救护、关于国际红十字会与中国红十字会的条约和章程、介绍中国红十字会的发展情况、医疗卫生技术的发展情况、国内外人物传记、小说以及诗歌等，其目的是引起中国社会各阶层特别是当局者对红十字运动的兴趣，从而培育支持红十字会的社会力量，以推动红十字事业的发展。

二、抗战时期的中国红十字会期刊

1931 年九一八事变之后，日本企图通过吞并中国东北进而侵略全中国，中国军民奋起抵抗。1937 年七七事变爆发，中国进入全面抗战时期。这一时期，战争频仍，兵连祸结，自然灾害不断，中国红十字会积极投身战争救护和灾害救济之中，并努力开展卫生防疫等工作，同时国际红十字组织也展开对中国的救济和援助。虽然红会一直致力于各种救护工作，但在抗战的时代背景之下，红会各项业务工作的范围之广、责任之重，为前所未有。而中国红十字会以往所积累的经验、资金、物资、医护人员、技术等仍有所欠缺，工作开展面临很多困难。在这种情况下，中国红十字会积极号召民众参与救护工作，为此首先要加强舆论宣传，加深国人对红十字会的认知，而发行期刊即是一种有效手段。

（一）《中国红十字会月刊》（1931 年）

1931 年，为进一步宣传“红十字会是世界上惟一之慈善团体”，同时又因“所有中外红十字会之会务状况，社会人士多不了解，特刊行月刊一种，按月发行三万册，以资宣传”[①]。于是，《中国红十字会月刊》复刊，共出版 7 期（其中第 3 ~7 期为赈灾特号合订本）。

《中国红十字会月刊》第 1 期主要内容计有中国各地红十字分会工作概况，全国各地灾区调查等；又有王培元《卫生浅说》、吴山《育婴院办法》、王耀庭《菲律宾红十字会考察记》等文章，并招登各大商号之广告，内容极为丰富。第 2 期主要内容有征求会员和募捐启事，泰国、日本、意大利、缅甸等国红十字会消息，南通、武安分会及各省乞赈的电文，中国红十字会会计章程，本会大事记等。第 3 ~7 期为赈灾特号，主要包括：讨论如何救济水灾，唐文治、唐锡晋等对此展开了论述；李耐霜、季忠泽所编《各省水灾纪实》，记载了江苏、安徽、广西等 12 省水灾的详细情况；此外，还有各省乞赈的电文汇录。

① 《红十字会月刊出版》，《申报》1931 年 5 月 28 日。

（二）《中国红十字会月刊》（1935 年 7 月—1940 年 6 月）

随着时局的发展，中国红十字会在业务工作蓬勃开展的同时，更深切地认识到“报纸为瀹智利器，以吾国疆域之大，人口之众，而又东彝各具，尤好相同。故不患无慈祥恺悌之人，而患无以导瀹之。一旦取红十字精义，发挥披露，传观国人，顺风扬航”①。因此，1935 年 7 月，《中国红十字会月刊》再次复刊，至 1940 年 6 月停刊，共出版 60 期，其常设栏目有译述、专件、传记、论文、摘录上海各报所载有关红会之新闻、纪事、分会成绩、历史、组织、报告、会讯、特载、征信录、题名录、广告等。

沈金涛在《中国红十字会月刊发刊词》中说：“本会自创始迄今三十有一年矣！以全国所设分会五百余处，列册会员计十余万人，以视环球各国固在无可比数之列，故即就所已设者论之，试询以各地之人数、物产、社会财力、公益交通，诸大端犹瞢瞢然，不能悉举。夫九域之外吾比邻，现非闭关时代，犹当搜讨，以取资九州之内。吾同室而乃隔间终年，或且闻问不相及，一旦猝遇刀兵、疠疫、水火大灾，先事乏调查之备，临事穷应付之方，则汇报之例将如何？”② 因此，《中国红十字会月刊》刊载的内容主要有：红会创办的历史；关于陆战者如战地病院、陆军病院，关于海战者如伤病船舶等的分别规定及临时的设施；地方卫生、各处水利工程、粮食的丰歉；中国红十字会的规章条例，各分会发展情况以及成绩，医药器具的改良，近年来中外灾况；大慈善家及名医之传记、轶事，诗文、歌曲、民谣、戏剧、农谚等。

《中国红十字会月刊》复刊的目的，就是希望民众“抱勤好善之本，怀慷慨焉！”“本会益臻宏大焉！是则斯刊棣通之明效也！”③

（三）《中国红十字会会务通讯》（1941 年 1 月—1945 年 8 月）

《中国红十字会会务通讯》由中国红十字会总会编印，发行于重庆，从 1941 年 1 月到 1945 年 8 月共出版 34 期（其中第 1 ~ 12 期出版时间不固定，第 13 ~ 30 期每月 1 日出版，第 21、22 期是合刊，第 31 ~ 34 期是

① 沈金涛：《阐发推行本刊之真谛》，《中国红十字会月刊》第 2 期（1935 年 8 月），第 4 页。

② 沈金涛：《中国红十字会月刊发刊词》，《中国红十字会月刊》第 1 期（1935 年 7 月），第 1 页。

③ 沈金涛：《中国红十字会月刊发刊词》，《中国红十字会月刊》第 1 期（1935 年 7 月），第 2 页。

两个月出版一次）。

《中国红十字会会务通讯》的主要栏目有会务纪要、队务通讯、法令转载、公文摘录、工作报告、医药新闻、人事异动月报表、救护总队部业务概况、总会琐事纪要、分会消息、分会诊病统计、法规辑要、文艺、各国红十字会动态、会员征信录等，刊载的主要内容有：1. 各地医疗卫生情况以及相关工作报告；2. 战时救护、救济工作；3. 各分会情况及工作报告；4. 各国红十字会动态；5. 国际红十字会组织对中国的援助；6. 红会人事变动情况，将派用人员、退职人员、调遣人员分门别类，十分清晰；7. 人物传记以及散文、诗歌。同时选登重要新闻图片，使刊物图文并茂。

抗战时期，中国红十字会的工作人员分散在前线和后方，从事救护与救济工作，人数众多，而遍布全国的分会和红会救护总队部的各类医疗队有数百处，因此常常是“甲地情形，或乙地所不知；乙地困难，或非内地所共有。而于工作上体验之所得，宜以公之大众，切取联络，俾得互通声气，交换意见，此其一也。本会系以博爱恤兵为宗旨，使命重大，其价值在战时益以显著，救死扶伤，虽吾同人不惮艰险之精神，而医药物资之接济，所藉以为本会事业之原动力者，尤赖海内外之协助。然当仁不让，见义勇为，人所同情，仁风播扬，斯易响应，故凡分会之推广，会员之征求，与夫唤起各方之同情协助，必须致力宣传，以树风声，此其二也。现时战区既广，责任愈重。凡救护事业有未备者，宜力求补充，医药技术问题有待研究者，宜力谋解决”，由此可见创办会刊的重要性。而《中国红十字会会务通讯》创刊的意义正在于，其是“月出一次。举凡本会一切动态，著之简篇，一如实录，用以检讨工作，增进会务。各机关例有公报之刊行，《会务通讯》亦寓有公报性质，普通文件，可资刊载，用生烦牍”[①]。可以说，《中国红十字会会务通讯》因时而办，内容全面，是抗战时期中国红十字会最具影响力的机关刊物。

（四）《救护通讯》（1943 年 10 月—1945 年 8 月）

该刊为中国红十字会总会救护总队部于 1943 年 10 月在贵阳创办，半月刊，1945 年 8 月抗战胜利后停刊，共出版 44 期。《救护通讯》主要是及时报道救护总队部的工作动态，常设栏目有半月报道、红十字周纪要、救护设施、材料供应、防疫概况、运输动态、各方联络、业务视导、人事公告、活动纪要、法规选辑、消息拾零、读书专页等，涉及救

① 潘小萼：《创刊赘言》，《中国红十字会会务通讯》第 1 期（1941 年 1 月），第 2 页。

护总队部救护工作的方方面面。

《救护通讯》虽然栏目众多，但内容言简意赅，每期的篇幅都较少，大部分在10页以内（第23期有22页）。例如，1944年第7期的活动纪要载："一、本部为提倡工作人员业余进修起见，经组织医护助理人员补习班，业有二十余人报名，积极筹备开课。二、本部为响应志愿从军运动，即将发动工作人员报名应征，以期公务人员从军风尚。"① 语言简洁，直接指出人物、地点、原因、经过、影响等，让人一目了然。

三、复员时期的中国红十字会期刊

抗战胜利后中国进入复员时期，红会原有的《中国红十字会会务通讯》及救护总队部创办的《救护通讯》等刊物刊行有年，传播尚广，使红十字会的影响日增。但此时正值抗战胜利、会务刷新之际，中国红十字会以迎头赶上之决心，奠基础，开新径，宜另刊行出版物，以"尽指导宣传之使命"，而"一并战时简陋之弊"，《红十字月刊》等因此应运而生。

（一）《红十字月刊》（1946年1月—1948年12月）

1946年1月，中国红十字会总会创办《红十字月刊》，蒋梦麟会长在《发刊词》中阐明了办刊的宗旨："今者战事结束，和平肇始，开历史之纪元，创人类之新生□人献身救世之一大机会，当仁不让，见义勇为"，因此中国红十字会今后努力的方向，应为"其一，如何调整各地分会之事业，使起示范作用，而为当地社会福利之中心；其二，创办青年妇女生活指导部，务求其身心康健，德业日新，敬业以乐群，同人而无咎。若是，则中心刊物之发刊，实当务之急"，故"此后应如何搜集各国之新猷，广播分会之消息，作理论之探讨，尽报导之职责，胥于此一刊物焉见之"。同时，他也希望刊物"内容务求广泛而亲切，发行尤须迅速与准期，一以助本会业务之开展，一以新社会人士之耳目，民主盛世，谨以此焉"②。

《红十字月刊》从1946年1月创刊到1948年12月停刊，共发行36期，主要栏目有复员专页、工作纲要、法规选辑、工作动态、康乐文勺、青年红友、中国红十字会新闻、国际红十字会动态、特辑、征募、宣传及意外预防等，同时刊载大量理论文章。为了做好复员时期的红十

① 《活动纪要》，《救护通讯》第7期（1944年1月），第5页。

② 蒋梦麟：《发刊词》，《红十字月刊》第1期（1946年1月），第1页。

字工作，该刊特别开辟“复员专页”一栏，将红会工作的计划和组织的法规和盘托出，使得社会人士明了红会做了什么？怎么做？该刊强调指出，复员期间红会初步工作实施计划的目标是：“一、红十字会工作之准绳，在本人生服务之目的，博爱为怀之精神，以发展人群生活，增进社会福利；二、复员期间红十字会初步工作实施，须能适应社会福利之需要，免人群生活之匮乏，从事积极性、保育性、集体性之服务工作，以期奠立永久之基础。工作项目有：1. 调整总会组织；2. 增进分会机能；3. 推广征募运动；4. 建立服务中心；5. 扩大医药救济；6. 推行会员保健；7. 训练专业人才；8. 加强国际联络；9. 出版宣传书刊。”①

《红十字月刊》从1947年第13期起开设“青年红友专栏”，详细介绍各国红十字青年会员的活动。此外，还相继开设红十字青年特辑、健康服务特辑、儿童福利特辑、医药服务特辑、护理服务特辑、筹募事业基金特辑、灾害救济特辑、红十字周特辑、急救与安全服务特辑、冬令救济特辑、营养服务特辑、军人服务特辑等。或从其定义，或从其职责，或从其制度，或从某个国家或省份的具体案例，或从其意义诸方面出发，进行详细介绍，每一期还选取4～5篇议论性或叙述性文章刊载。

除此之外，“国际红十字会动态”一栏，将国际红十字运动的发展概况展现在读者面前，不仅有红十字国际委员会和红十字会国际联合会的相关报道，还有关于美国、英国、日本、意大利、德国、苏联等国的大量消息，为复员时期中国红十字会的转型与发展提供经验。

可以说，《红十字月刊》伴随着抗战胜利而诞生，不但在复员时期尽其最大能力，为促进社会稳定而努力，同时亦积极为青年、妇女、儿童解决问题，为医学及各学科介绍新知，灌输自由思想，提倡人生服务，呼吁人们加入红十字会，努力践行“人道、博爱”的红十字精神。

（二）《红十字会刊》（1947年）

《红十字会刊》于1947年3月出版，目前仅存1卷1期，由北平分会编印。发行《红十字会刊》的目的，“于业务之情形，工作之经过，暨会务之概略，分别叙述，逐项报告，深冀藉此得邀各会员及社会人士，明了本会之状况，作进一步之认识，日益接近，团结互助，奋建设

① 《复员专页：工作纲要》，《红十字月刊》第1期（1946年1月），第8—9页。

之精神，收事功之宏效”①。

该刊指出，红十字会“为一社会服务机关，本人生服务之目的，博爱为怀之精神，以促进社会之安全，谋求人类幸福惟职志”。自抗战胜利后，“本会一切事业，变消极为积极，变慈善性为社会性，变局部性为普遍性，成为一划时代之运动。今后中国红十字会之工作范围，并不限于医药救济，而以社会服务为本”，其目的在于“使会员及一般人们，深切了解红十字会服务与爱群之意义，作到强扶弱，富济贫，智启愚之任务，人人能自助、互助”，从而使国家社会实现富强、和谐。《红十字会刊》虽然现存资料较少，但是其内容仍具有重要的启发性，可以指导红会工作的开展。

综上所述，抗日战争结束后，中国社会各个阶层和团体进入了复员时期。这一时期，中国红十字会将工作的重心转向组织建设和发展，因此，《红十字月刊》和《红十字会刊》刊载了大量关于红会组织建设、法律法规及规章制度的制定等方面的文章，不仅有中国红十字会的，而且有相关国际红十字组织发展的介绍。此外，这些文章更加强调红十字会的社会服务功能，指出红十字会是社会服务机关。

总而言之，作为民国时期红十字运动喉舌的红十字期刊，不仅是我们研究中国红十字运动的重要史料，其也为传播国际红十字运动打开了一扇窗口。

第二节　民国时期红十字期刊中的国际红十字运动的基本概况

中国红十字会成立初期对国际红十字运动的关注，主要集中于对红十字运动历史、国际公约、红十字法律章程等的宣传介绍，以及对各个国家红十字会发展情况的介绍。例如，《中国红十字会杂志》1914 年第二号所载之《撰录：录大阪侨商上海孙淦君于前清光绪二十三年提倡中国红十字会说》一文，详细介绍了红十字会的历史，以及日本、泰国、土耳其等国红十字会设立经过，并附各国设立红十字会缔约公认年代表。《中国红十字会月刊》1922 年第 12 期刊载的《专件（二）：美国红十字会驻华总办事处章程》，详细介绍了美国红十字会

① 王正黼：《发刊词》，《红十字会刊》1947 年第 1 卷第 1 期，第 2 页。

驻华办事处的缘起、年会、会员等17条规定。《中国红十字会月刊》1923年第27期所载的《要件：万国红十字会联合会第三届常议大会之议题目录》一文，介绍了红十字会国际联合会的组织体系、规章制度等。

抗战时期，国际红十字组织给予了中国红十字会大量的资金、物资以及技术援助，因而在中国红十字会所办的刊物中，对于国外红十字组织援华的情况、各国红十字青年运动的发展以及医疗护理方面的知识和技术进步有大量介绍①。据统计，在《中国红十字会月刊》所刊载的文章中，关于美国援华的文章多达40篇，另《中国红十字会会务通讯》中有13篇、《救护通讯》中有10篇，这些文章详述了美国通过援助资金、血浆、小麦、药品等，救助遭遇战争及自然灾害的中国难民、儿童等。《救护通讯》1945年第38期所刊载的《美国红十字会新输血计划及方法》，认为美国输血方法颇有进步，即当抽取血液时，“只需将红血球与血浆分开后，仍将红血球注还于给血者，如此，受血者所得之血浆，较以往可增加至6倍以上，大大增加了输血量”，这是一种技术上的进步。

抗日战争结束后，中国红十字会进入复员时期，以“服务社会，博爱人群”为宗旨进行转型，但由于中国红十字会缺乏相关工作的经验，急需向国际红十字组织“取经”，因而这一时期红十字期刊的关注焦点是国际红十字运动的动态。例如，《红十字月刊》从第5期（1946年5月）到第36期（1948年12月），除第14期、22期外，连续刊载了29篇《国际红十字会动态》；除此之外，《红十字月刊》还开辟专栏，详细介绍各国红十字会，如《各国红十字会介绍特辑》（上、下）② 和《各国红十字会消息汇志》③ 等，从中可以了解美国、英国、法国、苏联、澳大利亚、芬兰、土耳其、墨西哥、荷兰、丹麦、比利时、匈牙利、加拿大、阿根廷、巴西、智利、瑞典、印度等国家红十字事业的发展情况。

---

① 参见陈湘泉：《考察各国红十字会青年部报告书》，《中国红十字会月刊》第21期（1937年3月），第107—113页；以及《中国红十字会月刊》第22期（1937年4月），第92—94页；《中国红十字会月刊》第23期（1937年5月），第129—133页；《中国红十字会月刊》第24期（1937年6月），第81—87页；《中国红十字会月刊》第25期（1937年7月），第65—68页；《中国红十字会月刊》第26期（1937年8月），第57—61页。

② 袁可尚：《各国红十字会介绍特辑》，《红十字月刊》第10期（1946年10月），第3—25页；《红十字月刊》第11期（1946年11月），第8—14页。

③ 《各国红十字会消息汇志》，《红十字月刊》第15期（1947年3月），第35页。

总之，民国时期各类红十字期刊以宣传红十字运动为宗旨，所刊载的论说和所开设的各种专栏都紧紧围绕这个宗旨，普及红会常识，动员民众支持红十字事业，以求最大限度地调动读者的积极性和参与热情。

以上简略介绍了民国时期中国红十字会机关刊物演变的历史轨迹。作为喉舌，期刊在推进中国红十字运动发展、传播国际红十字理念的诸多方面发挥了至关重要的作用，也见证了中国红十字运动跌宕起伏的发展历程。同时，通过对国际红十字运动的宣传和介绍，国人可以从中了解红十字事业的发展动态，并加以吸收借鉴，从而为中国红十字运动的发展提供经验。

一、对红十字国际委员会的介绍

红十字国际委员会的前身是成立于 1863 年的“伤兵救护国际委员会”。1859 年 6 月 24 日，法国-撒丁联军与奥地利军队激战于意大利北部的索尔费里诺，双方伤亡惨重。瑞士人亨利 · 杜南途经此地，目睹了战争的惨烈情景。杜南除了竭力帮助那些受伤的士兵减轻痛苦外，还思考如何寻求一种方法，防止在未来的战争中造成这样的痛苦或者至少改善这种状况，由此他提出了建立伤兵救护组织的构想。为此，他呼吁制定一个“由一项不可违反的国际公约所认可的国际准则”来作为这些救护组织的依据并支持他们的工作。

1863 年 2 月 9 日，一个由杜福尔将军、穆瓦尼耶律师、阿皮亚医生、莫努瓦医生以及杜南共 5 人组成的委员会在日内瓦召开了一次会议，成立了“伤兵救护国际委员会”，这标志着红十字运动的诞生！1864 年 8 月，在日内瓦外交代表会议上通过了伤兵救护国际委员会起草的《关于改善战地陆军伤者境遇之日内瓦公约》。根据 1863 年会议的决议并以 1864 年日内瓦公约为基础，一个被称为“国际红十字”的人道组织逐渐发展起来，且迅速向世界各地传播开来。1875 年，“伤兵救护国际委员会”改名为“红十字国际委员会”。

据笔者统计，民国时期红十字期刊对红十字国际委员会的介绍相当详细，达数十篇之多，具体篇目统计见表 7－2。

表 7－2 民国时期红十字期刊中刊载的有关红十字国际委员会的文章统计表

时间	题名	来源	数量
1913 年	照译日来弗万国红十字联合会第一百四十五次通告	《中国红十字会杂志》第 1 号（1913 年 5 月），第 4 页	《中国红十字会杂志》7 篇
	照录万国红十字联合会第一百四十七次通告　报告色京万国联合会经理代求牛奶希设法接济由	《中国红十字会杂志》第 1 号（1913 年 5 月），第 7 页	
	万国红十字联合会规约	《中国红十字会杂志》第 1 号（1913 年 5 月），第 30 页	
1914 年	关于本会要函汇录：照译日来弗万国红十字联合会第一百五十次通告	《中国红十字会杂志》第 2 号（1914 年 6 月），第 1 页	
	关于本会要函汇录：照译日来弗万国红十字联合会第一百五十一次通告	《中国红十字会杂志》第 2 号（1914 年 6 月），第 1—2 页	
	红十字与飞艇之研究	《中国红十字会杂志》第 2 号（1914 年 6 月），第 1 页	
	专件：万国红十字会于千九百十二年五月初七日至十七日在美京华盛顿开第九次联合大会中国红十字会特派驻美公使张荫棠参赞容揆留美学生监督黄鼎暨本会顾问福开森诸君为代表赴会事毕报告	《中国红十字会杂志》第 2 号（1914 年 6 月），第 24 页	

（续表）

时间	题名	来源	数量
1921 年	译日来弗红十字会总会一九二一年五月份会报	《中国红十字会月刊》第 1 期（1921 年 10 月），第 18—21 页	《中国红十字会月刊》（1921 年 10 月—1924 年 5 月）4 篇
1922 年	译日来弗红十字联合会看护部长爱利史女士为看护问题通告书	《中国红十字会月刊》第 6 期（1922 年 3 月），第 3—9 页	
	万国红十字会第十次大会纪要	《中国红十字会月刊》第 9 期（1922 年 6 月），第 1—2 页	
	万国红十字会第十次联合大会议案摘译序言	《中国红十字会月刊》第 10 期（1922 年 7 月），第 25—26 页	
1935 年—1937 年	白郎先生致送本会之备忘录	《中国红十字会月刊》第 1 期（1935 年 7 月），第 135—141 页；《中国红十字会月刊》第 55 期（1940 年 1 月），第 50—56 页	《中国红十字会月刊》（1935 年 7 月—1940 年 6 月）15 篇
	万国红十字会章约汇编	《中国红十字会月刊》第 2 期（1935 年 8 月），第 45—55 页；第 3 期（1935 年 9 月），第 51—63 页；第 4 期（1935 年 10 月），第 7—16 页；第 5 期（1935 年 11 月），第 9—19 页；第 6 期（1935 年 12 月），第 7—19 页；第 7 期（1936 年 1 月），第 23—34 页；第 8 期（1936 年 2 月），第 11—21 页；第 9 期（1936 年 3 月），第 13—24 页；第 10 期	

（续表）

时间	题名	来源	数量
1935 年—1937 年	万国红十字会章约汇编	（1936 年 4 月），第 13—25 页；第 11 期（1936 年 5 月），第 9—17 页；第 12 期（1936 年 6 月），第 27—35 页；第 13 期（1936 年 7 月），第 49—57 页；第 14 期（1936 年 8 月），第 21—28 页；第 15 期（1936 年 9 月），第 32—40 页；第 16 期（1936 年 10 月），第 13—17 页；第 17 期（1936 年 11 月），第 25—29 页；第 18 期（1936 年 12 月），第 15—21 页；第 19 期（1937 年 1 月），第 47—53 页；第 20 期（1937 年 2 月），第 41—47 页；第 21 期（1937 年 2 月），第 37—43 页；第 22 期（1937 年 3 月），第 37—40 页；第 23 期（1937 年 4 月），第 63—67 页；第 24 期（1937 年 5 月），第 37—42 页；第 25 期（1937 年 6 月），第 33—37 页；第 26 期（1937 年 7 月），第 23—28 页；第 27 期（1937 年 8 月），第 55—60 页；第 28 期（1937 年 9 月），第 41—50 页。	《中国红十字会月刊》（1935 年 7 月—1940 年 6 月）15 篇
	国际红十字会将在全世界募捐救济西班牙受害者	《中国红十字会月刊》第 18 期（1936 年 12 月），第 69 页	
	国际红十字会管理中立区	《中国红十字会月刊》第 24 期（1937 年 5 月），第 69 页	
	万国红会允任撤退难民	《中国红十字会月刊》第 26 期（1937 年 7 月），第 56 页	
	万国红会代表来华调查救护事宜	《中国红十字会月刊》第 29 期（1937 年 11 月），第 55 页	
	万国红会代表离京赴苏	《中国红十字会月刊》第 29 期（1937 年 11 月），第 55 页	

（续表）

时间	题名	来源	数量
1938年	国际红会设难民婴儿医院	《中国红十字会月刊》第32期（1938年2月），第45页	《中国红十字会月刊》（1935年7月—1940年6月）15篇
	国际红十字会伦敦开会	《中国红十字会月刊》第37期（1938年7月），第31—32页	
	国际红十字会会议开幕	《中国红十字会月刊》第37期（1938年7月），第32—33页	
	国际红十字会大会美代表发表演说	《中国红十字会月刊》第37期（1938年7月），第33—34页	
	国际红会大会会议	《中国红十字会月刊》第37期（1938年7月），第34页	
1939年	国际红会派员赴交战国	《中国红十字会月刊》第52期（1939年10月），第24—25页	
	国际红会设立中央问询局	《中国红十字会月刊》第53期（1939年11月），第28—29页	
1943年	万国红十字会之演进及其战时工作	《中国红十字会会务通讯》第19期（1943年8月），第1—12页	《中国红十字会会务通讯》2篇
1944年	代销万国红会护士月刊	《中国红十字会会务通讯》第27期（1944年4月），第8页	

（续表）

时　间	题　名	来　源	数　量
1946 年	红十字社会事业的发轫	《红十字月刊》第 3、4 期（1946 年 4 月），第 2—5 页	《红十字月刊》6 篇
	国际红十字委员会的组织和工作	《红十字月刊》第 5 期（1946 年 5 月），第 5—10 页	
	一个中立性组织的启示：国际红十字会	《红十字月刊》第 5 期（1946 年 5 月），第 16 页	
1947 年	沙法立诺回忆录	《红十字月刊》第 16 期（1947 年 4 月），第 37—39 页	
	亨利・杜南呼吁组建伤兵救护团体	《红十字月刊》第 20 期（1947 年 8 月），第 5—8 页	
	国际红十字委员会为遣送战俘呼吁	《红十字月刊》第 23 期（1947 年 11 月），第 7—8 页	
	合　计		34 篇

由表7-2可见，《中国红十字会月刊》中刊载的关于红十字国际委员会的文章最多，有19篇。此外在《红十字月刊》的第5期（1946年5月）、第7期（1946年7月）、第11期（1946年11月）、第12期（1946年12月）、第17期（1947年5月）、第32期（1948年8月）刊载的《国际红十字会动态》中，也有涉及红十字国际委员会的内容。

纵览上述文章的内容可以看出，红十字国际委员会既不是瑞士的红十字会，也不是世界各国红十字会之间的国际性组织，“它是遵照瑞士联邦法而组织的一个民间团体，根据历史和传统暨瑞士国的中立性，保持着红十字社会事业的老保姆地位”①。它不仅是第一个成立的红十字团体，也具有红十字会的充分特点，并推行红十字会的工作标准，而且它具有正式承认各国红十字会的权力和保障履行日内瓦公约的任务。红十字国际委员会的经费来源，“百分之七十由瑞士中央与地方政府、各机关社团及一般社会人士之捐赠，其余百分之三十来自交战国家之政府及红十字会”②。战争期间，它是交战国政府与红十字会之间的联络者，具有执行人道政策的权力，可以随时采取必需的步骤，以减轻人类所遭受的苦难。和平时期，红十字国际委员会从事灾难救济、进行社会服务等工作，与红十字会国际联合会合作，共同促进红十字运动的蓬勃发展。

二、对红十字会国际联合会的介绍

“红十字会国际联合会”由各国红十字会组成，起初名为“红十字协会”或“红十字会联盟”，创立于1919年，1983年改为“红十字会与红新月会协会”，1991年改为“红十字会与红新月会国际联合会”，倡导者是美国红十字会的亨利·戴维逊。

第一次世界大战结束后，欧洲大部分地区处于一片混乱之中，经济凋敝，疫病横行，大批一贫如洗的难民在欧洲大陆到处流浪。当时没有几个国家设有卫生部，也没有能够组织大规模救济工作的真正的国际性机构。在这样的社会历史背景下，美国红十字会于一战期间倡议组织一个国际性的救援机构，并于战后的1919年5月5日正式成立红十字会国际联合会。民国时期红十字期刊中刊载的关于红十字会国际联合会的文章统计如表7-3所示。

① 袁可尚：《国际红十字委员会的组织和工作》，《红十字月刊》第5期（1946年5月），第5页。

② 《万国红十字会之演进及其战时工作》，《中国红十字会会务通讯》第19期（1943年8月），第12页。

表 7-3　民国时期红十字期刊中刊载的关于红十字会国际联合会的文章统计表

时间	题名	来源	数量
1924 年	万国红十字会联合会第三届常议大会之议题目录	《中国红十字会月刊》第 27 期（1924 年 1 月），第 4—8 页	《中国红十字会月刊》（1921 年 10 月—1924 年 5 月）3 篇
	总办事处电复北京总会请驻法公使出席万国红会联合会第三届大会	《中国红十字会月刊》第 27 期（1924 年 1 月），第 13 页	
	万国红十字会联合会之新计划	《中国红十字会月刊》第 28 期（1924 年 2 月），第 1—4 页	
1931 年	万国红联会理事长之辞职	《中国红十字会月刊》第 2 期（1931 年），第 12 页	《中国红十字会月刊》（1931 年）1 篇
1935 年	万国红十字会联盟各国国名及缔约公认年代表	《中国红十字会月刊》第 3 期（1935 年 9 月），第 13—17 页	《中国红十字会月刊》（1935 年 7 月—1940 年 6 月）5 篇
1937 年	联盟会函谢总会	《中国红十字会月刊》第 23 期（1937 年 4 月），第 102 页	
	联盟会将派专员来华考察	《中国红十字会月刊》第 23 期（1937 年 4 月），第 102 页	
	万国红十字联盟会秘书长琪尔古抵沪	《中国红十字会月刊》第 27 期（1937 年 8 月），第 97 页	
1939 年	本会代表出席红十字联盟会	《中国红十字会月刊》第 43 期（1939 年 1 月），第 11 页	

（续表）

时间	题名	来源	数量
1942 年	最近国际联合会发表世界各国平均人寿	《中国红十字会会务通讯》第 10 期（1942 年 9 月），第 30 页	《中国红十字会会务通讯》1 篇
1946 年	红十字会联合会之组织与工作	《红十字月刊》第 6 期（1946 年 6 月），第 4—7 页	《红十字月刊》5 篇
1947 年	红十字会国际联合会的公共卫生工作	《红十字月刊》第 14 期（1947 年 2 月），第 6—10 页	
	红联护理部与南丁格尔国际基金会	《红十字月刊》第 17 期（1947 年 5 月），第 12—14 页	
	红十字会联合会之作用	《红十字月刊》第 22 期（1947 年 10 月），第 5—6 页	
	国际红十字协会第十九届（牛津）理事会有关交通急救之决议案	《红十字月刊》第 24 期（1947 年 12 月），第 7 页	
	合计		15 篇

此外，《红十字月刊》第5期（1946年5月）、第6期（1946年6月）、第8期（1946年8月）、第11期（1946年11月）、第12期（1946年12月）、第17期（1947年5月）、第22期（1947年10月）所刊载的《国际红十字会动态》中也有涉及红十字会国际联合会的内容。红十字会国际联合会的会员，是经红十字国际委员会认可的各国红十字会，其加入与退出红十字会国际联合会是自由的。1920年，红十字会国际联合会有会员20个，1930年有57个，1939年有61个。若以加入红十字会国际联合会的各国红十字会的会员人数合计，1920年已达2000万人，1930年3000万人，1939年增至6500万人，1945年则已达7000万人之多①。

成立红十字会国际联合会的目的有三："一、鼓励各国设立并发展合法成立的自动性全国红十字会，根据日内瓦公约之原则工作；二、红十字会联合会为一永久机构，居于各国红十字会间，担任联络合作及研究等事宜，协助各国红十字会改进其组织，并加强其国内及国际的各种活动；三、与各国红十字会协力改进健康，预防疾病并消减苦难。"② 联合会的经费由入会的会员红十字会自由捐献，每年由各国红十字会将捐献数目通知联合会秘书长。"一九四六年预算定为八十万法郎，拟由各国红十字会捐献金额则定为五十五万二千八百二十三法郎。曾由顾问会议之财务小组委员会拟定各国红十字会分摊数额，其中摊额最大者为美国红十字会之二十万法郎，几占三分之一弱，英法苏俄次之，各为二万五千八百，二万四千及二万法郎，澳大利亚一万七千二百法郎，中国红十字会则与阿根庭（廷）、瑞典等国同为一万五千法郎，最小摊额为乌拉圭，卢森堡，冰岛，高斯立加等红十字会之一千法郎"③。

红十字会国际联合会自成立以来，积极进行防疫及社会性疾病预防运动，其向各国红十字会传播卫生健康知识，尤其使卫生落后的国家受益匪浅。同时，红十字会国际联合会也是各国红会以及各国红会和国际社会之间联络与合作的桥梁。

① 袁可尚：《红十字会联合会之组织与工作》，《红十字月刊》第6期（1946年6月），第5页。

② 袁可尚：《红十字会联合会之组织与工作》，《红十字月刊》第6期（1946年6月），第7页。

③ 袁可尚：《红十字会联合会之组织与工作》，《红十字月刊》第6期（1946年6月），第7页。

三、对各国红十字会和红新月会的介绍

各国红十字会是国际红十字运动的基本成员和重要力量。早在1898年，《时务报》就刊载了潘彦翻译的《法国红十字会》一文，对法国红十字会做了介绍。此后，各类报纸杂志也对各国红十字会给予了高度关注，仅《大公报》关于各国红十字会的报道就达100多篇，内容涉及日本、瑞士、俄国、法国、美国、英国、德国、比利时等国的红十字会会员发展情况、业务开展等。

此外，其他报纸杂志，如《申报》《外交报》《政艺通报》《广益丛报》《东方杂志》等，也对各国红十字会进行了介绍。

中国红十字会创办的各类期刊中对各国红十字会的报道也颇多。

例如，《中国红十字会会务通讯》第24期（1944年1月）第68—71页、第25期（1944年2月）第65—67页、第27期（1944年4月）第56—58页、第29期（1944年11月）第56—58页、第31期（1945年2月）第51—54页连续刊载的《各国红十字会动态》。

又如，《红十字月刊》从第5期（1946年5月）到第36期（1948年12月）（除14期、22期外），连续刊载29篇《国际红十字会动态》。

除此之外，《红十字月刊》还开辟专栏，详细介绍各国红十字会的情况，如《各国红十字会介绍特辑》（上、下）和《各国红十字会消息汇志》等，分别介绍了美国、英国、法国、苏联、澳大利亚等国家的红十字事业。

各类红十字期刊中关于各国红十字会文章的统计见表7-4所示。从中可以看出，民国时期各类红十字期刊中关于美国红十字会的介绍最多，据不完全统计达到119篇，其次是英国、日本。

表 7-4　民国时期各类红十字期刊中刊载的各国红十字会相关文章篇数统计表

单位：篇

刊物名称 / 国别	《人道指南》	《中国红十字会杂志》	《中国红十字会月刊》1921 年 10 月 10 日—1924 年 5 月 10 日	《中国红十字会月刊》1931 年	《中国红十字会月刊》1935 年 7 月—1940 年 6 月	《中国红十字会会务通讯》	《救护通讯》	《红十字月刊》	合计
美　国	1	2	2	1	58	14	22	19	119
英　国	1	1			13	9	9	6	39
日　本	1	5		2	4			1	13
意大利				2	7			2	11
比利时					4	1	1	3	9
德　国					6			2	8
阿比西尼亚（埃塞俄比亚）					8				8
苏　联					3	1	1	2	7
瑞　士		1	1		2		1	2	7
希　腊					3	1	1	1	6
法　国					1	1	1	3	6

（续表）

国别 \ 刊物名称	《人道指南》	《中国红十字会杂志》	《中国红十字会月刊》1921 年 10 月 10 日—1924 年 5 月 10 日	《中国红十字会月刊》1931 年	《中国红十字会月刊》1935 年 7 月—1940 年 6 月	《中国红十字会会务通讯》	《救护通讯》	《红十字月刊》	合计
暹罗（泰国）			3	1	1				5
荷兰		1			2			2	5
澳大利亚					2			2	4
波兰					1	1	1	1	4
瑞典					1			3	4
加拿大					2			2	4
捷克			1		1			2	4
智利				1	1			1	3
缅甸				1		2			3
拉脱维亚					3				3
土耳其					2			1	3
印度					2			1	3

（续表）

刊物名称 / 国别	《人道指南》	《中国红十字会杂志》	《中国红十字会月刊》1921 年 10 月 10 日—1924 年 5 月 10 日	《中国红十字会月刊》1931 年	《中国红十字会月刊》1935 年 7 月—1940 年 6 月	《中国红十字会会务通讯》	《救护通讯》	《红十字月刊》	合计
匈牙利					1			2	3
丹　麦					1			2	3
南斯拉夫					1			1	2
墨西哥					1			1	2
菲律宾					2				2
罗马尼亚					1			1	2
西班牙					1			1	2
埃　及					1				1
保加利亚					1				1
伊　朗					1				1
新西兰					1				1

说明：因期刊本身内容的缺失以及笔者统计过程中或有遗漏，以上数据只是粗略统计。

关于各国红十字会的设立，需要满足以下条件："一、此会系属于参与日来佛大会之国。二、该国尚无万国红十字会已经承认之红十字会之设立者。三、经该国政府承认为军队卫生事务部之附属者。四、定名'红十字会'。五、采用白地红十字之旗徽。六、有一总会为总枢纽，而对外作惟一之代表。七、其动作能通达于全国，而保持其独立不倚之精神者。八、对于各国，不分轩轾，尤不歧视性别、宗教及政治者。九、于其政纲中，详密厘定军队卫生事务之服务者。十、承平之日，亟亟于战时服务之预备。十一、赞同联系国际之道义上连带责任之原理者。十二、与各国红十字会及万国红十字会密切联合者。"①

同时规定，"红十字"虽非基督教记号，而回教各国，"如土耳其、埃及及以来克（伊拉克）诸国皆用红半月形之记号，波斯国用一红狮及太阳，远东诸国（中国、日本、暹罗、印度）皆用此红十字，苏维埃联邦之红十字及红半月会（此会已承认为一会），共用十字及半月形"②。

另外，民国时期红十字期刊对各国及地区红十字会设立时间的统计见表7-5所示。

表7-5 民国时期红十字期刊中对各国及地区设立红十字会的缔约年、公认年统计表③

国 名	政府缔约年	公认年
阿尔巴尼亚（Albania）	1921	1923
阿根廷（Argentina）	1879	1880
澳大利亚（Australia）	1914	1919
奥地利（Austria）	1866	1867
比利时（Belgium）	1864	1864
玻利维亚（Bolivia）	1879	
巴西（Brazil）	1908	1912
保加利亚（Bulgaria）	1884	1885

① 《万国红十字章程汇编（续）》，《中国红十字会月刊》第12期（1936年6月），第34—35页。

② 《白郎先生致送本会之备忘录》，《中国红十字会月刊》第1期（1935年7月），第135页。

③ 资料来源：《录大阪侨商上海孙淦君于前清光绪二十三年提倡中国红十字会说》，《中国红十字会杂志》第2号（1914年6月），第77页；《万国红十字会联盟各国国名及缔约公认年代表》，《中国红十字会月刊》第3期（1935年9月），第13—17页。

（续表）

国　名	政府缔约年	公认年
加拿大（Canada）	1896	1919
智利（Chile）	1879	
中国（China）	1904	1904
哥伦比亚（Colombia）	1915	1922
哥斯达黎加（Costa Rica）	1885	1922
古巴（Cuba）	1909	1909
捷克斯洛伐克（Czechoslovakia）	1919	1919
但泽（Danzig）	1922	1922
丹麦（Denmark）	1864	1875
多米尼加共和国（Dominican Republic）	1927	
埃及（Egypt）	1923	
爱沙尼亚（Estonia）	1919	1922
芬兰（Finland）		1920
法国（France）	1864	1864
德国（Germany）	1865	1865
英国（Great Britain）	1865	1869
希腊（Greece）	1865	1879
危地马拉（Guatemala）	1923	1923
荷兰（Holland）	1864	1866
匈牙利（Hungary）		1881
冰岛（Iceland）	1924	1925
印度（India）		1911
意大利（Italy）	1864	1864
日本（Japan）	1887	1887
拉脱维亚（Latvia）	1918	1923
立陶宛（Lithuania）	1918	1923
卢森堡（Luxemburg）	1888	1888
墨西哥（Mexico）	1907	1912
印度尼西亚（Netherland East Indies）		1924
新西兰（New Zealand）	1915	1919

（续表）

国　名	政府缔约年	公认年
挪威（Norway）	1864	1865
巴拿马（Panama）	1917	1924
巴拉圭（Paraguay）	1919	1922
秘鲁（Peru）	1880	1880
伊朗（Persia ）	1923	
波兰（Poland）	1919	1919
葡萄牙（Portugal）	1866	1866
罗马尼亚（Romania）	1876	1876
萨尔瓦多（Salvador）	1874	
泰国（Siam）	1895	
西班牙（Spain）	1864	1864
瑞典（Sweden）	1864	1865
瑞士（Switzerland）	1864	1866
土耳其（Turkey）	1865	1868
南非（Union of South Africa）	1913	1928
苏联（USSR）	1918	
美国（USA）	1882	1882
乌拉圭（Uruguay）	1897	1900
委内瑞拉（Venezuela）	1894	1896
南斯拉夫（Yugoslavia）	1933	

各国政府依照日内瓦公约和国家立法承认红十字会为志愿救护团体，担当政府人道主义工作领域助手，各国红十字会才能得到红十字国际委员会认可，因而成为国际红十字组织大家庭中的一员，履行其职责和义务。

经费是各国红十字运动的基础，各国红十字会的经费来源主要有以下4种：

第一，会费收入及固定收入。各国红十字会将会员分成数类，如普通会员、荣誉会员等，分别缴纳不同的会费（表7－6）。而团体会员是以团体为单位缴纳会费，名誉会员原则上给予对红十字会有特殊贡献的人士，应与会费没有直接关系，但也有例外。

表 7－6　各国红十字会会员种类及缴纳会费金额表①

国　家	会员类型	缴费频次	金　额
比利时	普通会员	最少年纳会费	5 法郎
	永久会员	最少一次捐献	100 法郎
	荣誉会员	最少一次捐献	500 法郎
保加利亚	普通会员	每年会费	24 利佛
	维护会员	一次捐款	20000 利佛
美　国	普通会员	每年会费	1 元
	乐捐会员	每年会费	5 元
	维护会员	每年会费	10 元
	赞助会员	每年会费	25 元
冰　岛	乐捐会员	每年会费	5 先令
	永久会员	一次捐献	3 镑
意大利	普通会员	每年会费	10 里拉
	永久会员	一次捐献	200 里拉
	荣誉会员	一次捐献	3000 里拉
泰　国	普通会员	每年会费	10 泰币
	特别会员	每年会费	100 泰币
	荣誉会员	一次捐献	3000 泰币
土耳其	协进会员	每年会费	50 土币
	普通会员	每年会费	1 镑（土耳其币）
	永久会员	一次捐献	100 镑
	荣誉会员	一次捐献	2000 镑

会费收入及总会与分会的分摊比例，各国也不一致。大致而论，各地分会缴送总会的比例为 10% ~50%；会费收入全归分会自用，而不缴送总会者，仅为极少数。在会员人数多的国家，会费收入也相对较多，这是红会非常重要的经费来源。另外，各国红十字会的产业及基金也有

① 资料来源：袁可尚：《红十字会的经济来源》，《红十字月刊》第 18 期（1947 年 6 月），第 12 页。

收入，其他如捐赠及每年经费的盈余，均可看作红十字会的固定收入。例如，“英国及澳洲红会于其隶属之医院中，附设咖啡室，以为痊愈病人游憩之所。其所得之盈余，即以扩充医院之经费。苏俄红会则遍设茶室于国内各地，不惟宏经常之收入，且足以□除酣饮之流毒，一举两得，洵属法良意美也”①。

第二，补助费及特权。红十字会虽然是超然于政治机构以外的民间救助团体，但是因其有专门之人才、服务之经验、慈善之声望，是政府在人道领域的得力助手，因此在国际及外交会议上不乏通过诸如政府应帮助发展红十字会的议案等。例如1912年，在华盛顿举行的世界红十字大会通过如下议案：“本会议决议，请求签字于日内瓦公约之各国政府应以立法手续允许以最大可能的特权与利益给予各国红十字会，如免除赋税、印花税、邮电费、关税等是也。”1929年7月召开的修改1906年日内瓦公约之外交会议曾决议，“本会有鉴于发展红十字会及其他志愿协助会社之重要，佥以为实有各国最宽厚之立法将各种便利及特权给予平时创立，人员材料之移动及其救济工作之必要”②。各国政府也多给予红十字会以补助费或特权。其中经费补助的方式或为定期或为临时，有些国家将红十字会的补助费正式列入预算，提送国会核定；亦有若干国家单独列支红十字会补助费，在相关各部的业务费项下拨给红十字会。另外，“若干国家对于红十字会经费已有种种方式之补助，如意大利及苏联之车票附加价，苏联且于入境护照及边境护照上增收捐税，意大利、波兰之娱乐税，若干国家之发行邮票及专利电报是也”。

政府对于红十字会的协助有时也采用贷款或赠予的形式。例如，当红十字会为应付临时灾难或举办大规模事业需用款项时，政府给予无息贷款并约定归还日期，而土地、房屋、药品、血清、疫苗及急救用具（救护车、担架、毯子、食物）等，也常由政府以赠予的方式给予红十字会。

政府的间接协助方式就是给予若干特权，一部分特权使红十字会增加收入，一部分特权使红十字会减少支出。增益红十字会收入的特权有多种，其中最常见的是发行邮票。由政府邮政当局许可，可以照邮票面值加收若干金额作为红十字会的收入。每次发行的邮票，图案常常不止一种，因为图案新颖，同时援助红十字会又具慈善意义，所以这种邮票

① 陆紫东译：《各国红会之筹款新法》，《中国红十字会月刊》第19期（1937年1月），第12页。

② 袁可尚：《红十字会经济来源》，《红十字月刊》第18期（1947年6月），第12页。

的出售往往极为顺利。也有红十字会经政府准许享受某种专卖权，“如土耳其红十字会之于游戏用之纸牌及矿水暨意大利红十字会自政府各部会获得并售卖废纸是也”。又有若干国家以奖券收入或其一部分收入给予红十字会，也有少数红十字会自行发行奖券。总计“接受国家补助之红十字会约占全数三分之一，或为定期的补助或为特殊的补助。特殊补助如为救灾基金之一部分，防痨经费或赈济之用，较之定期补助，显为合理”①。

减少支出的特权，如印花税、关税、邮电费的豁免，长期护照及临时护照给予便利等，还有“若干国家之红十字会政府许其减轻百分之五十的运输费，更有几个国家规定红十字会护士以及穿制服之各种工作队队员，舟车旅行免费，亦有每年得有政府许多发给免费证应用”。儿童前往参加红十字会所组织的假日营、健康营，许多政府也应允免费旅行；因公出差的红十字会人员有减少费用的优待，在各国的实行已经很普遍；红十字会可以利用无线电台的广播宣传，尤其是灾难发生之际，这种利用非常充分，其他交通工具也是如此。此外，有些国家红十字会免除汽车牌照税，凡汽车有红十字会标志者，均豁免缴税②；红十字会的基金利息及各种捐款，政府不收税。

第三，募捐。利用红十字日或国庆日等进行红十字会经费的募集，已成为各国红十字会的惯例。如“意大利红会捐款日，每戏院及公共游戏处，凡票价在一元以下者，加一成，以助红会。凡在一元以上者，加半成。及各输运机关，如电车公共汽车火车轮船票价，各加半成，以助红会”。美国红会第十二期捐款法规定，“将美国前任总统太夫脱氏（塔夫脱）演说，制成有声影戏一本，在全国各戏院，当新闻片开演，在各影戏院门前放一捐筒”③，以募集善款。

第四，战时特别募捐。红十字会的战时工作，不仅仅是从事战时救伤瘗亡，往往还有运输伤病官兵、寻觅失踪者等，其工作范围已逐步扩展到社会救助的方方面面。面对如此重要的多种使命，经费短缺是常有之事，故有举行战时特别募捐的必要。如“加拿大红十字会自1939年—1945年间共募得会费及捐款6404226100元，依据战时慈善条例特别募捐455738097元，其他捐款及特殊计划392560727元，指定战事及和平基金812262519元，共计8064787443元。法兰西红十字会于1941

① 《各国红十字会法比较研究》，《红十字月刊》第12期（1946年12月），第16—17页。

② 袁可尚：《红十字会经济来源》，《红十字月刊》第18期（1947年6月），第13页。

③ 《各国红十字会在世界上之地位》，《中国红十字会月刊》第21期（1937年3月），第5—9页

年秋季足球季时，发起足球比赛日，捐款1765000法郎，法国运动委员会决定1941年12月31日及1942年1月1日所有运动比赛，均加收红十字捐款，结果红十字会获得2001424法郎”①。

各国红十字会成立之初，只为协助军队医务人员在战时救护伤病者。随着时间的推移，不论在战争时期，还是在和平时期，其工作范围都得到扩展。这是由于自索尔费里诺战役之后，军队医疗服务已有显著的改善，而武装冲突已不局限在战场上，有越来越多的平民成为敌对行动中的受害者。在战争或武装冲突期间，辅助军队医疗服务仍然是国家红会的主要职责，但这只是许多工作中的一部分。众多国家红会都将其工作范围逐步扩展到社会救助的方方面面，成为保护人的生命和健康、促进社会发展与进步的重要力量之一，成为政府在人道领域的助手。

简言之，根据1921年3月10日颁布、1928年10月12日及1930年8月28日两次修正的《万国红十字协会章程》规定，各国红十字会新成立、改组时，应得红十字国际委员会的承认，且各国红十字会均为红十字会国际联合会的会员。故各国红十字会应与以上两个国际组织密切合作。红十字会国际联合会与红十字国际委员会双方各向对方委派代表一人，专门负责相互联系。其在实际工作方面，1941年成立的联合救济委员会系由双方合组，为战时国际红十字运动的主要组织之一。另外，依据1928年海牙第13次红十字世界大会通过的法案，由红十字会国际联合会、红十字国际委员会暨各国红十字会共同组成世界红十字大会，以促进国际红十字运动的发展。各国红十字会之间也有互相援助的义务，红十字会国际联合会即以联系各国红十字会、促进相互服务为其任务之一。

第三节　民国时期红十字期刊中的国际红十字组织自身建设情况

完善的部门结构、健全的组织体系，是红十字组织有效运行的重要保障。各红十字组织根据各自的章程及本国立法从事符合本运动任务与基本原则的人道工作。民国时期红十字期刊中对此多有介绍。

一、对各红十字组织自身组织体系建设的介绍

对任何团体而言，完善部门结构、健全组织运行的重要性不言而

① 袁可尚：《红十字会经济来源》，《红十字月刊》第18期（1947年6月），第14页。

喻。红十字组织亦是如此，从现代社会组织的管理看，常议会、理事会、监事会等均是红十字组织建设中的重要机构。常议会、理事会为代理主体，负责执行委托者意志，向会员及会员大会负责；监事会为监督主体，受会员大会委托对代理者及办事者进行监督，也对会员及会员大会负责[①]。作为现代慈善组织，随着时间的推移，国际红十字组织的组织结构也在不断地完善。

（一）红十字国际委员会

根据红十字国际委员会组织法的规定，该会委员最多为25人（1945年仅有20人），且全数应由瑞士人充任，委员的选任、工作为纯义务职。1921年3月10日制定的《万国红十字协会章程》规定："指挥机关，为主席一人、副主席一人，以至数人，司财政出纳者一人，其人即在委员会中选任者。总秘书一人，在委员中选任，或向外间聘任亦可。"[②] 战争期间，"委员会全体大会仅于讨论特别重要问题及听取各项工作进度报告之时始行召集，经常工作则由执行部负责推进"[③]。它的职权可以概括为5项：（1）各国红十字会证明符合法律规定而成立时，红十字国际委员会予以正式之认可；（2）维持红十字原则的基本精神；（3）保障日内瓦公约及红十字标识；（4）战争期间为俘虏设立国际通讯机构；（5）运用权力以内之所有方法，改善战争灾难下兵民福利。

此外，根据多次国际公约，特别是1929年7月27日关于俘虏待遇协定[④]的规定，红十字国际委员会有关俘虏问题的实际工作，大致为下列3种：（1）由中央战俘事务局收集一切有关战争灾害的资料，通知有关国家。为收集此项资料，战俘事务局得向各国当局、战俘、被拘禁平民及其他被难平民发出咨询，使得因战事与亲族失去联系者得以互通消息。（2）输送食物、衣物、金钱、药品、书籍等救济物资至战俘及平民集中营，救济饥馑及灾害地区。（3）严格执行国际公约关于保护战俘及被拘禁平民之规定，委员会派遣代表至各交战国负责战俘营和其工作场所的视察工作。

红十字国际委员会为执行上述工作，"特于执行部之下，分设两处

① 参见马庆珏：《社会组织能力建设》，中国社会出版社2011年版，第34页。

② 《万国红十字章程汇编（续）》，《中国红十字会月刊》第12期（1936年6月），第28页。

③ 袁可尚：《国际红十字委员会的组织和工作》，《红十字月刊》第5期（1946年5月），第5页。

④ 《万国红十字章程汇编（续）》，《中国红十字会月刊》第8期（1936年2月），第15—21页；第9期（1936年3月），第13—24页；第10期（1936年4月），第13—22页。

一局。执行部包括委员会会长一人、委员五人，另隶各种专门委员会，以资商讨各项政策。执行部的委员均担任部内各重要业务，彼等最大的责任，系与各国政府及红十字会谋取密切联系。秘书处承办委员会及执行部所交下之案件，业务处担任工作之推进。1944 年 9 月底之统计，国际红十字委员会共有职员二九七七人，其中一七零二人系有给职，其余系义务工作者。义务工作者一二七一人中，八八五人系在瑞士其他各城市工作，秘书处工作人员仅六十名左右”①。兹将 1944 年 1 月 1 日以后，红十字国际委员会执行部的组织系统列图②于下。

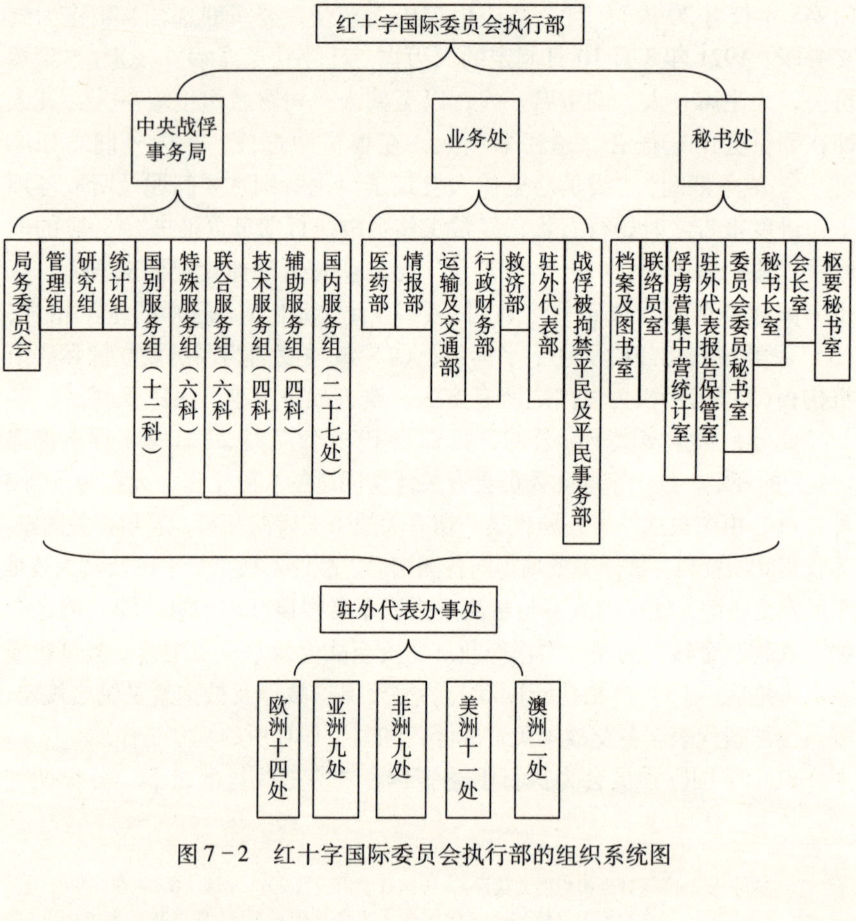

图 7－2　红十字国际委员会执行部的组织系统图

① 袁可尚：《国际红十字委员会的组织和工作》，《红十字月刊》第 5 期（1946 年 5 月），第 6 页。

② 资料来源：袁可尚：《国际红十字委员会的组织和工作》，《红十字月刊》第 5 期（1946 年 5 月），第 6 页。

由图7-2可知，业务处的“战俘被拘禁平民及平民事务部”是指导机构，而中央战俘事务局是执行机构，两部的责任是战俘及平民的保护。“战俘被拘禁平民及平民事务部”的下属机构包括战俘、被拘禁平民及非被拘禁平民三组。

战俘组以1929年日内瓦公约有关战俘待遇的条文为依据，在各国政府驻外代表、战俘本人及其亲属提供各种消息时，酌情采取适当行动，只要时机成熟、事属可能，战俘组无时不为改善战俘生活而努力，有时其努力甚至超越日内瓦公约的已有规定。经由各国红十字会或战俘本人请求而由战俘组采取的建议及方法种类很多，如将俘虏和其亲戚及有其他关系之人置于同一俘虏营，特设信件递送办法以弥补战时邮政阻碍等等，均为战俘组的工作。同时，战俘组也接受交战国家政府及红十字会关于敌国俘虏营内该国人民情形的询问，因委员会驻外代表经常巡视各国的俘虏营，所以战俘组得根据其报告谨慎审查而予以答复。凡新参加战争尚未递送俘虏名单到日内瓦的国家，战俘组也迅速给予查询，使其明了所询俘虏的有关情形。战俘组也有互助、交换、遣送患有重病及重伤之俘虏的义务。

被拘禁平民组援用1929年日内瓦公约关于战俘待遇之规定，凡有关被拘禁平民一般情况的改善，均为该组工作职责。该组为中央战俘事务局供给情报，凡需事务局特别注意的事项和有关交战国家应予履行的事项均由该组提交战俘事务局办理，其经委员会认为必要的事项，由该组准备各项实施的步骤。凡援用1929年日内瓦公约战俘待遇，救助被拘禁平民的各项利益，该组时时督促其实行，如将被拘禁平民的名单递送委员会，予以最充分的通信便利，监督营内食物及卫生等等，均为各国政府应予履行的事项。各种福利如家庭营工作情形的改良、娱乐、交换遣送等，该组努力争取其实现。该组除了为应受日内瓦公约保护的被拘禁人员谋取合法利益外，还为因特殊理由而被拘禁失去自由的人员谋取利益。

非被拘禁平民组鉴于一战及二战开始之时，普通平民与敌国境内的亲友无法通信的状况，创设了一种特殊邮递制度，以适应他们的需要。该制度创立后，得到各国红十字会的资助，工作顺利进行。中央战俘事务局关于通信寄递业务受该组指示。该组兼理无强国保护的平民事务，并为这些平民向其所属国政府请求可能的救济。

此外，业务处还设有救济部、医药部、运输及交通部、驻外代表部、情报部、行政财务部等，因篇幅所限，不再一一阐述。

中央战俘事务局成立于1939年，为红十字国际委员会战时主要工作机构。俘虏通信及设立通信机构，自1918年以来已成为各国共识，因此该机构工作的法律根据是1929年日内瓦公约第70条的规定，战争期间应在中立国家设置中央通讯局，红十字国际委员会应于必要时向各交战国建议设置此项机构。中央战俘事务局设局务委员会，每星期开会一次，并由红十字国际委员会推举委员1人，会同本局各组长组成管理部，成为业务推动之机构。该局在瑞士全国设服务处23处，截至1944年9月30日，共有工作人员2061人。其组织详情见图7－3[①]：

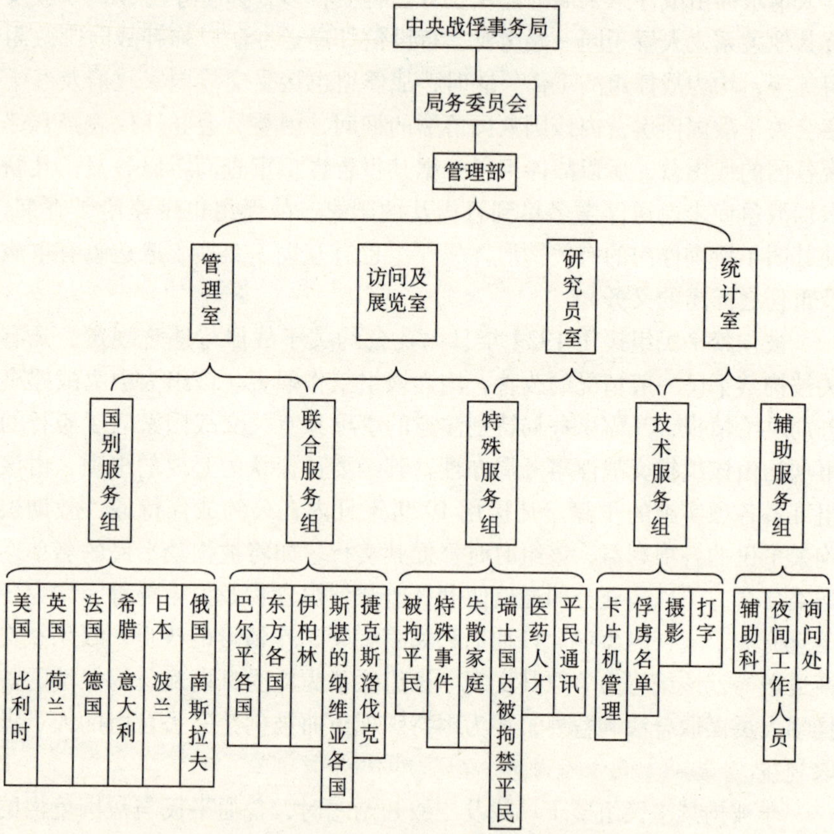

图7－3　中央战俘事务局组织图

① 资料来源：袁可尚：《国际红十字委员会的组织和工作》，《红十字月刊》第5期（1946年5月），第7页。

中央战俘事务局组织庞大，工作繁重。主要从事以下工作：(1) 情报及咨询工作。(2) 编制国别卡片：登记卡片系用颜色区分，如英国用蓝色、法国用青色、德国用粉红色、意大利用黄色等，不过总索引上仍按字母次序排列，以利查阅。(3) 个别询问：应被询人亲友的要求，由事务局向各地市长、俘虏营主持人、集中营长官、战场及陆军医院的医官、军队技师、红十字会人员及战时情报局等有关方面询问，战俘事务局每月个别询问达两万件以上。(4) 军队同僚询问：向部队长官或同部队的被俘人员询问，所得答复，先置登记卡片之后，待所得消息已证实可靠时，即转送其亲属或当地政府，此法使战俘事务局获悉很多战争中失踪士兵之所在及其结果。(5) 失散家庭组：该组旨在协助重聚家庭。(6) 邮递制度：红十字国际委员会规定的邮信，可通过战争前线及敌境而无阻，此项通信正面印有收信人姓名、地址及可容纳 25 个字的空白，其反面则是回复信用的统一式样。

总而言之，红十字国际委员会经过两次世界大战的洗礼，其组织体系不断完备，特别是有关战俘工作的组织体系尤其完备，以适应战争的需要，并体现人道、博爱的精神。

(二) 红十字会国际联合会

根据《红十字会国际联合会章程》规定："联合会之一切事务，由总裁会议及执行委员会执掌处理。总裁会议由加入联合会之会员红十字会，各派遣代表一人组织之，每一代表有一表决权，总裁会议之会员，任期四年，或不待任满，召还另派，惟各该会员红十字会之自由决定是听。总裁会议，拟定会之业务标准及政策方针，并解决各问题外，次则为支配联合会之资产。总裁会议，于会员中推选主席一人、副主席三人。自被举日起，任期四年，再举当选得连任。开会所在地红十字总会副主席，为总裁会议之当然副主席。出席会议会员十二人为法定人数。总裁会议每二年开会一次，应与世界大会同时同地召集之。总裁会议亦得召集特别会议，如执行委员会，或十个会员红十字会请求开会时，主席即得照办。执行委员会系合总裁会议之主席一人、副主席三人及委员六人所组成，任期四年，每二年改选数半。执行委员会每六个月开会一次，于会址所在之日来佛。如遇必要主席亦得临时召集会议，若经会员红十字会及执行委员一人之请求开会时，立即召集。执行委员会，在总裁会议休会期间，得全权管理财政及行政认为必要得随意处理一切事务，以达到联合会之旨趣，但不得违犯章程上各条文，同时亦得临时给予常任委员会副主席、总秘书、财政管理、技术顾问等，以休假之便宜行事。”①

随着工作的推进，总裁会议改称理事会，由各国红十字会各派代表1人组成，互选主席1人、副主席4人。理事会每两年开会一次，在其闭会期间，由执行委员会实施其职权。执行委员会由主席、副主席及其他推选的理事10人组成，每半年开会一次，是为红十字会国际联合会最高决策机构。受理事会及执行委员会的督导、指示，而实际推进工作者为联合会秘书处。除秘书长、副秘书长外，秘书处下设3部，即健康及救济部、医护部及青年红十字部，其中健康及救济部系于1938年因节省经费而将原有健康部及灾变部合并而成。3部之外又有泛美部（主持拉丁美洲红十字会工作）、宣传部、行政部、出版部及财务组等。第二次世界大战时期，秘书处工作人员约30人，来自12个不同的国家②。

依据红十字会国际联合会组织法（1938年6月修正）的规定，本联合会据第8次红十字会世界大会通过的法案所组织，其有效时间定为99年（自1919年5月5日算起），联合会地点由理事会决定（事实上1939年9月以前均在巴黎，此后秘书处则因战争关系迁至日内瓦办公）。红十字会国际联合会虽较红十字国际委员会成立稍晚，但是其组织体系的构建也相当完备，职能分工明确，有利于业务活动的开展。

（三）各国红十字会

多数国家的红十字会有分区（如省、郡、县）的组织，每一分区组织之下，又包括有若干分会，即由若干会员（最少人数均有规定）所组成的基层的组织。各下级机构，均派代表出席上级机构所召集的会员代表大会。在领土较小、人口较少的国家中，这种会员代表大会可能也就是会员全体大会。

红十字会机构和其他组织不同的一点，即在各国的总会机构中，有一部分政府指定的人员参与在内，不过他们的参与是代表政府进行相关联系工作，以及保证红十字会与政府的合作，但红十字会的业务仍为大多数的会员代表所推动。

1939年12月24日的《德国红十字会法》规定，“红十字会设会长

① 《万国红十字章程汇编（续）》，《中国红十字会月刊》第12期（1936年6月），第31—32页。

② 袁可尚：《红十字会联合会之组织与工作》，《红十字月刊》第6期（1946年6月），第4页。

一人及执行委员会，主持红十字会事务”。而根据1937年12月9日德国政府的《管理红十字会法》，承认“红十字会为一志愿救济团体，其会长之任免，系经内政部长、军政部长、陆军总司令及元首代表四方面之建议，由国家元首决行之。复经以上各部长官之同意，红十字会会长指定一人为代理会长，担任其永久代表。会长有任免所有理事之权，理事所组织之理事会则为顾问性质，旨在协调推进红十字会之工作”。另据《管理红十字会法》第10条的规定，“理事会开会时应邀请内政部长、军政部长、外交部长、空军部长、元首之代表参加会议”。由此可见，德国红十字会也可以由红十字会以外的人员主持。

与德国情形正相反，1930年12月1日的《澳大利红十字会法》规定，“红十字会设会长一人、副会长四人，与中央委员会共同主持会务，会长、副会长及中央委员会委员，均由会员代表大会选出之”。每次中央委员会开会及会员代表大会开会时，需请内政部长、卫生署长、军政部长代表列席参加，即只具有顾问性质。

1927年5月1日的《比利时红十字会法》第15条规定，“红十字会设理事会，全数理事由国王任命之，理事会又包括政府方面代表（总司令代表、军医总监、卫生部代表）及各省分会之主席、副主席及六个其他适当之人物”。

1930年9月8日的《巴西红十字会法》规定，“理事会理事六十人，由理事会选组男、女委员会各一，男委员会设主席一人、副主席五人、秘书四人、会计两人、其他代表三人。会员代表大会每年举行一次，理事会理事即由大会选任”。巴西红十字会没有政府各部代表参加，此为其独特之处。

1922年的《加拿大红十字会法》规定，加国红会设中央委员会（委员40人）及执行委员会（7～18人），执行委员会由中央委员会就其委员中选任。该法也没有提及红十字会与政府的联系。

1923年5月30日的《丹麦红十字会法》规定，“会员代表大会由各地分会之代表组成之，代表大会选举中央委员会委员十八人，任期四年。中央委员会得国王之同意，指定会长一人，惟人选不限为该会之委员”。丹麦陆、海军部所派军官及军医于必要时，列席中央委员会，此为该会与政府联系的方法。

1939年的《西班牙红十字会管理法》规定，“常设委员会包括会长一人，副会长、总会计、总出纳、总医务长、中央医院院长、委员十八人，秘书长一人，负代表管理该会之指导责任。会长系由国家元首任命，其他委员除医务长及秘书长外，均由会员代表大会选出之”。委员之中包括外交部、教育部、军政部、海军部及内政部代表各一人，军政、海军及内政部代表必须是各该部的医官。

英国1908年9月的《红十字会宪章》及1919年11月12日的《补充宪章》规定，“十人至五十人所组织之理事会，为英国红十字会之执行机构。英皇为红十字会名誉会长，英后则为红十字会会长，格罗斯特公爵为理事会主席。四个副会长及其他出缺之理事，均由理事会选任之”。就英国而论，红十字会也无政府各部代表参与。

1940年12月15日的《匈牙利红十字会法》的规定则与英国相反，其国红十字会被规定需接受匈牙利政府的指导与监督，首相府、外交部、国防部、内政部、财政部、宗教部、教育部等7个部门各派1名代表参加会员大会并进入中央委员会及执行部，各有其投票权。中央委员会委员人数甚多，其中有普通委员20人、妇女代表20人，因此政府各部代表7人在中央委员会内为少数。红会中涉及相关部门的事宜须由各部门代表呈报各部，不能由代表本人擅自决定，在这方面又限制了代表们的权力。

1928年8月10日的《意大利皇家法案》规定，“红十字会设会长一人代表该会，中央委员会管理该会业务。其执行委员会除包括会长、副会长外，又有委员十二人，会长、副会长及委员六人系由内政部长提名之。该会会员以皇家命令派充之，另有五人则代表首相、内政部、陆军、财政部等政府机构”。

1928年的《挪威红十字会法》，经1935年修订后规定，“红十字会设十二个委员之理事会，理事会由全体会员代表大会产生，并由理事会产生五个委员之执行委员会。理事会之十二名理事中须有护士一人，红十字青年代表一人”。该法并未说明红十字会与政府的关系。

1928年12月2日颁布、1937年修改的《波兰红十字会法》规定，“设立中央理事会及中央委员会，中央理事会包括区办事处主任、区委员会之代表（每区一人）及居住华沙之会员五十人。中央委员会则由中央理事会选出七至十二人组成之，包括会长一人，副会长一人至二人，秘书一人，医务主任及供应主任各一人，内政部商得社会福利部之同意派代表一人参与中央委员会”。

1925年的《瑞典红十字会法》（1937年修正）规定，中央委员会为红十字会最高执行机构，战时受志愿军医服务最高委员会的调节，包括副会长1人，陆军、海军、军医三方面代表各1人，均由国王指派。其他委员则为区域办事处的代表（每区1人），红十字院代表1人（由红十字院委员会指派），另有由中央委员会每隔三年指定一次的委员6人，包括各地分会的代表在内。

1942年的《土耳其红十字会法》规定，“设中央委员会及执行委员会，前者包括委员三十人，其中至少五人须为医师，均由会员代表大会选出之，执行委员会委员七人，由中央委员会选出，亦未有政府代表之参与”①。

各国红十字会均包括多种不同类型的会员，其中荣誉会员是给予有特殊贡献的人士，他们不参加会员大会，即使参加，也是顾问的性质。另以纳费不同而区别各种不同的会员，可使经济情况不同的人民均得加入，成为会员，但须避免过多的差别，以致违反平等的原则。除了会费之外，以对红十字会有所工作和服务作为入会的条件，亦须同时或分开提倡施行。总之，红十字会会员须普及于社会各阶层，不可集中于少数民众。

红十字会人员既包括专职人员，也包括分布于社会各界的会员。红十字会的日常运行既离不开严格的组织规程，更需要合理的条例用来约束和管理相关人员，因而有关红十字的法律法规和规章制度的制定刻不容缓。

二、对各国红十字法律、法规的介绍

各国红十字会的设立，首先需要获得各国政府的核准与认可。红十字国际委员会承认国家红十字会之成立，也是以政府核准为条件。红十字会国际联合会承认加入的新会员，亦以此为前提。就当时状况而言，所有各国红十字会均已获得各国政府的承认，并在各国的红十字会法中得以确认。例如，“一九三七年十二月九日德国红十字会法第三节，已认红十字会为一种志愿救济团体。一九三七年四月七日之布加利亚（保加利亚）红十字会法第一条，即强调该会系政府承认为全体布加利亚（保加利亚）人之国家红十字会。西班牙红十字会系于一九三九年之一般管理法第一条，为政府所认可。一九四一年匈牙利红十字会法规定凡属日内瓦公约所定之各项权利，全部且绝对属于匈牙利红十字会。一九三二年纽西兰（新西兰）颁发红十字会宪章，承认其为全国性的红十字

① 以上关于各国红十字会法的文字来源于：《各国红十字会法比较研究》，《红十字月刊》第12期（1946年12月），第14—15页。

会。一九三五年罗马尼亚、一九四二年瑞士、一九三三年犹哥斯拉夫（南斯拉夫）各国红十字会法，均属如此。一九四一年澳大利亚红十字会宪章规定：澳大利亚红十字会的范围是整个澳国及其领土（包括新几内亚）全部。一九二七年比利时红十字会法，规定红十字会所及者为全部国家领土。芬兰政府承认芬兰红十字会为该国唯一的红十字会。土耳其红新月会法第三条规定：除该会外，再不准有其他标名为红新月之组织”①。

各国法律的规定虽有参差，但都包括下列三项：一、红十字会的管理机构，须以会员作为成员，红十字会得以自行管理其业务；二、红十字会与政府之间必须维持联系，政府有关部门的代表应参加一种管理机构并有投票权；三、会长必须为红十字会会员，其选任须经国家元首的承认。此外，另有两点值得注意：

第一，医药当局的参加，多数国家的红十字会法对此均有规定。如1930年12月1日的《澳大利亚红十字会法》规定，“四个副会长中，一人须为医官”，1941年该国红十字会法又规定“医务主任为理事会理事之一”；1923年的《智利红十字会法》规定，“中央委员会委员二十人中，至少须有四人为医师”；1935年的《海蒂（地）红十字会法》规定，“中央委员会委员十二人，其中一人需为医师”；1920年的《印度红十字会法》规定，“所有技术问题均应提交医务部”；1928年颁布、1937年修正的《波兰红十字会法》规定，“中央委员会包括高级医官一人”；1937年的《瑞典红十字会法》规定，“必须包括医务部代表一人”；1942年的《土耳其红十字会法》规定，“中央委员会三十人中至少五人须为医师”；1934年的《南非红十字会法》规定，“医务长为当然中央委员会之委员”。

比利时与瑞士两国的红十字会法对此还特有专章规定。1927年7月9日的《比利时红十字会法》第25、27、29等条阐明：于理事会之下设一医药委员会。医药委员会的构成如下：“每一政府承认之大学可推选教授三人，即医师一人、外科及卫生专家各一人；军医署推荐医官一人、外科专家一人、卫生专家一人、药学专家一人；内政部推派医药、卫生专家两人；理事会推出医官、外科专家及卫生专家六人，又药学专家二人。”此等委员均由皇家法令指派，任期3年，理事会会长是当然委员。医药委员会考虑理事会提交的各种问题，并做种种建议送理事会

① 《各国红十字会法比较研究》，《红十字月刊》第12期（1946年12月），第13页。

考虑。1942 年 11 月 6 日的《瑞士红十字会法》第 30、31 条规定，“医药部主任须为卫生当局之一高级医官，并予遵守联邦议事局所颁布之法律，彼同时为中央委员会之委员并主席团之委员”；“该会志愿救济工作均由彼统筹办理，在平时如瑞士军医总监认为需要，彼可以组织种种红十字活动以为协助。凡军队所需的医药器材用品，均由彼统筹采购，训练护士干事等亦由彼主持之”①。

第二，凡对红十字会有所服务及贡献者，应有机会担任高级职位。为了确认红十字会为一志愿救济团体，除政府代表外，应另请其他公共事业机关代表参与，如劳动团体、雇员团体、自由职业者等，均须使其与红十字会联系，方能发挥更大的力量。各国红十字会法于此已显端倪，“如卢森堡行政委员会中包括 Bourgmeste 及 ESch Sur Alzette，后者拥有众多之工人人口，尤觉有此意义。美国红十字会有法定创设人入会，包括许多社会知名人士，以为美国红十字工作之保障者，亦属别有特色”②。

还有就是对红十字标识的法律保障，红十字会标识被广泛应用于红十字运动实践中，对其使用状况进行统一规范，便于红十字组织的集体化、制度化管理。红十字标识是一种特殊的标识，亦是一种统一的标识，这个标识就是“白底红花式”。它的“花式”有红十字、红新月、红狮与红日，它的应用限于法定手续所承认的团体或只限于红十字会本身。如 1910 年 4 月 14 日，瑞士颁布的《瑞士共和国保护红十字会名目及标记之法律》规定，只有日来弗（日内瓦）万国红十字会以及得到承认的各国红十字会有权使用红十字标记，而滥用红十字标记的个人、商号或组织要受到法律的惩罚，并予以作废③。

三、对红十字条约、章程的介绍

红十字会是一个国际性组织，要在中国落地生根，条约、章程等制度的引介必不可少。早在 1902 年，《政艺通报》和《外交报》就对《红十字公约》（即《1864 年 8 月 22 日改善战地武装部队伤者境遇之日内瓦公约》）做了详细介绍。1904 年，中国红十字会诞生以后，各类报纸杂志对这一组织的条约、章程也给予了深切关注。例如，《申报》《大公

---

① 《各国红十字会法比较研究》，《红十字月刊》第 12 期（1946 年 12 月），第 16 页。

② 《各国红十字会法比较研究》，《红十字月刊》第 12 期（1946 年 12 月），第 16 页。

③ 《瑞士共和国保护红十字会名目及标记之法律》，《中国红十字会杂志》第 1 号（1913 年 5 月），第 5—7 页。

报》《外交报》《政艺通报》《广益丛报》《万国公报》《鹭江报》《扬子江》《中西教会报》《北京杂志》《武备杂志》《协和报》《中国新女界》《东方杂志》等，都有相关红十字条约、章程的介绍，涉及《红十字会行于水战之条款》《真奈瓦（日内瓦）红十字公会联约条款》《保和会内推广红十字会行之于水战之条款》《美国国家红十字会现行章程》《红十字会新订条款》《改正红十字条约》《红十字新约》《日来弗红十字会推行于海战条约》《红十字会及病院船事项》《万国红十字会新约》《改正红十字条约之规定》《陆战时救护病伤条约（又名日来弗红十字条约）》等相关条约。

规范日常工作行为，确立统一的管理制度，是红十字组织得以良性运行的基础。在各类报纸杂志大张旗鼓的宣传下，红十字条约、章程逐渐进入人们的视野，民国时期各类红十字期刊也对红十字规章制度进行了大量报道。

（一）国际公约

1864 年在日内瓦会议上通过的《1864 年 8 月 22 日改善战地武装部队伤者境遇之日内瓦公约》，为红十字工作的法律基础，所以也被称作“红十字公约”。自此以后，国际会议陆续举行，国际条约陆续签订，如 1899 年 7 月 29 日有海牙公约的签订，系将 1864 年日内瓦公约应用于海战；1864 年 12 月 21 日关于救护船之待遇问题，又有一次海牙公约；1906 年 7 月 6 日关于改善战场上受伤及患病兵士之待遇问题，又有第二次日内瓦公约，其内容较之第一次日内瓦公约更为具体而充实，第一次条约仅 10 款，此次则有 33 款；1907 年 10 月 18 日，因 1906 年日内瓦公约之修改而引起援用于海战之第一次海牙公约也需修改，遂有第二次海牙公约第一种之签订，是年，海牙公约第二种对于俘虏已列详细之规定；至 1929 年 7 月 27 日，乃重有第三次日内瓦公约，规定改良战地伤兵及病兵之待遇及俘虏之待遇，其内容较之第二次更为进步而完备。

第二次世界大战开始以前本拟召开新外交会议，但因战争发生其事始寝。国际红十字会及各国红十字会根据条约赋予的权利为伤兵病兵（1907 年以前）、俘虏（1929 年始有法律规定，实际工作开始于 1912—1913 年）、被拘禁平民（至今尚未有国际公约规定，惟援用俘虏规定，已得各国同意）及战争灾难平民做种种服务①。

① 曾大均：《红十字会对于人类文明的贡献》，《红十字月刊》第 6 期（1946 年 6 月），第 2 页。

（二）国际红十字会章程

1.《世界红十字会章程》

《世界红十字会章程》是1928年海牙第8次红十字会世界大会所采用的章程。世界红十字会，包括万国红十字协会（红十字国际委员会）、红十字会国际联合会。世界红十字会召开由各国红十字会代表、列席日内瓦国际会议诸国代表，以及万国红十字协会代表与红十字会国际联合会代表参加的红十字会世界大会。1928年海牙第8次红十字会世界大会通过的该章程共12条，规定了红十字会世界大会的权力、组织体系等①。

2.《万国红十字协会章程》

《万国红十字协会章程》于1921年3月10日制定，1928年10月12日及1930年8月28日两度修改，共14条。

"万国红十字协会简称C. I. C. R，一八六三年刱立于日来佛。由红十字会万国大会所决议，立条款六十。依照瑞士民法，以文职人员组成之……万国红十字协会之宗旨如下：甲、维持及发展各国红十字会间之关系。乙、维持红十字会之根本原理及其组织之统一。如中正不偏，政策经济及信仰等等独立，……并请求会与会间之平等。丙、承认依照日来佛大会之原则，而新行组织之红十字会之成立，并以之通告各世界会所。丁、以中立的仲裁人自居，遇内外战争及变乱认为必要时，即出任调和之责。戊、接受向世界红十字大会所呈诉非法（违犯）及研究中立机关所应考察之各问题。己、集中力量以拯救遭受战争结果之痛苦及灾害。庚、尽量发展及储备战争时所需之人员及卫生用品，以维护红十字会之工作，并与各国红十字会及各国军队协同卫生事务部工作。辛、从事各国红十字会间关系之联络，不论战事与和平之日，尽力援助伤病之人及战事俘虏"②。

此外，章程还规定了万国红十字会的指挥机关、会员资格及任期，并规定协会的经费来源，"赖各红十字会之捐助及基金之支用，与非让与财产之利息，并杂志公报之定（订）阅费等"③。章程的修改需要经

① 《万国红十字章程汇编（续）》，《中国红十字会月刊》第11期（1936年5月），第9—14页。

② 《万国红十字章程汇编（续）》，《中国红十字会月刊》第12期（1936年6月），第27—28页。

③ 《万国红十字章程汇编（续）》，《中国红十字会月刊》第12期（1936年6月），第29页。

过会员四分之三的赞同，才能生效。

3.《红十字会国际联合会章程》

该《章程》共9条，分别是：第一条名称，第二条旨趣，第三条会员，第四条代表，第五条组织，第六条组织，第七条报告及账目，第八条财政处理，第九条章程之修改。

红十字会国际联合会并无政治的、宗教的、信仰的性质，“其旨趣实在鼓励及便利红十字，俾其尽量发挥拯救之使命，列目凡四：一、鼓励及协助一地方红十字会之设立与发展，并使其独立，与遵守日来佛大会之原则而工作。二、与其他红十字机关合作以改进人身之健康、预防疾病及减轻痛苦。三、运用医学上、科学上，种种新发明，利及民众。四、遇有战祸灾害，则与各红十字会合作，出任调解及拯救责任。红十字会联合会与万国红十字协会，遇有彼此旨趣同类之事务，即协力合作，如战祸及灾害，因有此种协力合作，于是两方乃派代表以资联合”①。

该《章程》还规定：每个会员红十字会，不论何时，其组织及其自身的工作，保有完全自由。退出联合会时，以书面通知即可，嗣后将不再享有联合会的权利。章程的修改，须经一会员的提议，得三分之二同意时，方可修改。

（三）国家红会章程

各国红十字会或红新月会，都会制定章程，以适应组织建设和事业发展的需要。如1887年，日本加入日内瓦公约，决定巩固其红十字运动的基础，扩张其事业，为此日本赤十字社颁布章则，共11款40条，其内容大致如下②：第一款总则，本社之法律基础，标识、遵守原则。第二款目的及事业，以救护战时之伤者病者为目的。第三款名称及事务所。第四款资产，主要有四种：一、属于本社所有之动产及不动产；二、帝室之恩赐金；三、社员之年金，慈善家之寄附及遗赠之金钱物品；四、本社事业计所有财产所生之特别利息上之收入。第五款社员，分为三类：正社员、特别社员、名誉社员。第六款常议会，由三四名常议员组成，常议员从社员中选举，任期3年。第七款理事及监事，为处

① 《万国红十字章程汇编（续）》，《中国红十字会月刊》第12期（1936年6月），第29—30页。

② 《万国红十字组织概要（续）》，《中国红十字会月刊》第5期（1935年11月），第21—25页；《中国红十字会月刊》第6期（1935年12月），第19—23页。

理一切事务设置理事 10 名，其中社长 1 名、副社长 2 名；设置监事 3 名，由社员中选举产生，任期 3 年为名誉职。第八款总会，每年召集一次总会。第九款战时之特例。第十款支部，置支部于北海道、各府县等。第十一款有功章及社员章。

此外，日本赤十字社还专门颁布了《日本赤十字社有功章条例》《日本赤十字社有功章社员佩用规则》《日本赤十字社笃志看护妇入会规则》等专门性规章。

1928 年 12 月 22 日，希腊政府颁布了管理红会的条例①，其内容大致如下：一、红十字会为独立之慈善机关，不受政府之节制，但卫生部、陆军部、教育部、外交部，至必要时间，有过问之权；二、政府每年给予红会国币 200 万元之经费，红会可将其中一部分，作建设医院之用，余为有关卫生、教育、救护等费之辅助；三、红会之基本金利息及各种捐款，政府不得收税；四、红会所用之卫生品、食品及各种物品，政府不收海关税及各种杂税；五、红会所用之邮政、电话及电报费，均免收；六、红会于 4 年前设立的看护学校，卫生部认为其是国内最高之看护学校。

暹罗（泰国）红十字会发源于佛历 2436 年（公元 1893 年）五世皇时代。五世皇将红会收归政府管辖，改名为“暹国红十字会”，以与世界红十字会相吻合。而五世皇后被选举为该会会长，朱拉隆功医院及妇女专科学校即于此时相继设立。及六世皇时，复改订该会章程，计分四章，会务遂日益进步。兹将《中国红十字会月刊》中对该会章程内容的介绍转录如下②：

第一章　施诊不论何国人士之贫病者。救济各处发生灾难，训练看护妇，研究医术，并救护作战或休养时之海陆军军士。……暹皇为名誉会长，职员分正副会长二人、正副秘书二人、正副会计二人、董事人数无限定，职员、会长任免并于法律范围内，许可职员向外间作募捐事宜。

第二章　会员与资格。无论男女国别，皆得为会员，会员计分四等如下：（一）特别会员，须资望卓著，由该会聘请者。（二）名誉会员，达三千以上铢者，在佛历二四五七年起捐款达三千铢以上者。（三）非

① 《各国红十字会在世界上之地位》，《中国红十字会月刊》第 21 期（1937 年 3 月），第 5—6 页。

② 《暹红十字会之发源及沿革》，《中国红十字会月刊》第 2 期（1931 年），第 9—12 页。

常会员，每年捐款一百铢以上者。（四）普通会员，在该会所设医科学校卒业，给有文凭者，或每年捐款十铢以上者。凡为该会会员，入院医病者皆以半费折收。会员中若每日常费无缴清者，即取消除名，如自愿退会，事前应先通知。政府机关人员，随时均可入会，无须报告上峰。

第三章　会徽与作用。会徽以红十字型为记号，即与世界红十字记号相同，商人非得该会准许，不得将此记号作为商标。会员徽章状作圆形，直径一点五公分中作红十字形并嵌暹皇缩写御名，质分金银二等。若退出会时，该章须即收回……

第四章　会员与罚款。会员如有得该会许可，以会徽作各种活动者，一经发觉，须处惩罚监禁三个月以内，或罚款一千铢以内，或同时罚款监禁并施。其非该会董事或会员而擅使用该会会徽者，亦照上列惩罚。

上述这些规章制度的内容条理清晰，浅显易懂，其对组织名称、会员管理、会务等所做的规定，易于被广大民众所接受，因而影响范围较广。红十字运动不仅受红十字会基本章程的规范，而且受政府部门的约束和监督。这些管理条例的制定、修正与公布，一方面，促进了红十字会制度体系的丰富、完善，为红十字会各项具体规章的订立指明了方向；另一方面，规章内容屡经修正，也体现了红十字制度建设缺乏稳定性，从而一定程度上也影响了制度的权威性及人们对红十字制度的认可度。

第四节　民国时期红十字期刊中的国际红十字组织业务开展情况

一、对战争救护的介绍

众所周知，国际红十字运动的兴起源于战争，战地救护是红十字运动的重要任务。红十字会的战时任务，根据历次国际公约，均为“辅助军医当局，救护战场中伤者病者”；同时，大多数国家的红十字会法，也将直接或间接通过红十字国际委员会协助战俘管理这项任务列入条文。例如，1924 年，《罗马尼亚红十字会法》规定：“战争或天然灾害发生时，得为外国红十字会之协助。”[①] 1930 年，《巴西红十字会法》规

① 《各国红十字会法比较研究》，《红十字月刊》第 12 期（1946 年 12 月），第 12 页。

定："以救济协助及保护给予战争中需要之一切人民。"《海蒂（地）红十字会法》亦然。1932年，《纽（新）西兰红十字会法》特别说明，"该会工作于任何发生战争或行将发生战争之地点，不问该地点有无纽（新）西兰军队参加作战"。

我国各类红十字期刊中关于各国、各地红十字会进行战争救护的报道不胜枚举。例如，美国红十字会曾参与救护中国闽战，"此次战事，竟及省垣，蔓延数百里，死伤万余人。至有无辜遭祸，惨目伤心，敝会心力俱疲，救护未及什一。且败兵待遣，为数数千，饘粥之供，亦难卸责。用是艰窘，更难维持，日来兹蒙美国红十字会会长彭格尔先生，攘臂援助，而善后之图，实堪忧虑"①。又如，1944年，"七月间荷京空袭时，荷兰红十字会曾动员该会救护车队赴灾区救护，受灾居民，无论□伤或炸伤，均经专科医师诊验，重伤者即送医院疗治，服务精神甚佳"②。

还如，据红十字国际委员会消息称，印尼战争中，当地的红十字组织主要有："一为荷兰红十字会荷印办事处，二为东印度红十字会（为协会之一会员），三为中国红十字会（系当地华侨所组织，未经国际承认，与本会亦无关系），四为印尼红十字会（亦未经国际承认）。"后"中国红十字会"与东印度红十字会合并组织，并经红十字国际委员会努力调解，东印度红十字会又与印尼红十字会成立一联合会，以期共同开展红十字战地服务。印尼战争发生后，当地行政当局还请该会驻新加坡代表考虑平民医药救济工作，"该代表在新加坡筹办救济工作后，首先空运紧急需要的药品至朱加卡塔城，承澳大利亚红十字会捐助经费五千镑，又当地及马来西亚各地社团及人士之捐助，即向新加坡英国药品配售处以成本十分之一作价购置药品，其分配原则依据其中最大捐款人之建议，以一半输送印尼政府区，另以一半输送荷军控制区。而后者印尼人民与华侨又各得其半。此外，捐助医药物资者，有印度红十字会救护队一队（医师三人）、药品七千磅，埃及红新月会救济队一队（医师三人）、绷带五十箱、药品、器材等三十六箱，共重七千公斤。昆斯兰工会及暹罗捐赠药品若干，国际红十字委员会并在日内瓦捐到药品七百公斤，输送新加坡以资救济之用"③。

---

① 《美红会协助救助闽战》，《中国红十字会月刊》第13期（1922年11月），第6页。

② 《各国红十字会动态》，《中国红十字会会务通讯》第25期（1944年2月），第65页。

③ 《国际红十字会动态》，《红十字月刊》第27期（1948年3月），第27页。

作为以战地救护为主要职责的慈善团体，红十字组织的战地救护工作包括伤兵救护、俘虏保护、平民救济、医药救济等。红十字会的战时工作，已经不是简单地从事战时救伤瘗亡，发展至近代，“诸凡进步的敷伤站、战地医院，基地医院、疗养院、复员场所、空袭防御、运输伤病官兵（以陆海空的办法）、寻觅失踪者、访问战俘营、战俘与家庭通讯、交战国间伤病及医药人员之交换、救济出征军人家庭、救济被拘禁平民、军事占领下之妇孺救济、平民之粮食救济等，无不为红十字会所应负之工作”①。

二、对灾害救济的介绍

无论是以往的慈善事业，还是近代的社会事业，都以对平时社会病态的诊治、救济为其对象及目的，尤以贫穷及疾病两项，为世界各国最普遍存在的社会事业的领域。“在以农业为主以及依畜牧为生的社会中，天灾的降临是件威胁人类生活的最大因子，所以对于自然灾害的救济，很早就成为慈善事业的对象，而近代社会事业，亦因袭着视灾害救济为其工作之一”②。

大多数国家都将自然灾害，如地震、水灾、火灾、饥荒、瘟疫等的救济列入《红十字会法》，若逢重大灾害发生，本国红会应与各国红十字会合作。亦有若干红十字会明确规定，宣传国际和平、人道、博爱，为该国红十字会任务之一。例如，1933 年的《荷兰红十字会法》规定，该会之任务为将红十字理想散播于民间，进而促进人类博爱思想之进展，红十字会愿成为一促进和平之社会势力。1931 年的《西班牙红十字会法》特别提出，在其人道工作中，将无友敌、民族之区别。1930 年的《芬兰红十字会法》中有“应以全部力量协助受灾难之外国人民，秉红十字会博爱为怀之宏旨，以建立并保障民族间的了解”的规定。爱尔兰红十字会“平时工作为减轻或避免世界各处所生之灾难”。1924 年的《冰岛红十字会法》以“散播红十字原则促进各国间的博爱”为其任务之一。1932 年的《纽（新）西兰红十字会法》说明，该会工作于任何发生战争或行将发生战争之地点，不问该地有无纽（新）西兰军队参加作战。1923 年的《巴拉圭红十字会法》以“参加任何减免人类灾难为目的之任何工作”为红十字会之目的。1928 年、1937 年的《波兰红十

① 袁可尚：《红十字会经济来源》，《红十字月刊》第 18 期（1947 年 6 月），第 14 页。
② 《红十字社会事业的发轫》，《红十字月刊》第 3、4 期（1946 年 4 月），第 2 页。

字会法》表示，愿促进博爱精神之发扬。1924 年的《罗马尼亚红十字会法》规定，“战争或天然灾害发生时，得为外国红十字会之协助”。1937 年的《瑞典红十字会法》、1942 年的《土耳其红新月会法》均有此类规定①。

瑞士红十字会的亨利·杜南基金是用来救济在瑞士境内或是国外的灾害或传染病受害者，自从基金设立后曾经救济了许多次的火灾、地震以及恶劣气候所致的灾民②。其他国家红会也是如此。1935 年，拉脱维亚红十字会捐助中国红十字会“水灾振款五千法郎，合国币八百八十六元五角二分。交由万国红十字会转汇本会，当将此款并入振款项，尅日赴水灾区域散放以资救济”③。1938 年，土耳其发生地震，“死亡人数共达八百人之多”，20 个小镇被完全摧毁，其他 20 个小镇局部被破坏，“无家可归者共约五万人左右”，负伤人数不可胜数。土耳其政府与红新月会积极运送款项、粮食、医药等前往救济，“内政部长并立即拨款三万镑土币，作为救灾之款，以善其后云”④。1940 年，德国政府宣布准许美国红十字会在德国所占波兰境内，从事赈济工作。美红会代表进入该境，“会同德国红会散发美国运来之供应品，此等供应品将准免税运入，而运费亦可减收，惟德国所兼并之波美拉尼亚、波森与上西里西亚，则不在振济区之内”⑤。各国红十字会通过捐款，赠给粮食、医药等方式，救助各国灾情，帮助受灾群众。

红十字会创立的宗旨，最初是为救护战争中的伤者病者，但其后逐渐推广到战时、平时一切的灾难救济，包括天灾、疾疫、意外等种种的不幸。红十字组织尽其最大的努力，帮助处于种种灾难中的人们，使他们能摆脱困境，走向幸福。

三、对社会服务的介绍

平时从事社会服务，战时担任救死扶伤，是国际红十字运动的使命。红十字会所倡导的社会服务种类繁多，包括医疗服务、红十字青少年运动、健康服务、儿童福利、护理服务、急救与安全服务、营养服

---

① 《各国红十字会法比较研究》，《红十字月刊》第 12 期（1946 年 12 月），第 13 页。

② 《国际红十字会动态》，《红十字月刊》第 34 期（1948 年 10 月），第 25 页。

③ 《拉脱维亚红会捐振款》，《中国红十字会月刊》第 4 期（1935 年 10 月），第 41 页。

④ 《土红会救济土国地震》，《中国红十字会月刊》第 35 期（1938 年 5 月），第 32 页。

⑤ 《德允美国红会赈济波兰人民》，《中国红十字会月刊》第 58 期（1940 年 4 月），第 7 页。

务、军人服务等。因涉及内容极多，下文仅以各类红十字期刊中刊载的有关医疗服务、红十字青少年运动、儿童福利的内容为例，予以说明。

（一）医疗服务

红十字会的工作以消减人类灾难、增加人类幸福为宗旨，医疗服务方面的工作主要有培养辅助医务人才、灌输急救知识、提倡公共卫生、准备药品、开设平民医院、举办输血服务等。

1919 年 4 月，英国、法国、意大利、日本与美国的医药专家们（包括预防医学、儿童福利、肺结核、疟疾、性病、护理及其他公共卫生领域的专家）在坎内斯召集了一次世界医药会议，通过决议案 13 项。其中第一项，即针对当时中欧流行的伤寒病，认为应有一项紧急救护政策。对此，波兰卫生部长钱尼苏斯基呼吁红十字会国际联合会援助、救治波兰及其东邻各国的伤寒流行病患者，否则从苏俄西部传入波兰的伤寒、霍乱、痢疾、鼠疫等传染病，将侵入欧洲各国，因此他要求红十字会国际联合会予以医疗协助，以阻遏疫情扩散。该项呼吁得到了红十字会国际联合会的积极响应和大力支持，流行于中欧的疫情最终得到了控制。

红十字会国际联合会自成立后，协助各国红十字会供给书刊、电影、研究报告、广播节目等，鼓励未有公共卫生护士学校的国家设立学校、训练人才；召集区域会议，检讨特殊问题并与公共卫生机关合作举行会议等。红十字会国际联合会编印的《公共卫生国际杂志》及《世界卫生》于 1920 年 7 月前后分别出版，前者为专门杂志，后者为通俗刊物。

红十字会国际联合会还召开了关于特殊卫生问题的区域会议，如“一九二一年红联主持召开之三次性病讨论会，第一次系在五月间于哥本汉（哈）根举行，出席者有北欧各国红十字会、政府及防痨协会之代表。第二次、第三次系在十二月间，分别于柏莱特及巴黎举行，出席者有东欧西欧各国之代表，决议开始公同防止性病运动，一九二三年防止性病之国际联合会在巴黎成立”①。成立防止性病国际联合会的目的是：集中各种情报，促进各国间科学的检验方法及预防治疗技术的进步，联系有关机关加强研究，防止性病传播；倡导进步立法，获得国际合作，召开讨论会及国际会议等。

① 袁可尚：《红十字会国际联合会的公共卫生工作》，《红十字月刊》第 14 期（1947 年 2 月），第 9 页。

红十字会创立的宗旨是救死扶伤，故与护理事业关系紧密。南丁格尔被誉为“护士之祖”，是第一个创立战场救护制度的人。经过南丁格尔的尝试和努力，不但红十字会在战争救护中采用了军中救护方法，而且红十字会与护理事业从此联系在一起。护理事业萌芽的初期，是由红十字会培养发展，然后走向繁荣的。其后各国医药事业渐趋发展，公私护理活动也相继发展成长。红十字会一方面将医院护士和公共卫生护士的训练让予公私卫生医疗机关办理；另一方面则又加强志愿协助护士及辅助护士的训练，平时从事社会服务，战时广泛应用于战争救护。因为护理事业在战时及灾难发生时特别重要，所以各国政府均将征集护士的工作交给各国红十字会办理。而红十字会肩负此项使命，对于护士的生活及地位极为注意，各国红十字会也设置有护理部或护理委员会。

除了征集为陆、海军服务的护士之外，各国红十字会还开设专业护士训练学校，担任全部或一部分的专业护士训练工作。在一些护理事业较为先进的国家，或国家医药事业统制较强的国家，其红十字会侧重于下列诸项任务：“（一）志愿协助护士之训练与管理；（二）辅助护士之训练与管理；（三）专业护士之进修与训练；（四）联合护理机关改善护士之生活与地位。”①

红十字会的战时护理服务尤为普遍，遇有防空急救、预防疫病、伤者救护、中毒救护、难民医疗、心理卫生等，不但要疏散人口，而且要有护理服务。有些国家还有流动护理服务队的组织，因为对于战争中的受害者，如难民、被拘禁者及战俘等，尤其需要护理服务。

1. 英国红十字会的护理活动

在英国，“凡在全国护士协会所承认的正式护士学校毕业者，方有登记并领用护士文凭之权”②。红十字会的专业护士，一般担负辅助护士训练工作或服务于休养院所。红十字会除少数专业护士外，还训练了大批非专业的护士，这种非专业的护士可以分为三类：“1. 为军人服务之V. A. D护士队员；2. 服务于医院之辅助护士；3. 家庭服务之红十字会员。”③ 英国红十字会的V. A. D就是志愿辅助服务队，是在战时为军人服务的一种组织。它的护士队员，如果在军事医院服务，年龄规定须在17岁半到45岁之间，但在平民医院服务，则其年龄可自17岁半到60

① 《世界各国红十字会的护理事业》，《红十字月刊》第8期（1946年8月），第4页。
② 《世界各国红十字会的护理事业》，《红十字月刊》第8期（1946年8月），第5页。
③ 《世界各国红十字会的护理事业》，《红十字月刊》第8期（1946年8月），第5页。

岁。她们所受的训练，有急救知识、护理知识等，且每年必须在医院中实习一段时间，而实习时间的长短，可视个人时间的多少而定。本来V. A. D. 是3年的训练，战时将其缩减为10个演讲。此种V. A. D. 护士队员除直接服务于陆、海军医院外，也担负血库及急救站的组织工作。

英国红十字会所训练的非专业护士，据1945年的统计，人数达13.8万人之多，其中1.5万人在医院内工作、3.2万人为辅助护士。

2. 法国红十字会的护理事业

法国红十字会虽然办有若干护士学校，但其目的不是培养普通的医院护士，而是培养特种护士人才，如儿童福利护士、殖民地服务护士及医药社会协助护士。例如，1942年10月，法国红十字会在登尼司城设立了一所护士及医药社会协助人员学校，其目的是培养一批医药社会协助人才及急救志愿服务者，用于意外发生时的紧急救护。1943年上半年，法国红十字会又设立了一所特殊学校，专门训练儿童福利工作人员，推进儿童福利事业。其后为养成各种社会服务护士人才，又由该会的教育部添设了许多教育班，训练上述各种人才。另外，“法国红十字会马赛分会办了两个护士学校，其一就是殖民地服务护士进修学校，该校所收学生，必须为法国籍，已在正式护士学校毕业，领有国家所发护士文凭，年龄在三十岁以下，经考试及格者。并规定须先在校住宿三个月，方得决定正式入学。受训期间为十个月，期满考试，及格后即颁予殖民地服务护士之证明书。”①

法国红十字会的护士部对于在红十字会服务的护士的管理十分严格。法国红十字会护士必须衷心誓言，服从长官，尽心为病人服务，仪貌端庄并忠于职守。每一位护士必须在各地分会登记并签字履行下列两项义务：一、战时或灾难发生之时在红十字会或军医界工作；二、平时应尽可能在红十字会机构工作。上项宣誓每年举行一次，除非因重大缘由或经主管人员许可，否则不能解除上项责任。护士的住址必须登记于各地分会护士部，更改时必须随时通知。法国红十字会还规定，护士不得加入政治活动，如有行为失检、不听支配、拒绝履行誓言、放弃职守等情形，酌予告诫或在服务证上注明惩罚，直至收回服务证，或予以除名。

法国的红十字护士协会的集团性很强，协会保护会员、训练会员，是法国红十字护士的“堡垒”。法国红十字会的护士部，也有保护管理红十字护士的权责，这是其他各国所少见的。

① 《世界各国红十字会的护理事业》，《红十字月刊》第8期（1946年8月），第6页。

3. 红十字会国际联合会所属护理社会服务部的工作

红十字会国际联合会所属的护理社会服务部协助各国红会，平时准备足够数量的护士或护士辅助人员，以便发生战争或灾祸时予以派遣服务，或在任何需要的地点协助办理护士学校，并在社会各阶层中推广家庭看护知识，协助公共卫生教育的发展。

护理社会服务部的职责如下：“1. 协助各国红会组织护士及护士辅助人员之服务事宜；2. 提供各国红会以关于红十字会护理事业各项特殊问题之研究及报告；3. 于少数情形下，翻译护理教本供给各国红会；4. 于若干情形下应邀派遣专门代表前往各国红会备作咨询；5. 招待前来红联秘书处从事研究之访问人员；6. 办理护士旅行研究事宜；7. 授赠护理基本训练或进修训练之奖学金；8. 在捐赠经费限度内，对因战时损害健康之护士作医药与社会之援助；9. 向各国红会报告社会服务方面最近进展之消息。”[①] 此外，还定期发行刊物《红十字护士消息》（每年3期），以便读者阅读，扩大了红十字护理事业的影响。

红十字会的护理事业与公私机关的护理专业虽然有所不同，但是总体上看二者是相辅相成的。因为公私机关的护理专业，偏重于对病人的看护或对公共卫生的促进，其所谓的专业护士，因训练时间长，故训练课程及证明文件均须按国家规定发放，其业务范围主要是卫生和治疗两项。而红十字会的护理事业，融社会服务和护理事业为一体，虽然其训练志愿协助及辅助护士的时间较短，但社会工作及护理事业因而得以推动，无形中与专业护士的工作相互促进，共同发展。

（二）红十字青少年运动

“所谓红十字青年，实在就是在学校中的红十字会会员”[②]；红十字少年，指未成年的红十字会会员[③]。在发展会员过程中，学校是重要的工作场所，而红十字青少年则是社会服务的重要力量。

红十字青少年组织最早出现于第一次世界大战期间。加拿大和澳大利亚曾动员少年儿童到伤兵医院，协助红十字会员包扎、慰劳伤员，并从事缝纫、编织、制作绷带等工作，取得了很好的成效。随后，美国大力发展红十字青少年组织，动员少年儿童制作物品供给武装部队，并为

① 张超译：《红十字会联合会之作用》，《红十字月刊》第22期（1947年10月），第6页。

② 吴耀麟：《红十字青年运动》，《红十字月刊》第7期（1946年7月），第7页。

③ 《红十字少年的工作与活动》，参见中国红十字会总会编：《中国红十字会历史资料选编，1904—1949》，南京大学出版社1993年版，第373页。

救济工作征募基金[1]。其他国家也纷纷成立红十字青年会员部，入会的人数迅速增加。1930年，在布鲁塞尔举行红十字国际会议时，决定承认红十字青年会员部，为红十字会组织的一部分。因此，各国的红十字青年会员部，与其所隶属的国家红十字会，获得了同样的国际地位。截至1939年，全世界已有51个国家成立了青年会员部，入会的青年男女超过了2500万人。

表7-7 世界各国红十字会青年部及青年会员统计表（1936年6月）[2]

国　家	人　数
美　国	6603785
日　本	2639256
意大利	2000000
斐列（菲律）宾	1148458
俄国（苏联）	900000
捷克斯拉夫（捷克斯洛伐克）	581777
有可斯拉夫（南斯拉夫）	517696
英属印度	351696
坎（加）拿大	322665
希　腊	220000
蓓加利（保加利亚）	200000
波　兰	160000
奥司脱来利（澳大利亚）	140900
匈牙利	115476
暹罗（泰国）	100885
支利（智利）	60000
比利时	57000
奥国（奥地利）	56265

① 吕志茹、池子华：《“复员时期”中国红十字青少年运动简论》，《河北大学学报》2006年第3期，第135页。

② 资料来源：陈湘泉：《考察各国红十字会青年部报告书》，《中国红十字会月刊》第21期（1937年3月），第109—113页。注：该表中一些国家或地区的名称系当时的译法，与现今通行译法有所不同，此处按原样予以呈现。

（续表）

国　家	人　数
德　国	49257
西班牙	32500
土耳其	30000
英　国	29790
法　国	28245
非洲各邦	27000
来脱宁	21000
罗马尼亚	18000
依司东	17821
那（挪）威	15905
派拉归（巴拉圭）	15431
墨西哥	15000
瑞　典	13800
荷属东印度	13391
巴　西	10000
秘　鲁	7000
爱近丁	5000
可思他力加（哥斯达黎加）	5000
力脱纳	4020
新西兰	3284
丹　麦	2500
瑞　士	1900
巴拿马	1500
阿而排内（阿尔巴尼亚）	1200
赤道带	1020
但　绝	1000
葡萄牙	669
合计：共 45 个青年部，16547092 名青年会员	

表7-8　历年红十字青年会员组织及会员人数表①

1922 年	21 国	青年会员 5713100 人	1922—1931 年的 9 年间，青年会员增加近 700 万人
1931 年	49 国	青年会员 12592804 人	
1937 年	53 国	青年会员 16883742 人	1937—1946 年的 9 年间，青年会员增加近 1600 万人
1942 年	49 国	青年会员 24548209 人	
1946 年	51 国	青年会员 32000000 人	

根据红十字会国际联合会给牛津会议的报告，1946 年“五十一国中已有青年红十字会员者三十八国，未据报告者六国（哥伦比亚、多米尼亚、高塔梅拉、洪都拉斯、尼加莱葛、萨拉佛多），已有报告正在组织而会员人数未明者有荷兰及中国（据月前统计，我国已有青年会员十万三千九百十人），正在改组中会员人数不明者五国（日本、菲列滨、葡萄牙、乌拉圭、维尼雪拉，惟维尼雪拉之公立学校学生按规定均为青年会员）。上述三十八个国家之青年会员，共计三千二百万人”②。由此可见，各国红十字青少年会员人数在逐年增加，组织规模在逐渐扩大，这也说明了发展红十字青少年组织是各国红十字会的共识。

建立红十字青少年组织的目的是将青少年培养成健康而有活力的人群，向他们灌输红十字思想，使他们具备服务和帮助他人的能力。凡青年会员均须抱有服务精神，以实行下列三大宗旨：

一、卫生。实行自身及公共卫生，宣传卫生运动以维护青年康健。

二、互助。同情他人之痛苦而给予援助困苦同学及贫苦青年，为各慈善机关效力，为各振灾团体服务。学习看护智识以备不时之需，在战时担任救护员或看护士，为医院制造各种简单用品，为伤兵服务，娱乐伤兵或分送食品及礼物以慰劳伤兵，所以养成青年慈善思想及博爱道德。

三、联络世界青年会员之情感。在本国发行杂志及各种印刷品，与他国互相送文化与教育之物品，以交换世界青年会员之知识，使之互相联络，增进国际间友谊以促进世界和平③。

---

① 资料来源：袁可尚：《红十字青年会员组织之目的和活动》，《红十字月刊》第 13 期（1947 年 1 月），第 5 页。

② 袁可尚：《红十字青年会员组织之目的和活动》，《红十字月刊》第 13 期（1947 年 1 月），第 5 页。

③ 陈湘泉：《考察各国红十字会青年部报告书》，《中国红十字会月刊》第 22 期（1937 年 4 月），第 92—93 页。

学校是发展红十字青少年会员的重地，有了以学校为单位的红十字青年团，然后才能集合成为红十字青少年组织。各国的红十字青少年组织为红十字会的一部分，没有政治及宗教观念，不参与学校的教育管理。为了使红十字青少年工作有确切保障及巩固事业起见，各国一般由红十字会总会指定若干红十字总会委员，组织青年部专门指导红十字青少年的工作。青年部需要联合各种技术人才，如卫生界及医学界人才、教育界及学界人才、社会界人才及其他人才或团体等，共同施行青年部事务及训练。而“红十字青年会员训练，系从儿童入学之时开始，并在学校中实施之。红十字会之立场及其提倡红十字青年会员训练的方法，可以说是和学校相辅而相成的，不过红十字会的志愿比学校更为广大，学校所施于学生者，为立世之智识和能力，并发展其智慧，而红十字会则欲发展青年的社会意识和博爱思想。红十字青年会员训练的特点一方面固是一种实践的教育，所谓即行即知之教育是也，但同时还是一种自愿自发自治自律的教育，这种自动自成的教育又是红十字青年会员训练的另一特色。红十字会利用各种卫生和服务训练，导使青年认识社会一体之意识，激发青年自愿之意志，一生为社会服务，以尽其社会一份子之天责，而实现人类博爱的理想社会，这就是红十字青年会员训练的目的”①。

征募青少年会员的方法可以分为个人和团体两种。征募个人会员入会，范围比较狭小，难以大规模施行。团体入会比较容易实现，尤其对学校而言是最方便的，效果也很好，所以红十字青少年组织的会员基本都是在校学生。各国红十字会青年部一般将入会志愿书分发给全国各级学校，并在各种自办的宣传刊物上注明青年部地址，以便利广大青少年报名。青少年入会后，即拥有青少年会员的名义，由青年部发给会证及徽章。

青少年会员的工作，主要分为以下 3 类：

其一，卫生。各国红十字青少年组织均订有卫生要则，年龄较小的少年会员需要做到：首先，注意个人卫生，经常洗澡，更换内衣，早晚刷牙，时时洗手及清洁指甲等。其次，注意公共环境卫生，无论是学校或者家里，还是其他公共场所都须维持整齐干净。扫地之前必须开窗洒水，不要随地吐痰。用开水洗碗，家中如有病人，病人用的碗要分开洗

---

① 袁可尚：《红十字青年会员组织之目的和活动》，《红十字月刊》第 13 期（1947 年 1 月），第3 页。

涤等。此外，会员还可以采用卫生演讲、张贴卫生标语等方式进行卫生宣传。年龄较大的会员除了做到以上所述的要求外，还需要接受卫生与看护知识的训练、急救训练，组织学校医药部、照顾病人，举行防止社会疾病（如肺病、性病及酗酒）的运动等。

其二，社会服务。会员的社会服务面向儿童、学校以及社会，大致可以归纳为以下几点：第一，对于学校儿童的服务，如供给衣服、学习用具，设立游戏场、夏令营、疗养室、隔离室、诊疗室、药房、图书室、阅览室等；收恤病儿及孤儿，医治病童及虚弱儿童；访问在医院中的病童、残废留养院的盲童及孤儿院中的孤儿。第二，对于学校的服务，如清洁环境，布置课堂，整理并美化校园，援助经费困难的学校等。第三，对于家庭的服务，包括帮助母亲做家务及照料小孩，照料年迈的老人等。第四，对于社会的服务，如协助促进街道、广场及公园清洁，帮助老人、贫苦家庭、失业及战争残废人士；访问各种救济机关内的不幸者，并予以馈赠；为盲人服务，防止路上意外发生；设立急救药械站，参加防痨防疟、禁止酗酒及灭蝇等运动；参与国外灾难救济工作，慰问并汇寄捐款；在灾难区域之外，设立难民招待所，收容已与成人失掉联络的儿童于民众家庭或夏日营内，并分发学习用具及玩具；学校饮食部供给难民饮食，在难民招待所及托儿所内服务，征集蔬菜，洗涤碗箸；征募捐款、衣服及食物，缝纫衣服，制作简单家具。战争时期，会员们可以为伤兵医院服务，任救护员或看护士，制造伤兵医院所用之简单用品；缝制伤兵衣裤，分配伤兵食物，运送伤兵；分送战地慰劳品，代伤兵写家书，表演音乐及其他娱乐活动，以给予伤兵精神上的安慰等。

其三，国际合作。国际合作的目的为联络各国青少年会员的情感，交换各国青少年会员知识，并增进国际友谊。其最具体的工作就是推行“国际学校通讯”，它是由本国各学校青年团与外国各学校青年团之间互相通讯，内容是青少年会员们在师长的指导下，收集各校青少年组织的工作及本地风土人情、地理历史、名人小说、新闻等，而且内容多用图绘或照片的形式记录，以免文字翻译的麻烦。

此外，红十字会国际联合会下设有红十字青年部，是各国红会红十字青年部之间的联络机构，也是各国红会红十字青年部与有关教育、青年、儿童幸福及国际合作等组织间的国际联系机构。红十字青年部的职责如下：“1. 供给各国红会以红十字青年部组织及发展上之技术咨询。2. 办理国际学校通讯纪念册之交换。3. 以文字与照片供给各国之红十字青年刊物。4. 出版技术及宣传资料，供给各国红会红十字青年部应用。5. 在若干情形下，应邀派遣专门代表研究各国红会之红十字青年部并提供改进之建议。6. 招待各国红会红十字青年代表前来红联秘书处研究访问。7. 协助组织国际青年营及区域会议。8. 举办各项国际竞赛。”①由此可见，红十字会国际联合会在促进各国红十字青少年组织间的合作，使社会各界认识青少年会员训练的意义与价值等方面所发挥的作用是积极的。

红十字青少年组织是国际性的组织，其本身无党派、政治、宗教或阶级、种族色彩，所以是各国青少年联系的桥梁。各国的红十字青少年得以互相通讯，彼此交换学校工作照片及消息、互赠礼物、交换纪念品并传达从事红十字青少年活动的心得等，这种友谊的联系如能加强，足以增进国际间民众的了解，若能彼此往来访问考察，则更能提高红十字青少年运动的收获。

（三）儿童福利

儿童福利是各国红十字会普遍关注的一项社会服务，因为儿童不但是人类中的弱者，在紧急时期（战争、灾难及疫疠发生时期），其处境最易引起社会的同情，而且他们是将来社会的希望。无论从积极的社会服务，还是从预防的医药卫生等方面着眼，日常的儿童福利都十分重要。红十字会以博爱人群、服务社会为事业的宗旨，故无论在紧急救济、健康服务、红十字青少年训练、营养服务、护理服务及其他各种服务中，儿童福利都成为主要的对象。

1. 紧急救济与儿童福利

在红十字会的紧急救济中，对于儿童救济的特别关注是理所当然的。第一次世界大战结束后，红十字会国际联合会及欧洲各国红十字会对中欧地区儿童的救济，以及第二次世界大战中后期，红十字会国际联合会屡次呼吁救济儿童等，都得到了各国红十字会的热烈响应。

这种紧急时期的儿童救济，事例之多不胜枚举。如 1939 年，瑞士就有“战时受难儿童协助同盟”组织，在难民营及法国境内为儿童难民设立饮食服务站、牛奶分配站、健康营，而且创办了一种受难国家儿童赴瑞士短居休养 3 个月的新方法。这些受难儿童视其健康状况，或寄居于私人家庭，或栖宿于山村宿舍，“协助同盟”除供给旅费外，还供给

① 张超译：《红十字会联合会之作用》，《红十字月刊》第 22 期（1947 年 10 月），第 6 页。

衣服。儿童在法国境内由该同盟在法工作人员与法国有关人士负责，在瑞士境内则由瑞士红十字会负责。该同盟另有一种认养制度，“瑞士人民愿意认养者，每月出款十法郎，每期六个月，期满得继续认领。由同盟负责收汇，每一养父执有登记儿童姓名、年龄、健康及家庭情形之卡片一张，其上又有儿童之照片，同盟并鼓励养父与儿童间之通信”①。因为瑞士是中立国，国内山野又极适于领养，故自1941年以后，瑞士各界认为“协助同盟”的工作应扩大推进。自该年12月起，此项组织工作交由瑞士红十字会联合原有各机关加强办理，改称为“瑞士红十字会援助儿童协会”。该协会经费的来源，除公开募捐（1942年的10个月募集了5762799瑞士法郎）外，认养者每月出资10法郎，也是一项主要收入（1942年7月共有认养者12500人）。此外，则有“每周捐输两苏基金”运动，每年此项收入达65万瑞士法郎，均由学校儿童捐来。自1940年瑞士实行粮食配给制以来，该会即倡行“分捐配给物资”运动，即分捐给难童每人每天150克食物。截至1942年9月，共征集食物达15000公斤、鞋子475000双、肥皂27000公斤、布料足制4000个儿童衣服之用②。自欧洲战争结束后，该会与瑞士联邦政府商定，恢复儿童护送团工作，其办法仍与以前相同，且为推进此项援救儿童之工作，动用职员达200人。1945年12月，“瑞士红十字会援助儿童协会”更进一步与美占领军当局商讨收容在美军占领区内的德国营养失调儿童前来瑞士居住的办法，并拟与英占领军当局做同样之接洽。

2. 护理服务与儿童福利

各国红十字会的护理服务，主要是家庭访视及儿童福利辅助护士两项，前者普遍由各国红十字会举办，后者已在若干国家倡行。至于其他各种医药社会服务中，间接有关儿童福利的甚多，如为便于主妇出外购物、访友或参与娱乐及其他社交，可以派遣红十字会义务工作人员前往进行暂时看顾小孩、照料家事的服务。

3. 红十字青少年训练和儿童福利

红十字青少年会员训练，“已是今日红十字会的主要工作”，无论卫生训练、社会服务，均对儿童福利大有裨益。健康营、假日营的举办，是各国红十字会普遍的工作。前文已有所述，不再赘述。

① 袁可尚：《红十字会与儿童福利》，《红十字月刊》第15期（1947年3月），第2页。

② 袁可尚：《红十字会与儿童福利》，《红十字月刊》第15期（1947年3月），第2—3页。

4. 营养服务与儿童福利

营养服务也是各国红十字会普遍举办的一项业务。各国红十字会推进此项业务，以学校及儿童为主要对象。服务的方式，除讲授营养知识、举办宣传工作外，还有学校儿童供膳制的推进。例如，加拿大红十字会的营养服务，对于儿童福利有直接的贡献。据该会 1946 年的报告，在已往 3 年内，该会逐渐注重营养工作对于学校供膳的影响，各地均有营养服务者与红十字青年部以及当地教育、卫生和农业当局的合作，并且打算将供膳制推广为一种永久措施。红十字会因此对学校供膳制的营养及教育价值，予以广泛宣传，“一九四五年该会举办示范供膳制两处，一处系在乡村学校，一处系在城市学校”①。

5. 健康服务与儿童福利

红十字会在“防止疾病、促进健康、减免各种灾难和不幸”的使命之下，对于儿童疾病的治疗预防和卫生知识的增加非常注意，如产科医院、儿童牙科诊所、儿童休养院、儿童健康咨询、儿童体格检查、儿童之家等机构的设立，不但具有治疗的作用，而且具有积极促进儿童健康的意义。以澳大利亚红十字会儿童福利工作为例，其工作主要有以下几个方面：

（1）儿童之家。澳大利亚红十字会于新南威尔士州设立儿童之家 4 处，2 处在海边，2 处在山上。男女儿童各有两“家”，每“家”平均容纳儿童 25 名。此“家”是为儿童假日休憩及有待锻炼的儿童设立的，每“家”有家长、医士及管理员各 1 人。家长及医士，虽不具备正式资格，但也是由受过训练之人充任。儿童住“家”期限并无规定，凡需要住“家”者，均可继续居住，其中不乏一次、两次或数次返“家”居住，以期恢复健康者。

（2）残废儿童寄宿舍。南澳大利亚州设立有残废儿童寄宿舍，可容纳儿童 60 人，设立已有多年。南澳青年红十字会将“高尔卫女士儿童寄宿舍”收回，改组为“霍尔罗司文女士寄宿舍”，并购入比利其疗养院，推进残废儿童教养工作。两机构一大一小，聘有经验护士 1 人主持事务，并设有课室 1 间，由巡回教师担任教授学龄残废儿童工作。

（3）儿童疗养院。西澳大利亚州设有“劳莱夫人海滨儿童疗养院”一所，收容残废及病后疗养儿童。疗养院留有若干床位，专为儿童医院所送病童使用，儿童住此院者均着红十字符号衣服。

① 袁可尚：《红十字会与儿童福利》，《红十字月刊》第 15 期（1947 年 3 月），第 5 页。

（4）维多利亚儿童之家及福利所。维多利亚州最近购置儿童之家一处，并设能收容 21 名儿童的福利所一处，专门收容因母亲患病而无力抚养的儿童。另外，凡在役及退伍军人的小孩可住 3 个星期，有新生婴儿的母亲离开医院后，可以在此住 1 个星期。儿童之家和福利所有保姆、护士照料儿童，并且设有日间学校。

（5）假日营。澳大利亚各地分会还设有假日营，其中最著名的是"耶诞节之双周假期营"，该营是为协助返国俘虏的孩子享受田野的乐趣，并使其父母有方便的单独假期进行畅游而设立的。

（6）其他服务。维多利亚州青年红十字会出资供给儿童医院救济员的薪酬，并设服务队及救护车，还为痉挛儿童制造特种玩具，借以训练其筋骨，以便日后能正常活动。

总之，红十字会以人类福利为事业的目的及范围，因儿童是人类的一部分，故其各项服务都要有助于儿童福利。

综上所述，红十字会是国际性的服务团体，其精神博爱人群，超越政治、经济、种族、宗教的界限。各国红十字会自创立以来，脚踏实地地从事伤兵救护、难民救助等工作，始终保持着实践的精神，进一步拓展了服务领域，推动了红十字运动不断走向繁荣。这些我们都可以从民国时期中国各类红十字期刊的大量翔实的报道中得到。

第八章　民国时期国际红十字运动的中国记忆（中）

——国际红十字运动在华记忆的美国个案

各国红十字会在性质、宗旨、组织机构和职能等方面基本相同，但由于国情不同以及历史和现实的因素，各国红会的工作各具特色。民国时期中国各类红十字期刊中对国际红十字运动的介绍，既有共通之处，又有所差别，呈现出的画面纷繁多样，其中“国家的红十字会组织，最理想而最健全的，当以美国为代表”①。而红十字期刊中又以《中国红十字会月刊》和《红十字月刊》刊载的内容最为丰富，刊载的形式亦多样。因此，本章即以上述两刊中所刊载的有关美国红十字会的内容为例，进行探讨。

第一节　《中国红十字会月刊》中的美国红十字会

1921年10月10日，《中国红十字会月刊》在上海创刊，1924年5月停刊，共出版31期；1931年复刊，共出版7期；1935年7月再次复刊，至1940年6月停刊，共出版60期。《中国红十字会月刊》的内容相当丰富，涉及的红十字组织繁多，其中关于美国红十字会的介绍内容主要包括：一、美国红十字会对中国的多次援助，如财力、物力以及其他方面的援助等；二、美国红十字会对其国内灾害的救济以及对其他国家的援助。

一、对美国红十字会援华情况的介绍

民国以降，中国社会一直处于战争和灾荒的持续蹂躏中，特别是全

① 胡兰生：《红十字会的面面观》，《红十字月刊》第2期（1946年2月），第5页。

面抗战爆发以后，战争救护以及灾难救济刻不容缓。而对于抗日战场的救护，一方面国民政府准备不足，中国军医制度落后，医务专门人才短缺；另一方面医药材料极度缺乏，运输困难，致使难以应对救护伤兵之工作。虽然中国红十字会在开战之初即全力以赴推动战场救护，但其作为慈善赈济组织，规模小，人员少，救护情形之困难不难想见。在这种情况下，美国红十字组织高扬人道主义旗帜，或对华援以捐款，或助以医药等物资，或直接派员来华协助战时救护，从而成为民国时期一支独特而重要的国际援华力量。

（一）财力援助

美国红十字会作为国际上规模最大、组织最完备的国家红会，是较早对华进行援助的国际红十字组织之一。自民国成立一直到抗战时期，美国红十字会都给予了中国大量的款物援助。

1912 年，中国京畿、浙江等地遭遇特大水灾，为救济灾民，中国红十字会副会长沈敦和即向国际红会组织呼吁援助[①]，得到美国红会的积极响应并出手相助。1914 年，民国政府欲修浚淮河，以治理水患，美国红会多次表示关注淮河治理，愿设法筹款兴办导淮工程；1 月 30 日，中国政府与美国红十字会签订《导淮借款草议》，规定导淮借款数额为 2000 万美金，年息 5 厘，主要用于疏导淮河流域内的河道，如款不敷用，则由中国方面商请美国红会继续设法增加借款。

一战后，美国红十字会在华活动日益频繁。1918 年，广东惠州至东江口、石龙至东莞发生水灾，“灾民无家可归者五千人，无衣食者五十万人”[②]，美国红会对灾民进行赈济。1922 年 8 月 2 日，潮州、汕头风灾，美国红会秘书毕德辉专门至中国红会总办事处面述被灾情形，并与中国红会筹商救济良策；至 9 月中旬，美国红会为赈济潮汕灾情共筹募捐款计 11858.73 元，均拨解灾区，而美国红会在汕头之赈务，则由该会在汕头所设赈务部主任及美国领事共同协作办理。同年，战事祸及福州，“蔓延数百里，死伤万余人。至有无辜遭祸，惨目伤心”，中国红会福州分会虽全力救护，但“心力俱疲，救护未及什一”，美国红十字会会长彭格尔遂“攘臂援助”[③]。1935 年，长江、黄河流域洪水泛滥成灾，中国红十字会

① 《第九次联合大会报告》，《中国红十字会杂志》第 2 号（1914 年 6 月），第 2 页。
② 《外电——香港电》，《申报》1918 年 8 月 19 日。
③ 《美红会协助救护闽战》，《中国红十字会月刊》第 13 期（1922 年 11 月），第 6 页。

电请美国红十字会赈济，美国红十字会汇助赈款国币10万元[①]。

全面抗战时期，美国红十字会“援华举措反而走在了美政府的前面，在美政府对日绥靖援华不力的情况下，美国红会援华之举一定程度上反映出美国民间力量同情中国的态度”[②]。1937年8月2日，美国红十字会为救济华北战区难民，“助美金一万元，请国务部转交美国驻华大使詹森”[③]。11月6日，美国红会宣布续捐4万美金并汇交驻华大使詹森，用以购买医药用品，救济中国伤兵难民[④]。

1938年以后，美国援华运动扩大，美国红会援华之举得到政府的支持。1月，罗斯福总统呼吁“国民慷慨解囊，捐助美金一百万元，以救济中国战区难民，此款将由美国红十字会募集”[⑤]。1月24日，中国红十字会已收到美国红会各类捐款共计6万余元[⑥]；3月4日，收到美国红十字会拨付之款项，“已达十六万五千元美金”[⑦]。

罗斯福的呼吁对于激发美国民众的捐募热情无疑是积极的，其呼吁预示着美国官方对华态度的某种转变，当美国在华利益因日本侵华遭到损害而政府尚未完全放弃对日采取的绥靖政策时，通过红十字组织对华声援无疑反映出美国政府外交政策的细微变化[⑧]。

在这种形势下，美国红十字会的捐款运动日益积极，“美国各方对中国之努力结果，截至本月份止（即1938年5月），最少可得五百万美金。深信在不断的运动中，捐款即将达到一千万美金云”[⑨]。5月15日，罗斯福总统致函红会称，“我相信为人类同情，心所驱使，吾人如将中

① 《美国红十字会汇款振我水灾》，《中国红十字会月刊》第4期（1935年10月），第69页。

② 阎智海：《全面抗战时期国际红十字组织对华援助研究》，苏州大学2011年硕士学位论文，第26页。

③ 《美红会捐款救济华北战区难民》，《中国红十字会月刊》第27期（1937年9月），第94页。

④ 《美国红十字会继续捐美金四万元救济我伤兵难民》，《中国红十字会月刊》第30期（1937年12月），第52页。

⑤ 《美大使任红会名誉会长》，《中国红十字会月刊》第32期（1938年2月），第52页。

⑥ 《美红会募捐拯救中国难民》，《中国红十字会月刊》第33期（1938年3月），第53页。

⑦ 《美红会主持推动捐款协助》，《中国红十字会月刊》第34期（1938年4月），第24—25页。

⑧ 阎智海：《全面抗战时期国际红十字组织对华援助研究》，苏州大学2011年硕士学位论文，第28页。

⑨ 《美各方助华捐款将达五百万美金》，《中国红十字会月刊》第35期（1938年5月），第38—39页。

国民众遭受战争之苦况，表白于美人之前，美国人士，想无不乐于捐助”，再度为受战灾影响的中国民众呼吁美国国民捐助，并将捐款交由美国红十字会转拨救济，至17日，中国红会共收到美金37万元[①]。

经罗斯福总统两次呼吁，美国人民援华的情绪日趋高涨，捐款运动遍及全国，所得捐款经美国红十字会集中后分批汇寄来华。不仅如此，美国各团体还决定在全国1600个城镇，同时举行“一碗饭跳舞会”运动，将国民所捐之款用于中国，以救济饥馑、供给药品，并复兴为日军蹂躏之区域。另外，美国妇女界救济中国难民委员会，系纽约女界名流所组织，亦热心捐募，曾不断举行拍卖及艺术展览会等，并将其捐得之款约12万元美金，直接汇奉蒋夫人宋美龄；女青年会全国学生联合会也举行了远东学生救济费捐募活动，以助中国，目标为25000元美金，“闻在本年秋季，更将扩大进行，以冀续捐三万元”[②]。

1939年，美国各界仍继续积极筹募药物及款项，以供救济中国难民之需。当欧战发生时，各方颇多以为美国将转移援助目标于欧洲难民，逐渐减少或停止对中国难民之救助。但事实证明此说非确，美国红会仍向中国捐助了大量款物，如1940年秋，为救济重庆市区空袭灾民，美国红会特捐赠1万美金，并由美国大使馆参事裴克、《纽约时报》特派记者宾奏安、基督教公谊会傅明德三人组成委员会，与重庆当局磋商救济办法[③]。

（二）物力援助

1. 医药

医药是美国红十字会援华的重要物资之一。1937年10月，美国红会向美国政府借得运输舰一艘，运载捐助中国之医药用品，由旧金山启程来华。1938年5月，美国红会又有一批援华物资运到香港，其中“关于医药部分，由港分配后直接运沪，交国际救济会等及王哲民医师点收，分发各慈善机关应用，人民受惠匪浅。”[④]。

1938年7月，中国各地先后发现霍乱，虽经卫生署积极推行预防注

① 《美总统再为我民众呼吁》，《中国红十字会月刊》第36期（1938年6月），第30—31页。

② 《美红会集中捐款援华》，《中国红十字会月刊》第37期（1938年7月），第28—29页。

③ 《美国人士捐款救济渝被炸难民》，《申报》1940年8月27日。

④ 《美助华药品又有一批将抵沪》，《中国红十字会月刊》第36期（1938年6月），第24页。

射，但战争期间医药供应本已不足，至此更是供不应求。为此，中国请求国联转请各国捐助疫苗。美国在接到国联卫生组来电后，“当即决定捐助此项血清一百万西西（毫升），并与美国红十字会当局会商合作办法。红十字会已向各药厂先行定购三分之一，一俟购齐之后，即当运交香港美国领事馆，以便转交中国政府。按一百万西西（毫升），可供数万人注射之用”①。1939 年，美国红十字会鉴于中国内地疟疾猖獗，需用金鸡纳霜甚于其他药材，于是将“金鸡纳霜二百万赠送中国”②。

2. 粮食

粮食是难民生活必不可少的重要物资，美国红十字会援助中国的粮食以小麦为主。1938 年 10 月，美国红十字会捐助中国难民计碎麦 5.6 万箩，作为中国国庆纪念之大礼物，用以救济中国受灾区中之平民③。此次捐助数量约合 1800 吨，预计可供沪上难民半年之食用，已由美国“沙华克拉”轮装运来华④。

1939 年 2 月，美国红会称“将于此后六个月内，每月以小麦五十万布希尔（蒲式耳），救济中国难民”⑤。同时，美国红十字会鉴于我国战区扩大，被难灾民日见增多，“际天时奇寒，此辈难民尤觉可悯”。为同情救济起见，特捐赠美麦 2.4 万袋，由“萨孤儿拉”轮装运来华。该轮可于 1940 年 1 月 5 日抵沪，于行经华南时并拟从中提出 8000 袋美麦交华南当局，作为救济在华南一带因受战事影响之难民⑥。

3. 其他物资

1938 年 12 月，美国红十字会筹备了大量的糖果、食品、药品等运华，以救济中国遭受兵灾之妇孺。运往中国的物品内有圣诞节礼品 5000 盒，其中盛有铅笔、炭笔、玩具等，皆由美国太平洋沿岸各学校青年红十字会儿童包装而成。美国红十字会还拟以罐头、食品、药品、麦片、

---

① 《美捐大量血清援助中国防疫》，《中国红十字会月刊》第 38 期（1938 年 8 月），第 19 页。

② 《美红会赠金鸡纳霜》，《中国红十字会月刊》第 47 期（1939 年 5 月），第 16 页。

③ 《美红十字会捐助中国难民》，《中国红十字会月刊》第 41 期（1938 年 11 月），第 17 页。

④ 《美红会捐助碎麦已由美运华》，《中国红十字会月刊》第 42 期（1938 年 12 月），第 21 页。

⑤ 《美国红会捐麦救济中国难民》，《中国红十字会月刊》第 44 期（1939 年 2 月），第 9 页。

⑥ 《美红会捐麦月初将到沪》，《中国红十字会月刊》第 44 期（1939 年 2 月），第 9—10 页。

麦粉等运往中国[1]。

此外，这一年的12月，美国红十字会会员捐赠给中国难民的圣诞礼物计6266盒，由美国海军运输舰“汉特生号”运抵香港，转交香港中国红十字会代表。其中玩具，多数将捐赠厦门鼓浪屿之中国难民，将由厦门美国领事馆合作送达。美国红十字会女会员亦运送大批圣诞礼物袋，赠予驻北平、上海、天津等地之美海军陆战队，以及扬子江舰队中之海军士兵[2]。同一时间，美国华盛顿地区的儿童，特集资购买圣诞礼物5000箱，馈赠中国遭难儿童。该礼物箱内有铅笔、五色粉笔、水果、饼干等物，托由红十字会转送，并带有350万磅牛奶，连同大宗粮食以救济灾童，上述物品由“沙孤克莱”轮载运[3]。

（三）驻华办事处的设立

1922年，美国设驻华办事处于上海，“原为辅助中国红十字会一切进行，亦即协助宣传本国红会事业于中华，并为在华各分部与总会之交通机关”。办事处每年5月召开年会，讨论相关事宜。其章程规定，“本会办事会员共十一位，连驻华美公使充名誉会长及出发长等在内，其余九位之中，准其三位休息，惟在年会后，仍能再得充任。……本会办事会员及联合会员等，完全义务，概不支薪”[4]。

美国红会在华设立办事机构，一方面因为美国红会的会务相较其他国家红会发达；另一方面，也和近代以来美国红会在华活动频繁有关。美国红十字会除对华进行实质性的援助外，也多次公开表示对中国的同情和道义声援，这对于中国争取更多的国际关注是有益的。

当然，援助是双向的。不仅美国红十字会在战时与平时对华施以援助，中国红十字会亦曾开展过援美行动。1936年，美国东部发生严重水灾时，中国红十字会会长王正廷即致电美国红会会长葛莱生上将，表示慰问。而美国红会对此亦甚为感谢，其谢函称：“敝国不幸，近遭水灾，辱承贵国红十字会远道驰电慰问，不独使受灾者感荷，且使敝国服务之男女人员，因友邦之同情而益加鼓励。”[5]

---

① 《美红会大批物品运中国》，《中国红十字会月刊》第43期（1939年1月），第15页。

② 《美红会圣诞礼物赠予中国难民》，《中国红十字会月刊》第44期（1939年2月），第8页。

③ 《美国儿童同情中国》，《中国红十字会月刊》第44期（1939年2月），第8—9页。

④ 《美国红十字会驻华总办事处章程》，《中国红十字会月刊》第12期（1922年10月），第21—23页。

⑤ 《美红会函谢慰问水灾》，《中国红十字会月刊》第12期（1936年6月），第74—75页。

二、对美国红十字会其他救助活动的介绍

（一）美国国内的灾害救济

1926 年 8 月 30 日颁布的《美国红十字会救护章程》[①] 规定：美国红会在进行“救济工作时，由美国海陆军上级官之准许，为本国民众与海陆军之交通机关，并可由万国红十字会之介绍，得为别国红十字会及人民对于美国海陆军之交通机关。”美国红十字会平时积极推广各项救济事业，以期减少因疫疠、饥荒、火灾、水灾以及他种天灾给灾民带来的痛苦，并筹划预防阻止之法。

1937 年 1 月，肯塔基州发生严重水灾，“灾区局势之有害公共卫生，实为美国有史以来之最恶劣者”[②]，罗斯福总统紧急召集陆军、海军等机关开会讨论救济水灾事宜。“此次水灾之结果，丧生者已有八十人，流离失所者达五十万人”，“灾区仍有数千人困居家中，或集于临时避难所，冻馁与患病之灾民，多赖该所救济”[③]。26 日，美国政府请求国会准拨赈灾费，红十字会亦向各方呼吁，募集美金 400 万元，作救急之用。28 日，红十字会已设立灾民收容所 200 处及临时医院 50 所，美国卫生处长则已将伤寒预防针 580275 枚，与流行性感冒及肺炎血清针 6851870 枚，运往灾区，公民培养团亦设有收容所 196 处[④]。

1940 年 4 月，纽约、宾夕法尼亚、西弗吉尼亚及加利福尼亚等州，洪水泛滥，“千万居民，无家可归，据闻财物损失颇重大，谷物尤甚”[⑤]。美国红十字会于各灾区设立救济营，并劝告居民弃家，以免被洪水祸及。

（二）对其他国家的援助

美国红十字会本着人道主义精神，除对中国进行援助外，对其他国家也有援助。1939 年 12 月，美国红十字会以糖果、食品、药品运济西班牙遭受兵灾之妇孺，希望灾民在圣诞节时能收到礼物。此外，青年红十字会向美国学童募得糖果、罐头、牛乳、肥皂等物，也运济西班牙灾区。

---

① 《美国红十字会救护章程》，《中国红十字会月刊》第 2 期（1935 年 8 月），第 11—14 页；《中国红十字会月刊》第 3 期（1935 年 9 月），第 8—13 页。

② 《美水灾灾区情势不安　白宫设立救济总部》，《中国红十字会月刊》第 21 期（1937 年 3 月），第 93 页。

③ 《六十万人流离失所　美国水灾严重　军队在水灾前线为灾民作战》，《中国红十字会月刊》第 21 期（1937 年 3 月），第 93—94 页。

④ 《美水灾无改善象》，《中国红十字会月刊》第 21 期（1937 年 3 月），第 95 页。

⑤ 《美红会救济水灾》，《中国红十字会月刊》第 60 期（1940 年 6 月），第 15 页。

1940年2月27日，经德国政府准许，美国红十字会在德国所占波兰境内从事赈济工作，其代表入境后会同德国红会散发由美国运来之供应品，此等供应品将准免税运入，而运费亦可减收①。4月，美国红十字会与英国红十字会给予2.5万元的赈款，以援助挪威，“该款将用于购买挪威所急切需要之医药，并用于增加英国红十字会所施之援助”②。

总之，民国时期美国红十字会曾给中国以大量援助。而在1941年之前，欧洲各国红十字会也不同程度地对中国予以接济，如瑞典、挪威、波兰、意大利、德国、捷克、奥地利、瑞士、丹麦等国家红十字会均以物品接济中国，甚至南非红十字会、印度红十字会、缅甸中国红十字捐款委员会，亦成为捐助之来源，涉及国家红十字会组织之多，由此可见一斑。而美国红十字会除在本国进行救济外，对其他国家也进行援助，充分体现了红十字人道主义精神。

第二节　《红十字月刊》中的美国红十字会

《红十字月刊》从1946年1月创刊到1948年12月停刊，共发行36期，是复员时期中国红十字会最重要的机关刊物。其中刊载的关于美国红十字会的内容十分丰富，涉及美国红十字会的组织体系、美国红十字会的救济活动，包括国内救济和国外援助、筹款募捐以及社会服务等方面，内容翔实。

一、对美国红十字会组织构成的介绍

1881年，美国红十字协会成立，巴顿女士担任协会主席。翌年，美国政府签字加入第一次日内瓦公约，并获得国会通过。1900年，美国红十字协会改组为“美国红十字会”。1905年1月5日，《美国红十字会国会准许设立状》核准通过美国红会立案为团体法人，规定：该团体法人之名称为“美国红十字会”，并得用该名义继续递接存在，在美国法权所在地，有在法庭控诉与被控诉之权；获取及保有适当之不动产及动产，并接受遗赠，以从事该团体法人之各种任务；规定及遵守各种不与美国或其任何一州法律相冲突之章程规则，及从事实现《美国红十字会

① 《德允美国红会赈济波兰人民》，《中国红十字会月刊》第58期（1940年4月），第7页。

② 《美红十字会援助挪威》，《中国红十字会月刊》第60期（1940年6月），第19页。

国会准许设立状》各项规定与推进该机构任务所必需之各类行动[①]。

美国红十字会成立的最初宗旨是：第一，依照1863年10月日内瓦会议及日内瓦公约的精神，在战时自动予伤病军人以救助；第二，继承1900年6月6日在国会法案下准予立案为团体法人之“美国红十字会”迄目前止所保有之一切权利与财产，以及迄目前止所服行之一切义务；第三，从事各种志愿救济工作，并经陆、海军事当局同意作为美国人民与其陆、海军间之通讯联系机构，并经由国际救济委员会办理各国同类机构与美国政府、人民、陆军、海军间之通讯联系事务；第四，继续在平时推进全国性及国际性之救济事业，并应用救济方法以减轻因疫病、饥荒、火灾、水灾及其他全国性灾难所造成之苦难，更计划与执行防止上述各种灾难之法。

美国红十字会的管理机构是中央委员会，有委员18人，其中6人为法定创立人，6人为州或地方分会代表，在年会中指派，6人由美国总统指定，并由总统指定其中1人为主席。中央委员会年会每年12月第二个星期三在华盛顿举行，其时间与地点由中央委员会主席决定，其他会议由主席召集举行。中央委员会无论举行年会或特别会议，以10人出席为法定人数。中央委员会在年会时互选9人成立执行委员会，以5人出席为法定人数，在中央委员会休会期间，由其行使中央委员会的一切权力；执行委员会在中央委员会休会期间遇有出缺时，得由中央委员会补充之[②]。执行委员会主席由中央委员会主席兼任，执行委员会副主席共8人，除1人为执行副主席外，其余7人均分任各部主任，有国外工作部、财务部、国内服务部、区办事处及分会部、公共关系部、健康部、学校工作部等。

中央委员会依据其本身所制定的规则，在美国各州与各地方成立分会，其在当地的管辖权由中央委员会规定，分会或其他地方性团体经管的基金及财产均应受中央委员会的节制。

美国总统于就职后，即为美国红十字会的名誉会长，并按规定指定委员会的人员等。委员会内的职员有会长1人，副会长3人，参事1人，财务主任1人，秘书1人。会长出缺或不能执行其职务时，副会长中之1人继任会长职务。参事应就本会职员提请研究之法律问题贡献意见，财务主任收纳自任何来源付与本会之一切金钱、遗赠与馈赠。此外，美国红十字会还设有战时委员会、医药与看护全国顾问委员会等，以应对

① 《美国红十字会国会准许设立状》，《红十字月刊》第7期（1946年7月），第19页。
② 《美国红十字会国会准许设立状》，《红十字月刊》第7期（1946年7月），第21页。

非常之需。

美国红十字会的会员有8种[①]。（一）普通会员：凡在美国本土及其领土内之公民或居民，经向中央委员会或分会申请并缴付会费1元于申请人所在地分会之出纳或总会出纳后，得为美国红十字会会员，并得继续每年付会费1元保留其会员资格；除另行申请外，任一红十字会会员居住在某分会辖境内者应视作该分会之会员，应向该分会缴付会费。（二）辅助会员：凡在美国本土及其领土内之公民或居民，经向中央委员会或分会申请并缴付会费每年5元者，得为美国红十字会之辅助会员。（三）维护会员：凡在美国本土及其领土内之公民或居民，经向中央委员会或分会申请并缴付会费每年10元者，得为美国红十字会之维护会员。（四）赞助会员：凡在美国本土及其领土内之公民或居民，经向中央委员会或分会申请并缴付会费每年25元者，得为美国红十字会之赞助会员。（五）永久会员：凡在美国本土及其领土内之公民或居民，经向中央委员会或分会申请并缴付会费每年50元者，得为美国红十字会之终身会员。（六）特别会员：凡在美国本土及其领土内之公民或居民，经向中央委员会或分会申请并缴付会费每年100元者，得为美国红十字会之特别会员。（七）护士会员：凡护士加入红十字会任护理工作者，即为红十字会会员，无须另纳会费。（八）名誉会员：凡曾对本会有特别功勋或显著劳绩，而经中央委员会核实者，得为名誉会员。此外，还有青年会员以及团体会员。所谓团体会员，是指护士会或医生团体[②]。

1945年9月，美国红十字会中央委员会通过了顾问委员会所建议的改革[③]，主要内容如下：（1）理事会现有理事18人，应增至50人。其中30人规定由各地分会选举，12人代表全国权益。（2）总会及分会行政职务应建立轮流担任之制度。（3）1905年设立之法定创立人会应予停止存在。（4）分会处理不当得由任何会员25人具呈总会控诉。（5）每一州内之各分会得推举代表组织各种委员会，以与本州之救济、卫生及社会机关联系。（6）现行会员以缴费多少分类之办法应予取消。

据美国红会1946年11月《红十字通讯》刊载，此项改革业已实施。中央委员会及执行委员会名义均取消，改以理事会为美国红会之决策机构。理事会设名誉主席，由美国总统兼任，名誉顾问由检察长兼

① 《美国红十字会国会准许设立状》，《红十字月刊》第7期（1946年7月），第23页。
② 《美国红十字会国会准许设立状》，《红十字月刊》第7期（1946年7月），第23页。
③ 江晦鸣：《国际红十字动态》，《红十字月刊》第13期（1947年1月），第42页。

任，名誉财务长由财政部长兼任，理事会主席由会长兼任，副主席3人，理事49人，其中8人由美国总统指定，即会长、现任军医总监、检察长、商务部长、内务部长、国务院助理国务卿、海军军医总监及财政部副部长。由分会选出的理事30人。又由上述理事选出一般性理事12人。行政部分则于会长之下，分设11个副会长（1个兼执行长，1个兼副执行长，4个分管社会福利、卫生服务、公共关系、学校及青年活动，5个任各区办事处主任），还有秘书1人、参事1人、副参事1人，以及财务长、副财务长、主计长各1人。除理事会的成员以分会选举代表占大多数外，总会各部的工作简化，即将一切军人服务、义务工作等并入社会福利部门，均可称为改组后的特色①。美国红十字会的民主化和先进性，由此进一步体现出来。

二、对美国红十字会救济活动的介绍

（一）国内救济

美国红十字会于创立之初，就开始了救济工作。1881年密歇根森林大火，1882年密西西比河水灾、风灾，1883年阿哈河大水灾，1884年阿哈河水灾及密西西比河下游大水灾等，红十字会均担任救济工作。1889年，宾夕法尼亚州的约翰斯城为山洪所冲毁，2000人被淹，红十字会组织了救护队，4天之内在当地建立仓库1所、寄宿舍2座、4层建筑的难民住宅1所，安置了大批灾民。

1900年4月18日，旧金山发生地震、火灾，美国红会征集并运用赈灾金达900万美元。1907年，美国开展了安全及急救运动。而据1905—1917年的统计，美国红会共救济灾难127次②。

一战后，因战时救济经验增加，战后对于灾难救济，美国红会更是得心应手。截至1921年6月底，美国红十字会救济火灾17次、水灾5次、风灾7次、爆炸3次、房屋倒塌1次、伤寒流行病2次、天花流行病1次、火车失事1次、械斗1次③。1926年6月—1927年6月的一年内，美国红十字会赈济暴风灾及水灾各1次，前者受赈济者6万人，后者受赈济者60万人；其他较小灾难中，红会参与的救济活动达34个州107

---

① 《国际红十字会动态》，《红十字月刊》第23期（1947年11月），第25页。

② 袁可尚：《各国红十字会介绍特辑（上）》，《红十字月刊》第10期（1946年10月），第4页。

③ 袁可尚：《各国红十字会介绍特辑（上）》，《红十字月刊》第10期（1946年10月），第5页。

次。1927—1928年，美国红会救灾76次。1929年，救济国内灾难28次。

1930—1935年，美国经济不景气，23州发生水灾，全国城乡民众中生计破产者比比皆是。美国红十字会成立50周年的纪念正遇此空前灾难，除立即从救灾准备金中提出500万元为水灾救济金外，美国红会还与美国政府商定，由红十字会供给牧草及种子，散发给农民。红十字会还要求胡佛总统宣布征募救济金。1932年4月，胡佛将联邦农场管理局剩余小麦8500万蒲式耳，以及由844063担棉花制成的布、毯、床单等，拨交各地方慈善机构和3100个红十字会分会办理救济，此项救济持续了7个月，政府拨交的剩余小麦经红十字会的努力送至被救济者手中。同时，对工矿区的失业救济，红十字会也极力进行，各地分会及青年红十字会员，对此均积极参加①。

1935—1936年的一年内，美国红会救灾108次，约有10万家庭请求红十字会予以救济。1937年1月，美国发生空前水灾，罗斯福总统即命红十字会负责家庭救济，并允许以政府机关及人力为其后援，同时向社会募得赈款2500万元。1938年，纽约及新英格兰地区发生风灾及水患，受红十字会救济者达13446户。

1948年，哥伦比亚河发生水灾，红十字会人员及志愿工作人员有1275人参与救灾，总计工作了70416小时（或以8小时一天计，达8802个工作日），来减轻水灾难民的损害。例如，一个餐厅供给了2.5万份饮食；95位护理员与正式护士合作工作了1600小时，以救护避难所、急救站和各医院内的难民。在此次救灾中，美国红十字会得到了政府以及其他机构的协助和供给，其人员也受红十字会指挥，因此使整个社会的力量能够汇向一个目标——灾难救济②。

为保证救济工作的实行，美国红十字会总会于国内服务部下，设有灾害预防及救济处，主持灾害救济指导事宜。实地的灾害救济工作，则由各地分会担任。各分会均有灾害预防及救济委员会之组织，平时做必要的预防及联系工作，灾害发生时则从事于救济工作之推进。分会灾害预防及救济委员会应负的使命主要是：一、调查可能发生之各种灾害及当地社会之实力，以便明了今昔各种灾害之详细情形，以及灾害发生时可能利用之人才、物质及设备等，使灾害救济计划能切实符合实际情

① 袁可尚：《各国红十字会介绍特辑（上）》，《红十字月刊》第10期（1946年10月），第5页。

② 《国际红十字会动态》，《红十字月刊》第35、36期（1948年12月），第33页。

况，并应用当地之实力，推行灾害救济。二、尽力与当地公私机关、社团取得工作上密切的联系。因为推行灾害救济，需要数量庞大的物力、财力及人力，如发动大批护士及社会工作人员协助办理救灾工作等，均须事先与其他机关、社团取得联系，方能获得合作。三、成立灾害救济机关及拟定救济计划。救济计划拟定后，应公开张贴于公共地点，如市政府、邮局等处，各分会本身并应有更详细计划，以便实施时作为参考，此项详细计划并须以一份呈报总会。四、灾害发生时，应采取各种必要措施及方案，使生命之丧失及产业之损失，均得尽量避免发生。分会灾害预防及救济委员会并应准备物质上及经济上的援助①。

此外，美国红十字会将救灾经费的收支，全交给分会会计负责。无论是由当地征募的，或总会代募的，均应有详细记载。当救灾工作结束后，各部门均应有详细数字及说明报告寄交总会，由总会代为公布，使民众明悉红十字会办理灾害救济的详情。

（二）国外救济

1895 年，土耳其发生变乱，美国红会派队救护，此为美国红会国外救济的开始。1897 年，美国红会赴古巴救济战乱难民。1901 年，美国红会派员救济日本灾民及意大利火山爆发区域灾民。1907—1911 年，美国红会又救济中国历次水患，约计捐款60 万元。

1914 年，第一次世界大战爆发，美国红十字会派出大批人力及物资前往欧洲，实施战地救护。9 月 13 日，第一艘救济船自纽约开赴欧洲，其后续开出者达 17 艘。赴欧者包括有经验的外科医师、护士等人员，以及外科用具、药品、担架、衣服等物资。

该年 10 月，赴塞尔维亚服务队在贝尔格莱德医院中工作。12 月，奥军侵入贝尔格莱德，塞尔维亚人员随军撤退，将 40 个医院内的千余伤兵交给美国红十字会服务队接管，且还有数万受伤者围聚此处。在得到奥匈帝国同意后，美国红十字会得以在衣食极端困难中维持救护工作。1915 年，塞尔维亚伤寒流行，其势迅猛，美国红十字会组织卫生委员会前往防治，最终将疫情扑灭。该会在塞尔维亚工作 6 个月，积极从事诸如传染区域居民家中消毒、送病人入医院、办理海口检疫、设立洗澡及消毒站、限制铁路运输、检查公共建筑、管理各处医院、建立免费

① 陈蕙君：《谈谈美国红十字会的灾害救济》，《红十字月刊》第 19 期（1947 年 7 月），第 5 页。

药房并卫生火车等工作[1]。

1919年春，由美国提议，美、英、法、意、日5国红十字会在一战后发起成立了红十字会国际联合会。这一年，美国红十字会工作人员随军队进入法国及西伯利亚等地，参与各项救助工作。同时，欧洲各国如巴尔干诸国及波兰，尤需美国红十字会的协助。该会便组织了数个服务委员会，每个委员会包括医师及护士多名，携带药品及食物前往欧洲服务。美国政府亦将剩余军用物资交由红会办理欧洲救济。

1919—1929年，美国红会又先后救济中国旱灾、意大利和阿尔巴尼亚地震等灾害。其中，1923年9月日本关东大地震发生后，美国红会捐款700万元，除少数为遣送受灾美国人返国之用外，其余款项用于为灾民购置食物和衣服，以及供给日本政府建立博爱医院一所，以留永念。

1936年，在意大利与埃塞俄比亚之战及西班牙内战中，美国红十字会均捐款救济。

1937年，中国全面抗战爆发，美国红十字会即刻开展救济物资输华工作，以香港、上海为中心，施行广泛的平民救济。但自美国加入战争后，此项救济因日军占领香港和上海租界而被迫停止，仅利用滇缅公路，尚有药品输入中国。其后滇缅公路中断，乃改为“驼峰空运”。仅1943年11月，就有32吨美国红会的药品分装15架飞机，降落中国。

1939年9月，德军入侵波兰，英、法对德宣战，二战全面爆发，美国红十字会即向参战各国红十字会表示愿予协助之意，波、法、英3国红十字会回电接受，德国红十字会婉谢。随后，美国红会动员各地分会制作衣服及外科敷料，由英、法船只义务运送至欧洲战区。不久，罗马尼亚、匈牙利、拉脱维亚、立陶宛等国红十字会，请求美国红会捐赠冬季衣服，赈济波兰难民；法国红十字会请求援助衣料、食物，以赈济阿尔萨斯、洛林等地难民。1940年，自美国运往欧洲的救济物资共6船。而该年5月以后，美国红会还举行了“一千万征募运动”，数星期内，征集竟达2100万元。

1941年4月6日，德军入侵南斯拉夫，美国红会事先准备了救济物资，但无法前往救济，因此改为委托在贝尔格莱德的美国人接受赈款，就地办理平民救济。26日，该救济亦被德军强迫结束。4月底，希腊沦陷后，美国红十字会提供药品，参加国际红十字会组织的联合救济委员会，并从开罗的美国红会代表处，供给希腊红十字会大批物资。6月，

① 袁可尚：《各国红十字会介绍特辑（上）》，《红十字月刊》第10期（1946年10月），第4页。

苏德战争爆发后，美国红会的救济物资船亦陆续开往苏联，展开救济。

1941 年 12 月，太平洋战争爆发，美国参加二战。1942 年 11 月，盟军登陆法属北非，美国红会的救济工作亦拓展至北非。另外，在挪威、荷兰、比利时、卢森堡、法国等地的工作，虽因德国占领而大受限制，但利用英军控制区域，美国红会仍竭力为战区灾民输送救济物资。

总计自 1939 年 9 月至 1943 年，美国红十字会捐赠的衣服、药品及其他援助，泽被 30 个国家 2500 万人之多。至 1943 年 7 月 1 日止，捐助费用共 7500 万元。其中政府各机关约 4000 万元物资委托红十字会分发，大部分物资包括医药材料、分会所制之衣服、外科及医院用具等均运往英国①。

1944 年 1 月，美国红会将政府物资运往西班牙进行救济。1944 年 10 月，美军发起菲律宾战役，12 月，美国红会组织救护船运输伤兵赴澳大利亚治疗，并组织急救站，进行各种难民疏散工作②。

二战结束后的 1945 年秋，为救助战后欧洲儿童，各国专家一致表示，必须于冬季设法改善，不然儿童健康必将更受影响。为此，美国红会与医药及教育当局联合发起救济法、比、荷 3 国学校儿童的营养运动。该运动自 1945 年 12 月开始，美红会得到了上述 3 国红会、卫生当局及学校教师的合作，以每一学校为施送牛乳的中心，受惠者有“比利时在学儿童三万四千名，荷兰在学儿童四万五千名，法国在学儿童九万二千名，每日均供给牛乳四分之一立特”。其后美国红会又在其他国家做同样救济，受惠者包括“捷克儿童十万人，芬兰二万八千人，挪威一万二千人”③。

总的来说，美国红十字会的国外救济工作包括：（一）国外灾害救济，即对其他国家水灾、旱灾、风灾以及地震等灾害进行救助。（二）国外战争救济，救济款物主要来源为美国人民的捐款及美国政府购交红十字会散发的物资。（三）俘虏救济亦为国外工作之一部分，美国红十字会设有俘虏包扎处 3 处，每月送出食物包裹 100 万件④。另外，与国际红十字会及各国红十字会的合作，也是美国红会的重要工作。

---

① 袁可尚：《各国红十字会介绍特辑（上）》，《红十字月刊》第 10 期（1946 年 10 月），第 6 页。

② 袁可尚：《各国红十字会介绍特辑（上）》，《红十字月刊》第 10 期（1946 年 10 月），第 7 页。

③ 《国际红十字会动态》，《红十字月刊》第 7 期（1946 年 7 月），第 32 页。

④ 袁可尚：《各国红十字会介绍特辑（上）》，《红十字月刊》第 10 期（1946 年 10 月），第 10 页。

三、对美国红十字会筹款募捐情况的介绍

红十字会是民间服务团体，募捐是它主要的经济来源，红会的服务项目和服务的力度，除了广大民众的同情和参与之外，大部分要看经济力量是否充实、雄厚。财力的充沛和宣传的深入，是美国红十字会取得成就的主要原因。在二战以前，美国红会的募捐方式就是每年举行一次征募运动，一面征求会员，一面募捐经费；但从二战开始，他们于1942年暂停征求会员运动，凡在战时募捐运动中捐款1元以上者，即承认其为美国红会的会员。从1942年到1946年，共进行了5次募捐，总目标为6.9亿元，而实际所得捐款达7.8亿多元，超过目标近1亿美元①。

美国红会的募捐运动，每年3月举行一次，所以3月也被称为“红十字月”②。募捐运动虽在3月份正式开始，但筹备工作早在上年11月以前就已经开始。募捐金额的多少与每年度的工作计划相联系，工作任务多的年份，募捐总额就多，如1944年和1945年，全国募捐总额均超过2亿美元，都是美国红会历史上最大数额的募捐。1946年，因为战事结束，募捐金额减为1亿多美元，1947年又降为6000多万美元③。

表8－1　美国红十字会募捐所得金额表④

单位：美元

年度	全部募捐所得	分会部分	总会部分
1942	70969228.80	10407020.76	60562208.04
1943	147398110.80	52243879.35	95154231.45
1944	216433514.23	65555490.83	150878023.40
1945	231709534.33	72245716.59	159463817.74
1946	118472279.00	61000000.00	57472279.00

美国红会募捐额的分配，第一步以大城市及各州为分配单位。这种配额决定法，从1918年开始，经过了1933—1940年的7年间每年一次救灾募捐运动的沿例运用，逐年均有修正。1940年召开了一个委员会会

① 曾大均：《美国红十字会的募捐运动》，《红十字月刊》第17期（1947年5月），第6页。

② 曾大均：《美国红十字会的募捐运动》，《红十字月刊》第17期（1947年5月），第1页。

③ 曾大均：《美国红十字会的募捐运动》，《红十字月刊》第17期（1947年5月），第1页。

④ 资料来源：曾大均：《美国红十字会的募捐运动》，《红十字月刊》第17期（1947年5月），第1页。

议，专门研究配额问题。会议认为，修改配额应以州为单位，配额的多少因各地情形不同，每年都要有所修改，但需因地制宜地加以确定。

美国红会的募捐运动，每年都聘请一位有声望、有地位的人士担任主席。各地分会也有募捐设计委员会，每年募捐前先聘请地方募捐运动主席 1 人，其下分设 3 个小组委员会：登记及分组小组委员会、募捐小组委员会、工作人员训练小组委员会（见图 8－1①）。

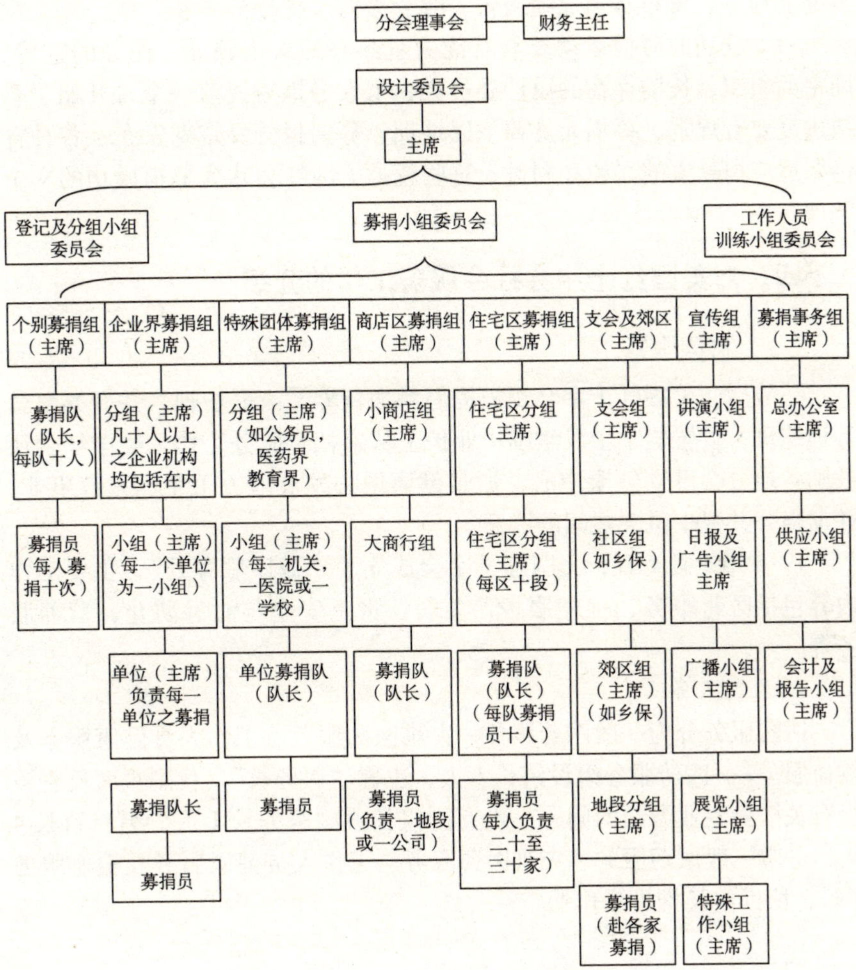

图 8－1　1946 年美国红十字会捐募组织图

① 资料来源：曾大均：《美国红十字会的募捐运动》，《红十字月刊》第 17 期（1947 年 5 月），第 3 页。

美国红会募捐运动的成就，主要是由于设计的周密和方法的精到，所以设计委员会的责任极大。美国红会各地分会的设计委员会并不是一个临时的机构，而是一个长期设立的永久机构。设计委员会的主要任务有：选定募捐运动主席、拟定募捐计划、拟具募捐进度计划、选择实际募捐小组委员会各组主席人选、确定各组捐款比额数目、预期捐户登记与分组、确定宣传计划、决定募捐人员训练计划、选择募捐事务组秘书及办公地点、发布募捐成绩报告、酬劳募捐人员等①。

一个成功的募捐运动要靠有能力且热心的人士领导、充分的宣传、周密的组织、长期存在的设计委员会、个人募捐需提前一个月开始、募捐进度要有规定、募捐人员要予以培训、募捐报告要定期发布、各种宣传要适应捐款人的兴趣和利益，这些就是美国红会认为募捐成功的9个条件。

四、对美国红十字会社会服务工作的介绍

（一）健康服务

一战后，美国红十字会积极提倡增加营养、家庭访视，并开办急救等训练班，设置奖学金以激励毕业护士从事社会服务工作。美国红会还鼓励各地分会设立健康中心，通过健康中心发展地方卫生、教育事业，并加强公共卫生机关之间的联系。

1946年3月1日，美国红十字会成立了“健康服务处”，主要工作内容包括医药服务，护理服务，急救、水上安全与意外防止，营养服务等。

1. 医药服务

医药服务分为一般医药服务、灾难医药服务、工作人员健康服务及输血服务②。医药服务组设组长1人，也称“医务长”，代副主席负责该会有关医药专业方面的问题。设有副组长或副医务长1人。另有科长4人，分掌一般医药服务、灾难医药服务、工作人员健康服务及输血服务4科，协助组长推进工作③。

① 曾大均：《美国红十字会的募捐运动》，《红十字月刊》第17期（1947年5月），第4页。

② 袁可尚：《各国红十字会介绍特辑（上）》，《红十字月刊》第10期（1946年10月），第10页。

③ 江晦鸣：《美国红十字会的健康服务》，《红十字月刊》第16期（1947年4月），第11页。

(1) 一般医药服务科：以与红会其他各部门维持联系为主要职掌，故该科长对于推进有关医药工作的各部门，无异为顾问。

(2) 灾难医药服务科：主要工作为设计、决定灾难救济政策，以及计划有关医药护理与医疗事宜，包括制订完备的医药准备计划和灾难发生时完善的实施程序，故与参加灾难准备工作的各地公私医药、卫生、医院及其他职业团体合作密切。在该科科长之下，设有灾难护士主任 1 人，科长须指导护士主任拟订计划、政策及工作纲领。总之，该科负责拟订美国红会灾难救济计划，以及在其实施中处理有关医药方面的事宜。

(3) 工作人员健康服务科：主要工作包括工作人员的健康检查、新进人员的体检、赴国外工作人员或国外工作人员返国的体检等。自美国加入二战后，该科体检的出国人员达 14500 名①。在陆、海军医疗站服务的红十字工作人员，亦得享受该科的医药及医院治疗的权利。凡因工作而致受伤或患病的海外红十字会工作人员，由陆、海军负责供给医药，美国红会则为之提供保险。保障总会与各区办事处工作人员的健康，是该科最主要的工作，该科亦向总会提供健康咨询。

(4) 输血服务科：自美国红会征集血浆运动告一段落后，应公私医药机关所请，并征得美国医师协会、美国医院联合会、州及区域卫生官联合会同意，美国红会要求各地分会协助各地机关推进应用于平民的输血服务。红十字会在输血服务方面的主要目的，即保证血液及其衍化物免费供应平民之用。除征集义务捐血者外，各地分会并得担任下列工作：甲、供给输血服务所需的非技术人员；乙、担任输血中心的非技术性工作；丙、输血中心的技术工作。各地办理输血工作的机关，应担负红十字会所未任工作及血液的处理，同时决定血液的分配，以资医师、医院及病人免费利用。各地分会参加此项工作，事先须得总会核许。美国红会还将战时尚未用尽的血液，分配平民应用。自 1944 年 4 月开始分配以来，约 30 万瓶（每瓶 2 毫升）已经分配，现所剩者约尚够一年之用，而剩余血浆的分配，亦已开始②。

此外，还值得一提的是美国红会设立了眼力复员库。位于纽约的眼库于 1945 年 5 月成立，由勃兰根立夫人主持事务，其是一位多年在纽约

① 江晦鸣：《美国红十字会的健康服务》，《红十字月刊》第 16 期（1947 年 4 月），第 12 页。

② 江晦鸣：《美国红十字会的健康服务》，《红十字月刊》第 16 期（1947 年 4 月），第 12 页。

州分会服务的医务工作者。眼力复员库的工作程序是：从生前同意捐献眼角膜的死者眼中取出完整的眼角膜组织，供给有资格的外科医生移补至患有角膜缺陷而致失明的病人眼中；捐献角膜与接受角膜双方，均无须报酬及费用。但是，因为技术上的限制，从死者眼中割移角膜时还不能完全使尸体眼睛形状不受损害，另外能够接受角膜移植的亦只限于因角膜组织损害而导致失明的盲人。据统计，25万名盲人中只有1.5万人能获此种新手术的利益①。由此可见，这种医疗服务为盲人带来了希望，使他们能重见光明，因此也是医学上的一大进步。

2. 护理服务

美国红十字会是各国红十字会中最早倡导护理服务的②。1909年，美国红会开始进行护士登记，灾难发生时可以征召登记在册的护士参加救济工作，护理服务由此开始。1912年，美国红会成立了城乡护理服务处，后改为公共卫生护理服务处，其提供的护理服务包括护士登记、家庭护理、公共卫生护理、灾难护理及义务护士协助5项。

（1）护士登记。护士登记是美国红会护理服务最先开始的一项工作，其目的主要是为陆、海军护士队供给预备人员，并在灾难发生时征集护士。第一次世界大战期间，美国红会“为军队介绍服务之护士两万人，第二次大战时达七万五千人，从事征集者各地分会征集委员会三百个，分会主办征集之护士一千二百人”③。1945年5月25日，因政府军事方面对于今后征集护士政策尚未确定，美国红会此项工作暂告停顿，已登记人员仍随时待命。在此过渡时期，各地分会护士征集委员会从事协助复员归来的退役护士的安置工作。

（2）家庭护理。家庭护理是美国红会的普遍性工作。家庭护理包括多种短期训练，以便普通人接受简单护理知识，方便在其家庭中应用，如观察病症，向医师报告，或者根据医师的指示，给病人做简单的床边看护等。训练课程包括家庭内传染病的控制，如何使病人舒适，看护妇孺、老年人等，其时间由12小时至48小时不等。现有训练分下列5种：甲、标准课程；乙、中等学校课程；丙、大学课程；丁、成人两元课程之第一部，病者之看护；戊、成人两元课程之第二部，母亲婴孩看护及

① 《美国红十字会的一桩新异事业》，《红十字月刊》第26期（1948年2月），第2页。

② 陈履平：《各国红十字会的公共卫生护理事业和社会服务》，《红十字月刊》第14期（1947年2月），第12页。

③ 江晦鸣：《美国红十字会的健康服务》，《红十字月刊》第16期（1947年4月），第12页。

家庭卫生。1944—1945 年的一年时间内，完成红十字会家庭护理课程训练并获得证书的有 205677 人[1]。

(3) 公共卫生护理。红十字会的公共卫生护理工作与其他公共卫生机关的工作相同，此项工作以访问个人家庭为基础，并在家庭、学校及工厂中施行健康指导及训练。“美国乡村公共卫生护理以美红会工作为嚆矢，惟自各地公共卫生机关健全后，红十字会各地工作遂即逐渐移交此等机关或其他志愿卫生团体办理。惟紧急公共卫生护理，至今仍为美红会办理”[2]。战争中，大量人口的迁移，对于公共卫生安全提出了迫切的需求，美国红会因之协助各地推进公共卫生计划，供给额外所需的护士，旨在使母亲及婴孩有看护和床边医护，不致有护士缺乏之感。

(4) 灾难护理。灾难护理系指在灾难准备及实际救济中有关护理部分的技术管理，包括对于灾难发生时受伤或患病人员的护理，避难所、紧急医院的护士服务等。传染病发生时，当地医药护理及卫生救护力量未充分时，红会对该地卫生机关应予以协助。在疫疠流行时，对于病人护理与协助，也十分需要灾难护士的补充与援助。

(5) 义务护士协助。战争行将结束之际，该项计划已在变更之中，以前所注意者仅为医院方面的需要，而今则为整个社区的需要。二战后的趋势系训练义务护士协助者，使其在公共卫生机关、诊疗所、公立平民医院及退伍兵医院服务。也有若干义务护士协助者，经要求赴船舶上服务。战后全国 1200 个分会中，尚有义务护士协助队队员 2.7 万人，而在 1945 年 6 月 30 日时，则有义务护士协助人员 11 万人。自 1941 年 7 月 1 日至 1946 年 6 月 30 日的 5 年中，受训结业得到证书者共计 19.5 万人[3]。义务护士协助队的管理，则由美国红会的义务特殊服务组负责。

3. 急救、水上安全与意外防止

(1) 急救。急救是在无医师的场合，对于遭受意外者施行紧急的意外看护。急救课程所用的是极有权威的教材，早年由外科委员会、情报委员会、国立研究院医学组及其他有影响的权威机关共同合作编写而

① 江晦鸣：《美国红十字会的健康服务》，《红十字月刊》第 16 期（1947 年 4 月），第 13 页。

② 江晦鸣：《美国红十字会的健康服务》，《红十字月刊》第 16 期（1947 年 4 月），第 13 页。

③ 江晦鸣：《美国红十字会的健康服务》，《红十字月刊》第 16 期（1947 年 4 月），第 13 页。

成。担任课程者是经认定的教员，受训毕业者可获得美国红会的证书。无论男女老少，凡经此训练，都会知晓一定的急救技术及方法，施行于紧急意外发生时，可以减少遭受意外者的痛苦，阻遏恶化，保障其生命安全。就其个人论，受训者本身也受益匪浅。此项训练使美国红会对于健康与安全，有实际的贡献。

（2）水上安全。水上安全的目的，旨在减少因落水而产生无谓的牺牲。此项目唯有利用有计划的教育，才能得以贯彻。因此，美国红会特编纂权威教材，对于防止水上意外、掌握基本游泳技术及技术性的救生方法等，均有极精到的说明。此项训练使男女老少，均能应付游泳及其他水上生活中常常发生的安全问题，并促进普遍的游泳娱乐兴趣。要而言之，凡熟谙此种技术者总较未经此项训练者更为安全，不惟自身的安全系数增加，即于援助他人出于危难，亦殊操有胜算。最近的一项进展首推游泳调养法，此法经军医当局的合作提倡，今已为战争受伤者体格重整所应用，相信不仅是伤残的退伍军人，即使是身体有缺陷的儿童及成人，也能应用及此。

（3）意外防止。意外防止的原则包含于急救及水上安全之中。急救与水上安全的每一课程中，均以明了其原因、矫正措施及意外发生时如何采取应急步骤为主旨，故美国红会的意外防止训练，系自家庭及其他基本社会组织开始。因此，如家庭意外防止训练、家庭及农场意外防止训练、青年意外防止训练等课程，均由合格的教师进行讲授，结业合格发放证书。为使一般人对于意外防止的认识更为深切起见，常年的、分季的或特殊的计划持续不断地推进，故一般舆论对于意外防止已相当重视。自 1910 年开始以来，美国红会急救、水上安全及意外防止训练发出的证书已达 1500 万份。

美国红十字会于 1922 年创办水上学校，随后越办越有成效，第一年上课仅有 200 人左右，然而到 1947 年，共有 30 个学校、3272 名受训者①。所授课程有游泳、跳水、救生、划船、急救和意外防止，受训的人可以学习所有的课目，也可以分别挑选学习。该学校的常设，也促进了急救、水上安全及意外防止服务的发展。

4. 营养服务

美国红会营养服务的目的是将有关食物的科学知识传播民间，进而实现改进民众健康的目的。美国红十字会的营养服务，主要是一种教育

① 《国际红十字会动态》，《红十字月刊》第 30 期（1948 年 6 月），第 30 页。

的及表证的服务，其中一项是与各地教育当局合作，协助推进学校午膳制。各地教育当局请求红十字会训练众多的学校午膳工作人员。1946年春，美国红会开设红十字食物服务训练班，有5个州请求红十字会设立学校午膳厨师训练班。美国红会的一处分会曾训练此类厨师22人，另一处分会设置流动营养教导1人，轮流往各学校讲授烹饪知识①。美国红会的营养饮食志愿服务团的团员，则为各地学校午膳服务。因各地分会营养委员会及红十字青年委员会的鼓励，学校供膳制已在多数学校举办，并因美国红会举办表证示范，学校供膳制已有普遍开展之势。红会还训练膳食服务队的义务工作人员，协助灾难救济处推进解决紧急时期的大众膳食问题，并为国内服务处设计指导在役及退伍军人的家庭膳食预算计划。红会还与国内其他有关机构联系合作，如联邦政府农业部的营养部，极力避免工作的重复。

（二）军人服务

红十字会肇始于战争，是为战时伤病军人提供医药服务的团体，红十字会最初的口号即是“博爱恤兵”。1911年，塔夫脱总统指定红十字会为政府认可的、唯一协助军队的志愿服务组织。1917年，美国参加一战后，威尔逊总统组织了红十字会战时委员会，下设军人救济部、平民救济部及护理部，并在国内设立了58家基地医院，而在陆、海军中的服务则包括92家疗养所、130所食堂、24家军医院。应军医监的要求，美国红会征调8000名护士赴欧洲服务，捐献数百辆救护车，征用受过急救训练的汽车驾驶员4760人、妇女志愿驾驶员12000人，供应外科材料等给伤病者使用等。同时，美国红十字会添设家庭服务处，其目的是尽可能使出征军人家属获得帮助，使出征军人无后顾之忧，1918年、1919年的两年中，仅海军军人家属中获得此项服务者即达130余万家②。美国红会在法国设有疗养院12家，并为设于比利时的28家军医院担任经济及材料协助。在政府未办理残废军人职业指导与介绍工作之前，红十字会即已开始试办，并曾派员赴欧洲考察及训练职业导师人才，以备军人复员之用。红十字会工作者于军人医院及退伍军人医院中担任医疗的、心理的、社会的工作，为病者、伤者解决了许多个人及家庭问题。

1942—1945年，美国红十字会开展的针对住院军人的福利及娱乐工

① 袁可尚：《红十字会与儿童福利》，《红十字月刊》第15期（1947年3月），第5页。

② 江晦鸣：《红十字会军人服务》，《红十字月刊》第29期（1948年5月），第4页。

作，大受军方欢迎，颇有成效，因而逐渐推及海外的健康士兵。美国红会工作人员的足迹遍及英国、冰岛、纽芬兰、意大利、澳大利亚、南太平洋、北非、亚洲中西部、印度、中国等地，以及其他军方认为需要红十字会服务的地区。在伦敦及一些主要休假区，美国红十字会组织军人俱乐部，有住宿、膳堂饮食及娱乐设备，并于较小的城市设立俱乐部，另有流动性娱乐项目如流动俱乐部、流动电影放映等，不时开赴各地军队提供服务，并为空军设置了许多休憩室。

二战中，美国红十字会设立了335家军医院、3187所军人服务站、820所海外军人俱乐部；在役、退役军人家庭受到红十字会服务的有4229949人，经办通信3553089件；在包扎中心施用俘虏救济箱达1.28亿箱，俘虏通讯册20万册，通信7万件；红十字会在军医院中的服务人员计有4193人[①]。军医院、军营、军人家庭服务、在役军人紧急经济协助、医院及战区军人紧急精神慰劳品、退伍军人医院、退伍军人权益协助、海外军人娱乐、俘虏协助以及医护服务者的训练征集，是战时红十字会的最大开支，相关款项支出可见表8－2中的1942—1946年美国红十字会费用的统计。

表8－2　美国红十字会全国费用统计表[②]

单位：美元

服务种类		42个月的统计（自1942年1月1日至1945年6月30日）	12个月的统计（自1945年7月1日至1946年6月30日，一部分是估计数字）
军人服务包括直接而完全为在役及退役军人的种种服务	1. 陆军及海军医院服务	46256249.91	20474500
	2. 陆军及海军营养站服务	77912111.23	30518200
	3. 在役及退伍军人家庭服务	7851074.44	2850000
	4. 分会推行家庭服务的津贴	3164048.91	900000
	5. 输血服务	12308495.97	900000
	6. 在役军人紧急经济协助	15821096.03	5221700

① 江晦鸣：《红十字会军人服务》，《红十字月刊》第29期（1948年5月），第5页。

② 资料来源：袁可尚：《各国红十字会介绍特辑（上）》，《红十字月刊》第10期（1946年10月），第10页。

（续表）

服务种类		42个月的统计（自1942年1月1日至1945年6月30日）	12个月的统计（自1945年7月1日至1946年6月30日，一部分是估计数字）
军人服务包括直接而完全为在役及退役军人的种种服务	7. 津贴分会制造外科敷料，织物及其他用品	13458342.61	1525000
	8. 医院及战区军人紧急精神慰劳用品	5804500.52	2053600
	9. 退伍军人医院服务		385000
	10. 退伍军人权益协助服务		1650000
	11. 海外军人娱乐服务	33304429.87	11293700
	12. 美国俘虏协助	3321957.80	400000
	13. 陆海军营养站美红会服务房屋及设备费用	1637865.61	
	14. 伊利伯萨医院建筑费	144164.47	
	15. 各地医院内美红会服务处所建筑费	1965188.14	300000
	16. 军人紧急救济内之在役军人协助	1500000.00	
	17. 服务所用之自动机设备	1663078.00	96900
	18. 红会人员第一套免费制服	3927255.26	1029900
	19. 在役军人书报供应	198242.36	
	20. 陆海军营养、医药、技术专家之征集	11254.27	
	21. 若干军营及医院人员之训练	370084.31	
	22. 海外工作人员之保险	683412.67	800000
	23. 国外战场及军营普通职员及管理员	12744307.82	7136800
	24. 总会五区办事处及外勤服务部普通职员	9493077.45	3775000

（续表）

服务种类		42个月的统计（自1942年1月1日至1945年6月30日）	12个月的统计（自1945年7月1日至1946年6月30日，一部分是估计数字）
直接而完全为军人的服务费用合计		253440060.34	91310000
其他国内国外服务（其中一部分仍直接、间接用于军人服务）	25. 国内灾害救济	8134655.77	4882000
	26. 战时平民协助	2846944.42	130000
	27. 国外战事救济的平民救济部分	13504658.38	6637000
	28. 其他国外服务	1178370.93	556500
	29. 协助菲律宾红十字会		500000
	30. 医药主任室及保健计划	317911.90	348000
	31. 护理服务	4847381.53	1188000
	32. 营养服务	676033.60	266000
	33. 急救、水上安全、意外防止	3484163.81	812000
	34. 红十字青年	2269627.44	811200
	35. 志愿特别服务	1317910.76	269000
	36. 分会服务（包括普通实地工作人员）	5656210.23	1809000
	37. 分会急救辅助	1219632.23	250000
	38. 社团关系及宣传	2031591.59	754200
	39. 捐款运动（包括辅助分会捐募运动应用物品）	4284518.20	1315400
	40. 行政及财务费用	6331765.59	2000900
	41. 战时办公房屋购买费	982500.00	
	42. 事业设备及其他费用（包括房屋、文具退休金等）		7606200
	43. 其他费用		1354600
红会全国费用统计		312523718.72	123000000

1. 军营服务

凡美军所驻扎的地方，不论国内外，都有一位美国红十字会派去的常驻或巡回的指导员[①]。他服务的对象是全部美军人员，并包括军中妇女单位、没有军人身份的空运队驾驶员、商轮海员，以及联合国在美国或其占领区负有特殊任务的人员，或在美军组织中服役人员和他们住在美国的家属们。其工作事项如下：

（1）商讨军人的个人问题并加以指导；（2）协助军人与家庭通讯及询问有关福利诸事宜；（3）经司令官证明，军人遇有紧急休假或其他个人需要时做经济上的援助；（4）与各地分会联络，处理军人家属贷款事项，及对其辖区内防地或接近防地的军人家属做经济上的援助；（5）遇司令官对所属之请假、续假或申请调职者，有关经济社会之福利问题，及对健康事实或军法审判的审议有所咨询时，编制报告；（6）遇司令官对所属申请退役者的家庭状况有所咨询时编制报告，并协助其取得申请退役或军法审判程序中所应用的一切证明文件；（7）报道联邦或州政府有关军人及其家属之配给、津贴、保险、救济及其他权益的立法与规章，并协助其申请上述各项权益；（8）海军医院或陆军医院设有精神病科者，负责实施美国红十字会精神病社会服务工作；（9）设立咨询服务，协助除役军人申请各项权益，并向陆、海军退伍审查局申请对除役之种类、性质加以复审。

各地指导员将有关问题送达美国红十字会各地分会，由各地分会转为评判，使在役军人心中安乐，无后顾之忧。

2. 医院服务

自 1918 年以来，红十字会便在陆军医院和海军医院经常维持着康乐服务和社会服务工作，这种服务是由受过特殊训练的和专职的人员来主持。美国红十字会医院服务的方式和军营服务大致相同，但对于病人则推行下列各项服务：

（1）协助病人处理社会、经济及家庭问题，以免影响疾病的痊愈；（2）应医官的要求，寻求有关社会资料，包括医药资料等，用以帮助诊断治疗；（3）如果军士家庭经济问题尚属充裕，经国内分会调查确实，可经医官建议，以贷款或津贴的方式，使患者获得短期休假的权益，助其恢复健康；（4）对于暂时无钱的病人，供给用品或供给不易获得的物

① 路士良：《美国红十字会的军人服务》，《红十字月刊》第 29 期（1948 年 5 月），第 17 页。

品；（5）经过医师的允许，给予在床病人和修养期中病人以个别或集体的娱乐；（6）指导受过训练的志愿工作人员，从事各项康乐活动；（7）向司令官介绍志愿服务的个人或团体；（8）经医院允许后，将重病者的情形报告其家属，并定时与之联络；（9）对来院探视病人的家属予以招待；（10）代病人写信；（11）将联邦的法律知识教授病人，如退伍残废军人及死亡军人遗族的各种利益，代为索取表格，指导填写并为其寄发申请书等。

上面所提到的志愿服务的个人或团体，是对红十字会工作人员和康乐人员有力的补助力量，受过训练的志愿工作人员可以成为医院康乐服务队的一员。另外，经司令官核准，红十字会医院指导员可以指导红十字分会、其他组织或个人的服务，以求确保提供有利于病者的最高级服务。

3. 家庭服务

家庭服务的基本责任是协助军人和退役军人的家属，解决他们因为服役而产生的各种需要[1]。其服务方式包括：（1）通信：遇正常通信方式失去效能，不能投递或个人访问红十字会时，协助其与家属通信；（2）咨询：政府所颁有关现役、退役军人及其家属利益的法律，及红十字国际委员会的服务及其规定，均可由国内服务处供给，以备军人家属咨询；（3）调查：陆、海军当局需要明了军人之社会状况、家庭情况，以作为精神病治疗、除役、休假之决定者，编制报告；（4）权利之要求：无论现役、退役人员及家属根据政府法令所可享受的权利和要求，如家庭津贴、退役金或恤金及其他权益，均可由家庭服务处代为办理；（5）商榷与指导：协助现役、退役军人及其家属解决其个人及家庭问题，或介绍其他社会机关予以咨询及指导的便利；（6）经济援助：在政府津贴尚未发放，或推迟发放，或因故不到之时，予以经济上的协助。

家庭服务的对象是所有的在役军人、退役军人和他们的家属以及军人遗族。除经济援助外，各项服务亦适用于军中没有军人身份的人员。另外，家庭服务中最重要的是国际红十字会所主办的通信服务，它可以使每一个人有机会去探寻住在国外的亲友，或与留居在敌国、敌占区的亲友取得通信联系。

4. 军营医院联合会

军营医院联合会建立的目的，是以各种器材供应品及各种服务，辅

① 路士良：《美国红十字会的军人服务》，《红十字月刊》第29期（1948年5月），第18页。

助美国军队；经过红十字会各外勤指导员与其所属志愿人员的努力，将各种社会资源用来增进陆、海军之各种设备[1]。美国红十字会选择在军营、医院较多的地方设立军营医院联合会，由附近各地分会的军营、医院委员会代表组成。委员还包括其他分会代表和社会上各社团领袖，如农工委员会、妇女俱乐部、退伍军人会、教堂和其他社会服务机构的领袖。

军营医院委员会负责其辖区内的一切陆、海军机构及退伍军人医院的服务。它是各社团或个人和军事机构间的媒介，将他们所捐助的物品，经红十字会军中指导员之手送到他所服务的部队。但是，所有物品并不以红十字会的名义，而是以供给物品的社团名义捐助。这个原则是根据军营医院委员会的规定“所有物品非为红十字会所捐纳而系给予武装部队者”[2] 而决定的。红十字会仅是一个媒介，将各社团或个人捐助的物品转送到需要这些东西的地方。红十字会并不代收现金，所以呼吁大家最好是捐献实物。

军营医院委员会是为住院和健康的服役人员服务的，但住院病人享有优先权。经过委员会所转送的设备和物品，通常是医院阅览室用具、收音机、留声机和各类乐器、家具、乒乓球球台和球拍、书籍、杂志和报纸等。

5. 海外军人服务

美国陆、海军当局曾“指定红十字会是唯一非军事性的给美军远征部队作福利和康乐服务的机构”[3]。红十字会的军中指导员、康乐服务员和医院工作人员一同随部队被派往海外，地球上任何一个角落，只要有美军驻守，便有美国红十字会的工作人员。在陆军部的监督和委托下，红十字会康乐工作人员和军中的特种勤务军官合作，举办各项康乐活动，如在海外美军集中的区域设立俱乐部和修养站。俱乐部为流动军人备有舒适的卧房卧具、上等的美国食品和殷勤的旅馆服务，床被整洁，价格低廉，并常开展高尔夫球赛、戏剧表演、旅行和其他各种娱乐活动。1947 年，美国红十字会在菲律宾帮助战时结婚的 800 人及他们的孩子，以及 96762 名陆军人员及家眷获得军营福利的服务，他们中的大部分人以前都没有请求过红十字会的援助。在远东军队中，一年福利服务的总数达 128861 次[4]。美国红会的福利服务队还尽最大努力把红十字会

① 路士良：《美国红十字会的军人服务》，《红十字月刊》第 29 期（1948 年 5 月），第 19 页。
② 路士良：《美国红十字会的军人服务》，《红十字月刊》第 29 期（1948 年 5 月），第 19 页。
③ 路士良：《美国红十字会的军人服务》，《红十字月刊》第 29 期（1948 年 5 月），第 19 页。
④ 《国际红十字会动态》，《红十字月刊》第 29 期（1948 年 5 月），第 31 页。

的服务带给偏远地区的驻军和海军，并且数次到太平洋各小岛上进行巡回访问。

综上，美国红会的军人服务为美军提供了大量的人力、物力和财力上的支持，减轻了军队后勤的压力。通过提供战地救护、献血服务，拯救了伤员的生命，缓解了军人肉体上的痛苦；通过提供包括俱乐部服务、医院服务和军营服务等在内的军队福利项目，以及为军人提供娱乐和精神安抚服务，缓解了军人精神上的痛苦，有效提高了军队的士气。总之，美国红会的军人服务功绩显著，二战中，它以遍布全国各地的超过 3700 个的红十字分会作为服务基点，通过提供多种服务而将红十字组织延伸到美军驻国内和海外的每一个军事基地，为美军最后夺取战争的胜利做出了重大的贡献。

根据以上的论述，我们可以看出，民国时期《中国红十字会月刊》所刊载的关于美国红十字会的内容，主要是关于美国红会对中国的援助及对其他国家的援助，以及美国国内的灾害救济等。民国时期《红十字月刊》的每一期，也都有涉及美国红十字会的内容，而且内容翔实，包括美国红十字会的历史以及过去的工作、国内外的灾害救济、募捐工作的成就以及健康服务和军人服务等社会服务等，特别是展现了二战中美国红会的成就（见表 8－3 的统计，该统计包括二战结束初期的 1946 年的数字），也凸显了复员时期中国对美国红会的重视。

表 8－3　美国红十字会二战前后工作统计表①

工作项目		截至 1945 年 6 月 30 日止统计	截至 1946 年 2 月 28 日之估计	自 1941 年 7 月 1 日至 1945 年 6 月 30 日
1. 陆海军福利服务	国内陆、海军医院服务（医院数）	335		
	红十字会设立之陆、海军服务站（站数）	3187		
	海外红十字军营服务人员（人数）	1996		
	海外红十字医院服务人员（人数）	2197		

① 资料来源：袁可尚：《各国红十字会介绍特辑（上）》，《红十字月刊》第 10 期（1946 年 10 月），第 10 页。

（续表）

工作项目		截至1945年6月30日止统计	截至1946年2月28日之估计	自1941年7月1日至1945年6月30日
1. 陆海军福利服务	国内外在役及退役人员曾受军营或医院协助者（人数）	4350628		12000000
	国内外在役及退役人员曾得贷款及津贴者（人数）	669223		2000000
	上项贷款及津贴金额（美金）	16903482		60000000
	国内外医院电影放映（次数）	115000	215000	281000
2. 输血服务	红十字会输血服务捐血者（人数）	4073710	1945年9月15日，本服务结束	13000000
3. 志愿特殊服务	志愿特殊服务队工作人员（人数）	3000000		3000000
	外科敷料（方数）	680267345		2362914000
	外衣制造（件数）	1003371		50429000
	膳食服务队供应在役人员、灾民及其他人民之餐食（次数）	41868592	45000000	86330000
	运输服务队之应差（次数）	2520329	2500000	6782000
	已受志愿护士辅助服务队全部训练之人员（人数）	53632	45000	195000
4. 海外俱乐部服务	为海外在役及退役人员而设之红十字俱乐部及休憩室（部室数）	820		
	供给海外在役男女人员之平均每月餐食（餐数）	2000000		
5. 家庭服务	各地分会所协助之在役人员及其家庭（人数）	3865501		8223000
	各地分会所协助之退役人员及其家庭（人数）	364448		898000

（续表）

工作项目		截至1945年6月30日止统计	截至1946年2月28日之估计	自1941年7月1日至1945年6月30日
5.家庭服务	各地分会曾予经济协助之人数	591888		1418000
	各地分会所经办之通讯服务（件数）	3553089		6298000
6.俘虏服务	在红十字包扎中心所包扎的俘虏救济箱（箱数）	128000000	本项工作系1945年9月15日终止	27000000
	每月寄出之俘虏通信册子（本数）	200000		
	俘虏通信（件数）	70000		110000
7.美国境内军营医院联合会之服务	参加军营医院联合会服务之分会（数目）	2221		
	送往陆、海军服务站之物品（件数）			25000000
	社会团体参与本服务者（团体数）			50000
8.护理服务	军方合格之护士（人数）	32300		104400
9.美国国内之灾害救济	灾害次数	260		860
	红十字灾害救济受惠人数	241922		504200
	动用经费（美金数）	3213997		9441124
	附注：过去64年中灾害救济次数3450次，经费52586655美元			
10.家庭护理服务	推行家庭护理服务之分会（会数）	1836	2000	3054
	已受家庭护理服务训练之人数	205677	300000	1421163

（续表）

工作项目		截至1945年6月30日止统计	截至1946年2月28日之估计	自1941年7月1日至1945年6月30日
11.营养服务	推行营养服务之分会（会数）	1136	1200	2232
	已受营养指导训练之人数	80365	65000	700000
12.急救、水上安全、意外防止服务	推行急救训练之分会（会数）	1968	1968	3473
	发出急救受训证书（数）	392576	390000	7500000
	发给军事人员急救受训证书（估计数）	32000		
	推行水上安全训练之分会（会数）	1271	1271	1383
	发出水上安全受训证书（数目）	405870	395000	1200000
	发给军事人员水上安全受训证书（估计数）	118000		247000
	颁发意外防止证书之分会（会数）	264		264
	发出意外防止证书（数目）	17600		32844
	流动服务队（数目）	10774		
	公路急救站（站数）	2197		
13.青年红十字训练	推行青年红十字训练之分会	3387		
	青年红十字会员（人数）	19905400		
	青年红十字会员制成军队慰劳品（件数）	10000000		35000000
	青年红十字会员征募救济物品（吨数）	1865200		
14.服务人员	红十字志愿服务（全时及半时合计）人员数	7500000		7500000
	各地分会有薪给工作人员数	14600		
	海外服务有薪给工作人员数	10138		
	总会支薪国内工作人员数	14240		

综上所述，20世纪以来，美国红十字会在华活动逐渐增加。民国以后，美国红会在中国各地设立办事机构，中美红会之间的交流协作相对较频繁，双方尽管不无摩擦，但良性互动颇多。从某种程度上说，美国红会对近代中国红十字运动产生过深远影响，对近代中国社会的发展也不无裨益。而总结复员时期中国红十字会对美国红会关注度增加的原因，主要有：首先，政治因素。这一时期，抗战结束，中国国民党当局和美国政府的政治联系密切。其次，美国红会经过两次世界大战的洗礼，其会务、会员均有所发展，美国红会已成为当时世界上规模最大、发展程度最高、组织最完备的国家红十字组织，美国红会会员在许多国家均有活动。再次，复员时期中国红十字会的目标是“本人生服务之目的、博爱之精神，以发展人群生活，增进社会福利”①，因此，中国红十字会需要向国际上先进的国家红十字会汲取经验，而美国红十字会组织的发达、会务的繁荣以及经验的丰富都值得中国红十字会学习，特别是在社会服务方面，更是中国红十字会的榜样。因此，《红十字月刊》对其进行了大量报道，以期将其组织的发展情况展现在国人面前，从而争取实现中国红十字会会务发达的目标。

① 《复员时期中华民国红十字会总会初步工作实施计划纲要》，《红十字月刊》第1期（1946年1月），第8页。

第九章　民国时期国际红十字运动的中国记忆（下）

——红十字期刊传播国际红十字运动之成效

民国时期，中国红十字期刊传播国际红十字运动，成效究竟如何？本章就此问题进行探讨。

第一节　开启民智：加深对国际红十字运动的了解与认知

民国以降，以《中国红十字会月刊》和《红十字月刊》等为主体的各类红十字期刊，就红十字事业进行了广泛的舆论动员，形式主要包括对红十字事业的一般性新闻报道、兴办红十字会的利益宣传、发表连续的红十字专题论说等；其目的是引起中国社会各阶层特别是当局者对红十字会的兴趣，加深国人特别是红十字会员对国际红十字运动的认识，从而通过宣传壮大红十字会的力量，推动中国红十字事业的发展。

一、传播红十字运动宗旨，阐明红十字会的重要性

《中国红十字会月刊》开辟专栏介绍国际红十字运动的宗旨，这方面刊载的文章有安徽太和分会所作《红十字会白话浅说》、四川巫山分会所作《红十字会现身说法》、巫山县大昌分会所作《红十字会十大利益说》、美国华侨谭某所作《告国人以中国红十字会之重要》、曹云祥所作《国人对红十字会应有之认识》、沈金涛所作《勉国人维护红十字会》等等。

红十字会最初的宗旨及工作仅为战时服务，救护战场上的伤兵，运送伤兵至后方医院，以及担任治疗与看护等工作，后来发展成为博爱人群、服务社会的团体。民国初年至20年代，中国红十字会以博爱恤兵为宗旨，1913年，《中国红十字会杂志》刊载了红十字会的7项宗旨：

恤兵、拯灾、赈饥、治疫、医药、救护、瘗亡[1]。抗战时期的《中国红十字会会务通讯》宣称，红十字会的精神为“博爱、牺牲”，在其刊载的《激扬的红十字会的新精神》一文中，更是将红十字会的精神概括为：一曰“大我精神”，即“博爱大同”，一曰“勇健精神”，一曰“坚苦之精神”[2]；《救护通讯》则高举“博爱恤兵，救死扶伤，平时有备，战时有能”的旗帜。抗战胜利后的复员时期，红十字会更是以“服务社会，博爱人群”为宗旨[3]。由此，红十字会的重要性可见一斑。

二、刊载红十字组织的条约和规章，加深国人对此的认知和理解

确立组织运行规则，对红十字会形象的树立、红十字运动的推广均有重要价值。红十字会通过条约和规章，确立起自身的制度，规范了红十字会的活动，也迎合了人们信赖法律的社会心理，为社会民众参与红十字事业提供了法律指导，使红十字运动深入人心，也利于红十字文化的传播。

1912 年，民国肇始，陆军部即将红十字条约加以解释，要求军人熟识并恪守之[4]。此后，关于红十字条约、规章的报道增多。1921 年 10 月《中国红十字会月刊》创刊后，为推广红十字运动中的诸项条约规定，几乎每期都设立专栏来公布国际与国内章程，例如在第 1 期、第 2 期中收录了《日来弗红十字约推行于海战条约》《红十字条约解释》等；1935 年该刊复刊后，从第 2 期起至 1937 年第 28 期，每一期都连载《万国红十字会章约汇编》，涉及《一八六四年八月二十二日日来弗公约》《一八九九年七月二十九日海牙公约》《一九零四年十二月二十一日海牙公约》《一九零六年七月六日日内瓦公约》《一九零七年十月十八日海牙公约》《一九二七年七月十二日日来弗国际救济协会协定》《改良战地伤兵及病卒待遇之一九二九年七月二十七日日来佛协定》《一九二九年七

① 《中国红十字会宗旨》，《中国红十字会杂志》第 1 号（1913 年 5 月），《中国红十字会历史资料选编，1904—1949》，南京大学出版社 1993 年版，第 220 页。

② 汤蠡舟：《激扬红十字会的新精神》，《中国红十字会会务通讯》第 11 期（1942 年 10 月），第 17—18 页。

③ 郭进萍：《红十字文化传播研究（1874—1949）》，苏州大学 2013 年硕士学位论文，第 98 页。

④ 《红十字条约解释》，参见池子华、崔龙健主编：《中国红十字运动史料选编（第一辑）》，合肥工业大学出版社 2014 年版，第 76 页。

月二十七日关于战俘待遇协定》《世界红十字会章程》《万国红十字协会章程》《红十字会联合会章程》等条约、章程；1937 年第 30 期到第 33 期，又相继介绍了《改善战地伤者病者命运公约》《战时俘虏待遇公约》及其附件等相关章约。上述这些介绍，可以帮助国人特别是红十字会员构建起对红十字会条约、章程的总体认识，加深了他们对红十字会组织建设、人道宗旨、社会救助等方面的认知和理解。

三、介绍国际红十字运动动态，了解红十字事业的新动向

及时报道国际红十字运动的动态是加深对红十字事业了解的一种重要手段。民国初期，红十字刊物主要集中于对红十字会历史、国际公约、红十字法律章程的宣传介绍，以及对各个国家红会发展情况的介绍。抗战时期，国际红十字组织给予了中国红十字会大量的资金、物资以及技术援助，因而红十字期刊对于国外红十字组织援华的情况，各国青少年红十字运动的发展[①]，以及医疗护理方面的知识和技术发展有大量介绍。进入复员时期后，红十字期刊的关注焦点是国际红十字会的动态，“从 1946—1948 年，《红十字月刊》所刊载的文章中，仅标题含有‘国际红十字会动态’字样的文章多达 168 篇（1946 年 48 篇，1947 年 60 篇，1948 年 60 篇），涉及救灾、培训、输血、征募、医疗、妇女、儿童、青年等全方位的社会服务活动”[②]。《红十字月刊》从第 5 期（1946 年 5 月）到第 36 期（1948 年 12 月）（除第 14 期、第 22 期外），连续刊载 29 篇《国际红十字会动态》。除此之外，《红十字月刊》还开辟专栏，详细介绍各国红十字会情况，如《各国红十字会介绍特辑》（上、下）[③] 和《各国红十字会消息汇志》[④]。此外，《红十字月刊》也刊载有《亨利·杜南传》《亨利·杜南史略》《沙法立诺回忆录》等文章，对亨利·杜南的事迹进行了报道。通过对红十字人物的大力宣传，

① 参见陈湘泉：《考察各国红十字会青年部报告书》，《中国红十字会月刊》第 21 期（1937 年 3 月），第 107—113 页；《中国红十字会月刊》第 22 期（1937 年 4 月），第 92—94 页；《中国红十字会月刊》第 23 期（1937 年 5 月），第 129—133 页；《中国红十字会月刊》第 24 期（1937 年 6 月），第 81—87 页；《中国红十字会月刊》第 25 期（1937 年 7 月），第 65—68 页；《中国红十字会月刊》第 26 期（1937 年 8 月），第 57—61 页。

② 郭进萍：《红十字文化在华传播研究（1874—1949）》，苏州大学 2013 年硕士学位论文，第 52 页。

③ 袁可尚：《各国红十字会介绍特辑》，《红十字月刊》第 10 期（1946 年 10 月），第 3—25 页；《红十字月刊》第 11 期（1946 年 11 月），第 8—14 页。

④ 《各国红十字会消息汇志》，《红十字月刊》第 15 期（1947 年 3 月），第 35 页。

无疑可以起到良好的示范作用，能有效地促进民众特别是红十字会员对红十字的认知。

总之，通过民国时期红十字期刊对国际红十字运动的宣传和介绍，中国广大民众特别是红十字会员可以从中了解红十字事业发展的新动向，从而实现了各国红十字组织之间交流与协作的初衷，推动了中国红十字事业不断向前发展。

第二节　吸收借鉴：为中国红十字运动提供参考性实践经验

民国时期，各类红十字期刊所刊载的关于国际红十字组织的条约章程、会员的征募、经费的筹措以及救济、救护业务的开展等内容，为民众尤其是红会会员所认知与了解并在实践中加以借鉴，从而为中国红十字会的改革与进步提供了经验。

一、红十字规章制度的制定

中国红十字运动是国际红十字运动的组成部分，从中国红会的制度建设层面看，其国际性主要体现在对国际红十字制度的宣传和仿效上，而在参与国际红十字运动相关规章制度建设方面成果甚微，或者说，制度内容中的国际性特征不明显。例如，在人道事业方面，中国红十字会对参与国际救灾、国际会议及其他事件方面的制度缺乏具体说明。就会议而言，强调会员大会、常议会、理监事会、理事会等，均属中国红十字会内部会议；就人道事业来看，其国际救灾活动较少，参与国际人道救援方面的指导性文件略显不足[①]。

国际红十字条约伴随红十字运动传入中国，从西方法律文化角度讲，“在当时的历史条件下，西方资产阶级法律文化是先进的，它注入中国古老落后的封建法律的躯体内，确实使它增添了新的活力”[②]。对国际红十字运动条约的引介和贯彻，展示了中国积极走向国际舞台的态度。对国力衰弱的民国而言，借助国际红十字条约，虽然无法从根本上改变被动的外交局面，但还是能展示中国政府遵循国际惯例的一面，有

① 李欣栩：《民国时期中国红十字会制度建设》，合肥工业大学出版社 2017 年版，第 232 页。

② 张晋藩：《清朝法制史》，中华书局 1998 年版，第 691 页。

利于推动中国与国际社会的交流。

此外，民国时期中国红十字会参照国际红十字条约，沿用白地红十字标识，对记章、图记、旗帜等物件的样式、使用权限等进行规定，是红十字会管理正规化、具体化的表现，可以对会员安全及其人道活动的开展起保护作用。不过也应该看到，虽然相关法令提出禁止滥用标志标识，但不良分子冒用之事屡禁不止，对冒用、滥用标志标识行为的惩戒方法则鲜有具体说明，制度的约束力略显薄弱。

作为战争的产物，中国红十字会制度的订立亦不忘遵循国际红十字运动“博爱恤兵”的宗旨，如军阀混战时期，中国红十字会在上海的医院负责“战时疗治病伤军民，平时兼治普通病症”①；抗日战争期间，中国红十字会救护总队部所办事务，包括辅佐陆海空军战时卫生勤务、战时国内外灾变之救护及战时民众医药之救济②。这些规定展示了国际红十字运动及中国红十字会博爱奉献的人道精神。

二、征募运动的成效

会员是红十字会的“细胞”，也是国际红十字运动传播效果在实践层面的直接反馈。各国红十字会均包括多种不同类型的会员，其中荣誉会员是给予对红十字服务有特殊贡献的人士，他们一般不参加会员大会，即便参加，也是顾问的性质。除此之外，区分其他类型会员的标准是缴纳会费的多少，但须避免过多的差别，以致违反平等原则；会费之外的对红十字会所做的工作和取得的成就，亦须作为入会的条件在缴纳会费时予以考虑。总之，红十字会会员须普及于社会各阶层，不可集中于少数民众中。

中国红十字运动初期，红十字会主要向社会各界筹募资金，并未意识到发展会员的重要性。进入民国后，一方面，会员在募集物资中的作用日渐显现，发展会员成为筹资的方式之一；另一方面，为应对战争、灾荒等动荡环境下物资匮乏、人员紧缺的局面，红十字会亟须壮大会员队伍。在此过程中，捐募资金、物资的数额以及对红会事业发展所做的贡献成为获得会员身份、划分会员类别的主要标准。可以说，从民国成立到1948年的红十字周运动，广大民众对红十字事业的认识进一步增

---

① 《中国红十字会市医院章程》，参见池子华、崔龙健主编：《中国红十字运动史料选编（第一辑）》，合肥工业大学出版社2014年版，第97页。

② 《中华民国红十字会总会救护总队部组织规程草案》，《中国红十字会会务通讯》第13期（1943年1月），第46—49页。

强，推动了征募运动的开展。总体而言，从1912年到1948年，中国红十字会会员人数一直处于持续的增长中，尤其是复员时期增长速度最快。

此外，值得一提的是红十字青少年会员的发展。红十字青少年组织，“以复员时期为嚆矢。是时，因处草创试验时期，无成例可循，只能在参酌国外红会组训方法的同时，结合我国实际情况进行变通改造。红十字会各级领导在百般困难中，努力倡导，积极探索实践，对此项工作进行了有益的尝试”[①]。红十字青少年会员人数不断增多，业务也逐渐开展起来，例如1946年，全国共征求会员230037人，其中青少年会员121137人[②]，这是复员以来红十字会的新气象，也是红十字会的新生力量之所在。

总体而言，会员种类的变化、入会门槛的降低，扩大了中国红十字运动的社会基础，使红会会员不再局限于富人阶层。征募会员过程中行政力量的干预，既保障了会员发展工作的效率，又使红十字会的性质发生转变，红十字会的“民间性”削弱。而红十字青少年工作在战后的全面展开，则为红十字组织的发展注入了新活力[③]。

三、募捐运动的成效

捐款是红十字会维持其业务的主要经费来源，因而社会各界对红十字会募捐响应的程度、捐款的多少也是衡量传播成效的重要指标。红十字会的工作，不仅仅是战时救伤瘗亡，往往还有运输伤病官兵、寻觅失踪者等，其工作范围已逐步扩展到社会救助的方方面面。面对如此重要的多种使命，经费短缺是常有之事。各国红十字会组织各有其募捐的方法，“德国红十字会自德国加入战争后，即开始募捐战事救济金。一九四零年四月至十一月间，总共举行过挨户募捐五次，当街募捐二次，原定目标仅为六千万马克，但结果竟得一亿二千万马克。一九四一年募捐成绩尤佳，挨户募捐一亿七千六百万马克，街上募捐四千二百万马克，捐赠三千万马克，合计二亿四千八百万马克。波斯米亚及麻拉维亚保护国以售卖慈善邮票所得二百零二万八千四百三十五马克，捐赠德国红十

① 吕志茹、池子华：《“复员时期”中国红十字青少年运动简论》，《河北大学学报》2006年第3期，第137页。

② 《中国红十字会新闻》，《红十字月刊》第12期（1946年12月），第33页。

③ 李欣栩：《民国时期中国红十字会制度建设》，合肥工业大学出版社2017年版，第140页。

字会。英国红十字会战时救济葛劳塞司德基金于一九四五年七月三十日结束，共捐款五千万金镑，其募捐方式分为挨户募捐，每周一便士运动，举行国旗日、农界募捐、体育运动募捐、红十字义演、音乐会、展览会。全部募捐收入三分之一，系由每周捐款一便士而来，参加此一运动者有七万个单位之公司工厂的从业员工八百万人。挨户募捐约得七百五十万镑，从事此项义务募捐者有数十万人。各国国旗日之收入约有二百五十万镑。英国俘虏之儿童募集救济包裹，结果每星期送往俘虏营之包裹价值十万镑。瑞士红十字会除向政府募集之全国捐款中分得一部分资助外，并与瑞士儿童救助会共同发动每周两苏经费运动，此项捐助均系红十字青年会员或童子军按周前往收取，非如英国之每周一便士运动，系在工人饷额中扣取者。瑞士旅馆并在结单上贴用该会封票，烟贩亦在香烟上贴用封票，向旅客及购吸者征收”①。举一反三，这些国家的募捐方式，值得我们借鉴。

四、促进中国红十字会的改革

国际红十字运动在中国的扎根，有赖于红十字运动宗旨与中国传统文化的相互交融。在博爱奉献、服务社会的红十字运动理念指导下，中国红十字会制定了合乎时代要求的规章制度，注重民生工作与专业化建设，从事博爱人群、服务社会的活动，由此展示出近代慈善团体的优越性，在传承的基础上推动了传统慈善事业的近代化转型。

中国红十字会自1912年改组后，即具有纯粹的社团性质。1932年淞沪抗战，红十字会积极参加救护。同年，国民政府公布《中华民国红十字会管理条例》，红十字会依据此条例进行救济准备工作，且不断进行演变和适应。1937年七七事变之后，红十字会以战时救护为主要任务，设立救护总队部，领导救护工作。中国红十字会在救护过程中因地制宜，适时改革，以应对艰巨的救护重任，而国际红十字组织在战时与中国红会接触较多，在交流协作的过程中，推动了中国红十字会良性的变革。美国红会对中国援助最多，因而也成为中国红十字会的榜样。通过学习，中国红十字会的发展目标更加明确，“一、强化我们的理事会，来主宰我们的一切，使确能成为我们的最高权力机构。二、加速分会新生，努力征求会员，发展我们的基础组织，充实我们的根本。三、重视我们的宣传，要使我们的工作，干什么？和怎样干？都能深入人心。

① 袁可尚：《红十字会经济来源》，《红十字月刊》第18期（1947年6月），第14页。

四、认清我们的立场，我们是中立性的团体，是辅助性的服务，我们要辅助政府所不及，而不是与政府争工作，我们衷心帮助政府，也希望政府支持我们。五、要有终身为红十字会工作者，这些工作者，是人才，更是专门人才，有坚强的志趣和高上（尚）的理想，待遇不妨高，使无生活之累，才能为远大红十字会的前途而努力”①。因而，复员时期中国红十字会的工作重心逐渐转移到儿童、妇女、青年方面，成为“博爱人群、服务社会”的组织。

总之，在民国时期红十字运动传播的过程中，中国红十字会积极出版红十字期刊，把目标瞄准中国的知识分子阶层，希望通过他们进而影响全社会，然而实践中的效果并不尽如人意，毕竟知识分子在红会中的比例是很小的。近代中国社会，民众的总体文化水平比较低，对期刊这种通过文字进行传播的形式，还无法广泛地予以接受、理解、消化、吸收。因而，为使人们对红十字宗旨进一步了解，中国红十字会除了出版期刊外，还采取各种方式，如演讲比赛、电影、灯会、话剧等进行红十字运动的宣传，以期获得民众的认可。而近代中国红十字运动的发展实践也已经证明，只有包括期刊在内的多种宣传方式的综合运用，才能真正提高红十字运动在中国传播的成效。

① 胡兰生：《红十字会的面面观》，《红十字月刊》第2期（1946年2月），第6页。